元代北方金石碑刻集成

京津卷 下册

本卷主　編 楊玲
本卷執行主編 張國旺

国家出版基金项目
NATIONAL PUBLICATION FOUNDATION

總　主　編 李治安 王曉欣
副總主編 薛磊 馬曉林

中華書局

七二 薛資妻卜氏塋碑 泰定四年

《薛資妻卜氏塋碑》，泰定四年（一三二七）四月刻，碑出土於北京市東城區建國門古觀象臺東部外墻臺基下，一九八七年由北京文物研究所移交北京石刻藝術博物館。現存北京石刻藝術博物館。碑青石質，方首抹角，座佚。碑高九〇釐米，寬六〇釐米，厚一一釐米。碑斷爲兩截。北京石刻藝術博物館藏拓片高八六釐米，寬五五釐米。額文横題楷書「大元」二字。碑文楷書，四行，行字不等。薛資之孫薛伴兒、千家駙立石。

《北京元代史迹圖志》（北京燕山出版社，二〇〇九年）、《北京石刻藝術博物館藏石刻拓片編目提要》（學苑出版社，二〇一四年）著録。今據原石及北京石刻藝術博物館藏拓片録文。史迪威初録。

碑刻記元薛資妻卜氏塋地碑立石時間及立石人。

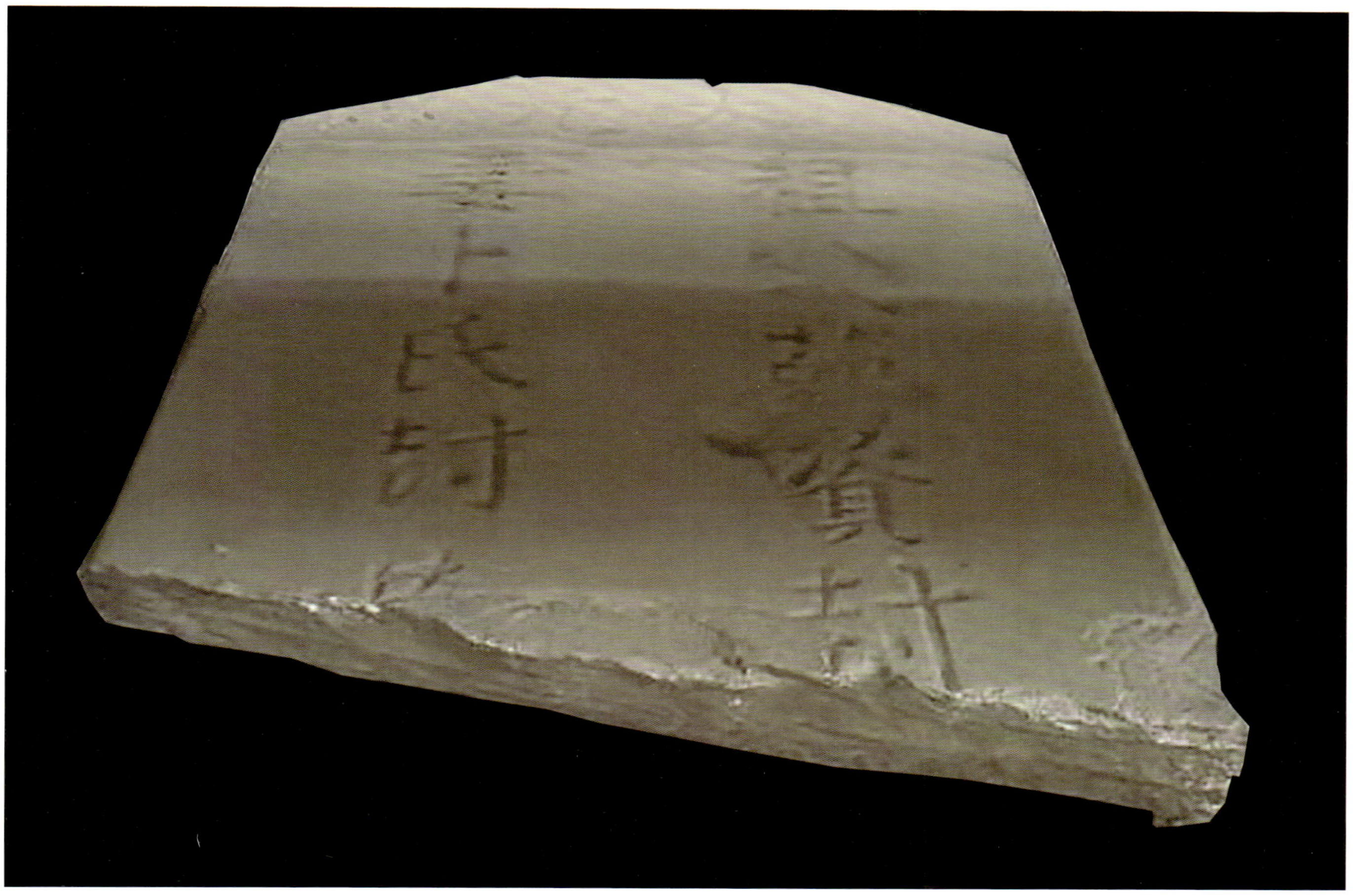

薛資妻卜氏塋碑（泰定四年）照片

薛資妻卜氏塋碑（泰定四年）碑文拓片

録文

大元（額）⌞

祖父薛資封承務郎⌞妻卜氏封恭人之塋⌞

泰定四年四月　日，⌞湖州路武康縣巡檢長孫伴兒、次男千家駢同立石。⌞

七三　耆老襲慶居士王公塋碑　泰定五年

《耆老襲慶居士王公塋碑》，泰定五年（一三二八）二月刻。碑出土於北京市東城區建國門古觀象臺東部外墻臺基下，一九八七年由北京文物研究所移交北京石刻藝術博物館。現存北京石刻藝術博物館。碑青石質，方首抹角，座佚。碑高九二釐米，寬五九釐米，厚九點五釐米。拓高九一釐米，寬五八釐米。額文楷書，横題「大元」二字，碑文楷書，三行，行字不等。王恭立石。

《北京元代史迹圖志》（北京燕山出版社，二〇〇九年）、《北京石刻藝術博物館藏石刻拓片編目提要》（學苑出版社，二〇一四年）著録。今據北京石刻藝術博物館藏拓片録文。史迪威初録。

碑刻記元襲慶居士王公塋地碑立石時間及立石人。

耆老襲慶居士王公塋碑（泰定五年）照片

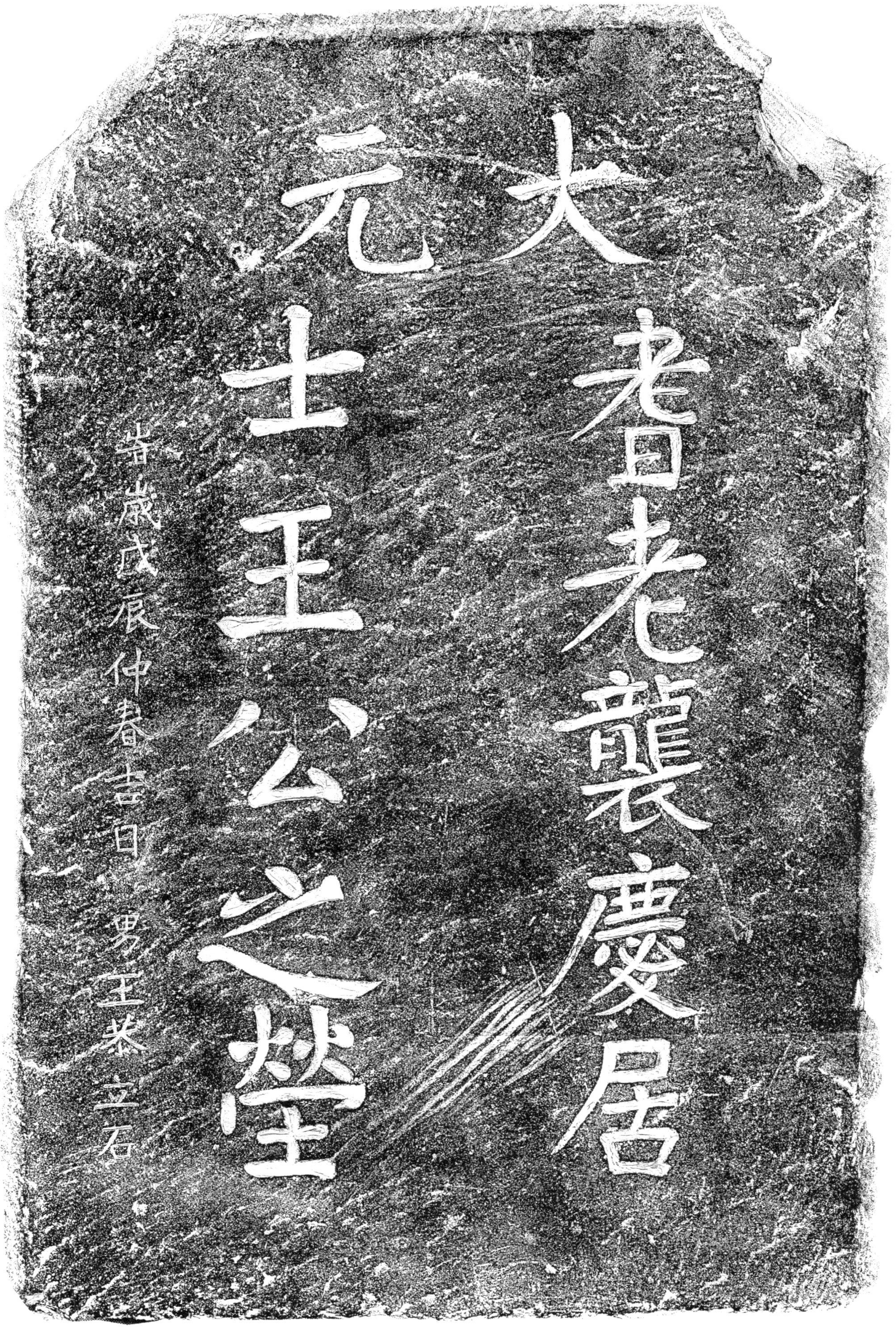

耆老龔慶居士王公塋碑（泰定五年）碑文拓片

録　文

大元（額）⌞

耆老龔慶居⌞士王公之塋⌞

旹歲戊辰仲春吉日，男王恭立石。⌞

七四　焦公（珵）墓誌　泰定五年

《焦公（珵）墓誌》，泰定五年（一三二八）二月立，一九八九年北京市房山區紫草塢鄉焦莊村出土，現存北京市房山區文物管理所。墓誌青石質，方首抹角。碑身高八三釐米，寬五六釐米，厚一六釐米。額横題楷書「焦公墓誌」四字。誌文楷書，一四行，滿行一六字。焦伯義、焦六兒立石。

《新中國出土墓誌·北京（壹）》（文物出版社，二〇〇三年）、《房山墓誌》（北京市房山區文物管理所，二〇〇六年）、《北京元代史迹圖志》（北京燕山出版社，二〇〇九年）、《新日下訪碑録·房山卷》（北京燕山出版社，二〇一三年）、《北京石刻藝術博物館藏石刻拓片編目提要》（學苑出版社，二〇一四年）、楊亦武《房山碑刻通志》卷一（社會科學文獻出版社，二〇一八年）均有著録。今據北京考古遺址博物館（金中都水關遺址）藏拓片録文。

墓誌記焦珵生平及其家世。

焦公（珵）墓誌（泰定五年）碑體照片

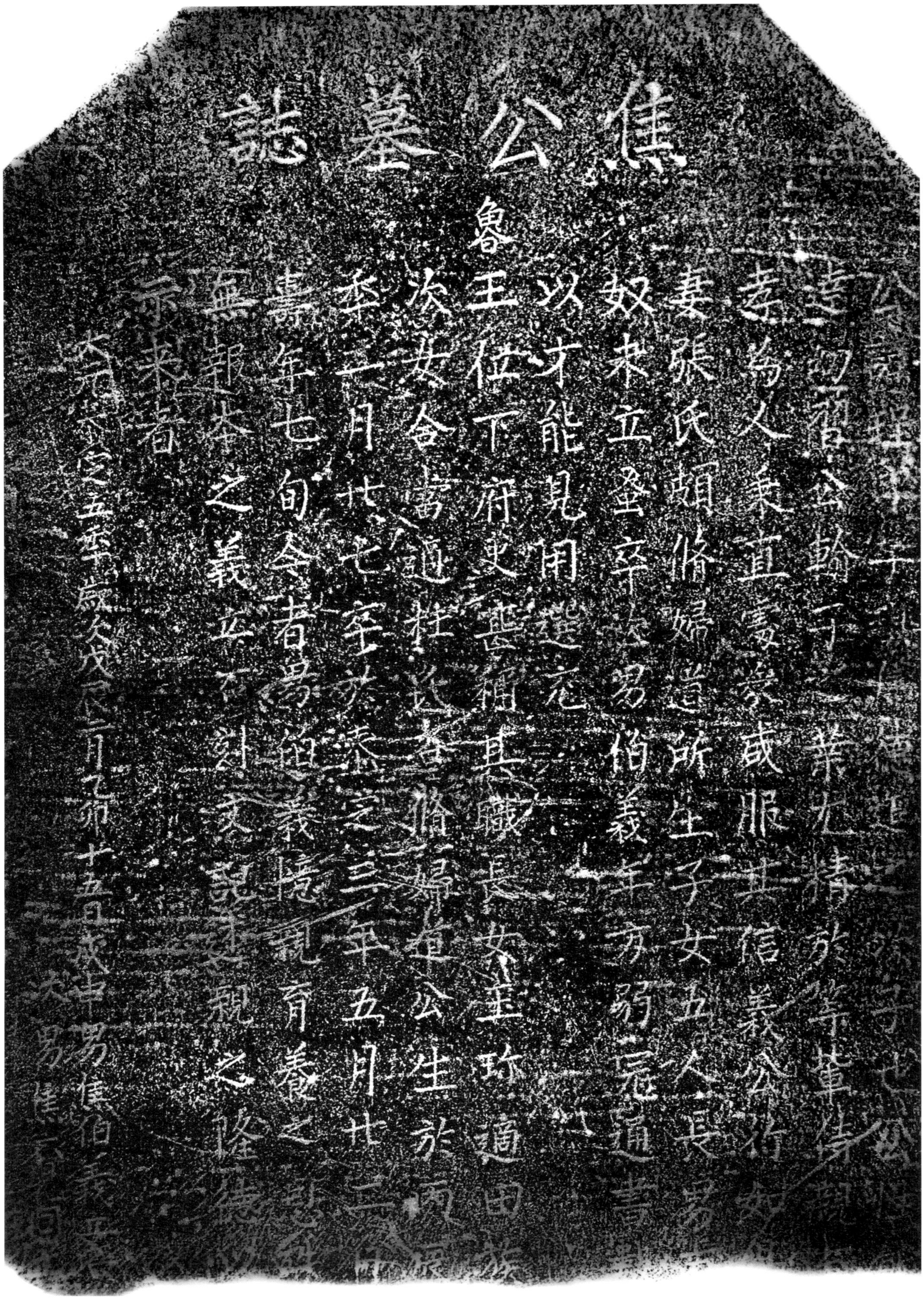

焦公（珵）墓誌（泰定五年）碑文拓片

焦公墓誌（額）∟

公諱珵，字子琪，焦德進之次子也。公性敏∟達，幼習公輸子之業，尤精於等輩。侍親至∟孝。爲人秉直，處衆咸服，其信義公行如是。∟妻張氏，頗脩婦道，所生子女五人。長男□∟奴，未立蚤卒。次男伯義，年方弱冠，通書數，∟以才能見用，選充∟魯王位下府吏，甚稱其職。長女玉珍，適田族。∟次女合當，適杜氏。各脩婦道。公生於丙辰∟季二月廿七，卒於泰定三年五月廿二日，∟壽年七旬。今者男伯義憶親育養之恩，殊∟無報本之義，立石刻文，記述親之隆德，以∟示來者。∟

大元泰定五季歲次戊辰二月乙卯十五日戊申，∟男焦伯義立石。∟次男焦六兒同立。∟

七五　施水井記　致和元年

《施水井記》，致和元年（一三二八）六月立。碑刻原址不詳，現存北京石刻藝術博物館。刻石左上角殘，碑陽上刻荷葉，下刻蓮花瓣，四周卷草紋。碑陰浮雕一龍首。石長五二釐米，寬四七釐米，厚一四釐米。拓高五〇釐米，寬五〇釐米。碑文楷書，九行，滿行一四字。

《書法叢刊》（二〇〇七年第四期）、《〈北京石刻藝術博物館藏石刻拓片編目提要〉》（學苑出版社，二〇一四年）著録。今據北京石刻藝術博物館藏拓片録文。史迪威初録。

碑文記任公之妻金氏創寺設井之功德。

施水井記（致和元年）照片

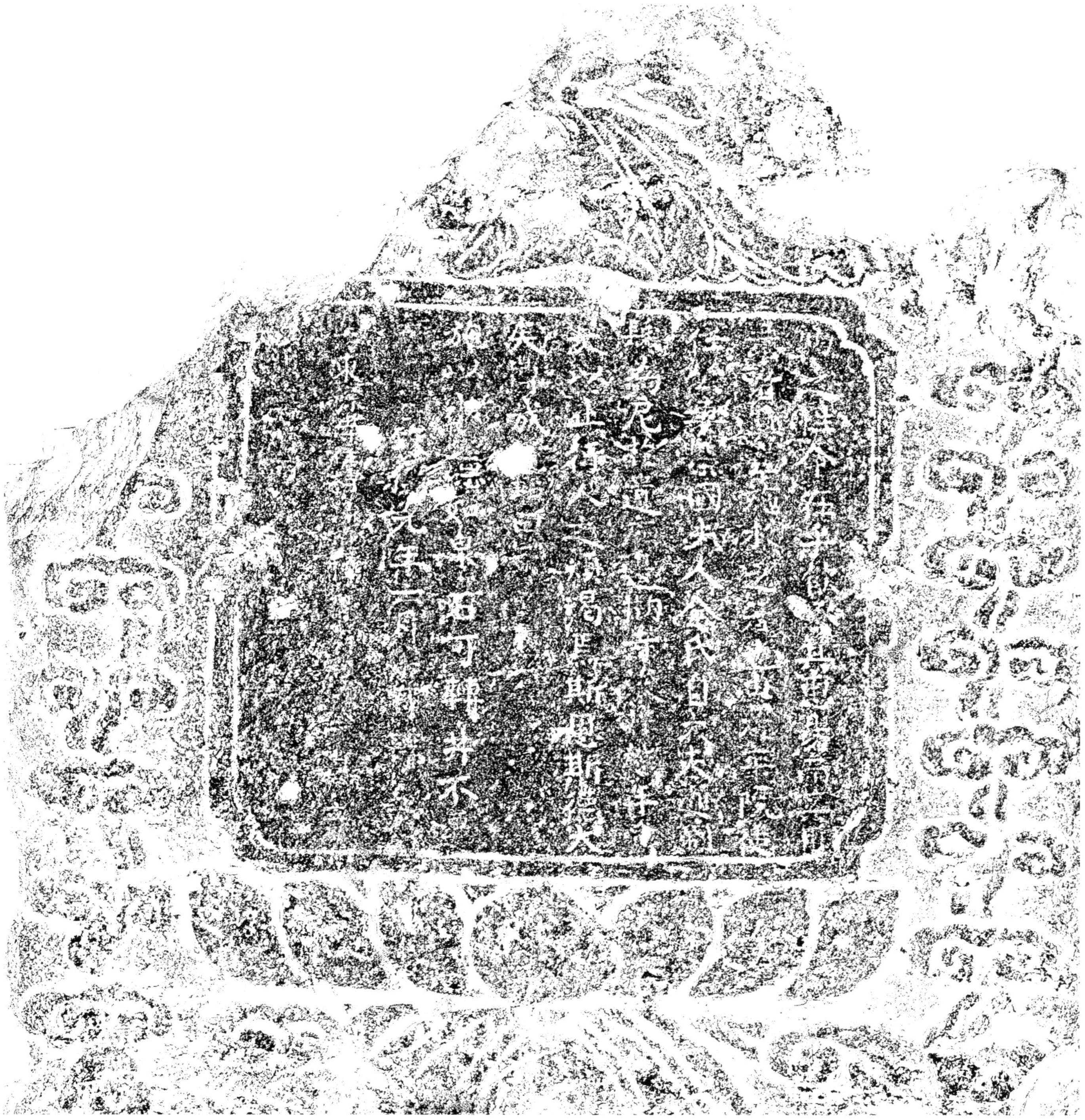

施水井記（致和元年）刻石拓片

録文

物之性命，在乎飲食。其惠易而其用⌞□者，莫如施水之□也。由是年院使⌞任公妻榮國夫人金氏，自丈夫逝，剃⌞髮爲尼，於遺廟邊剏寺設井，□年□⌞長以止行人之煩渴焉。斯恩斯德，大⌞矣博哉。銘曰：⌞

施以水，德如泉。石可轉，井不遷。⌞

致和元年六月六日，⌞東□寺住持□立。⌞

七六　耿完者秃墓碣　天曆二年

《耿完者秃墓碣》，天曆二年（一三二九）立石。現存北京市文物研究所。碣文楷書，八行，滿行六字。撰、書人皆不詳。

《北京市文物研究所藏墓誌拓片》（北京燕山出版社，二〇〇三年）、《北京元代史迹圖志》（北京燕山出版社，二〇〇九年）、《北京考古史·元代卷》（上海古籍出版社，二〇一二年）著録。今據《北京市文物研究所藏墓誌拓片》録文。

墓碣記耿完者秃卒年及下葬地點。

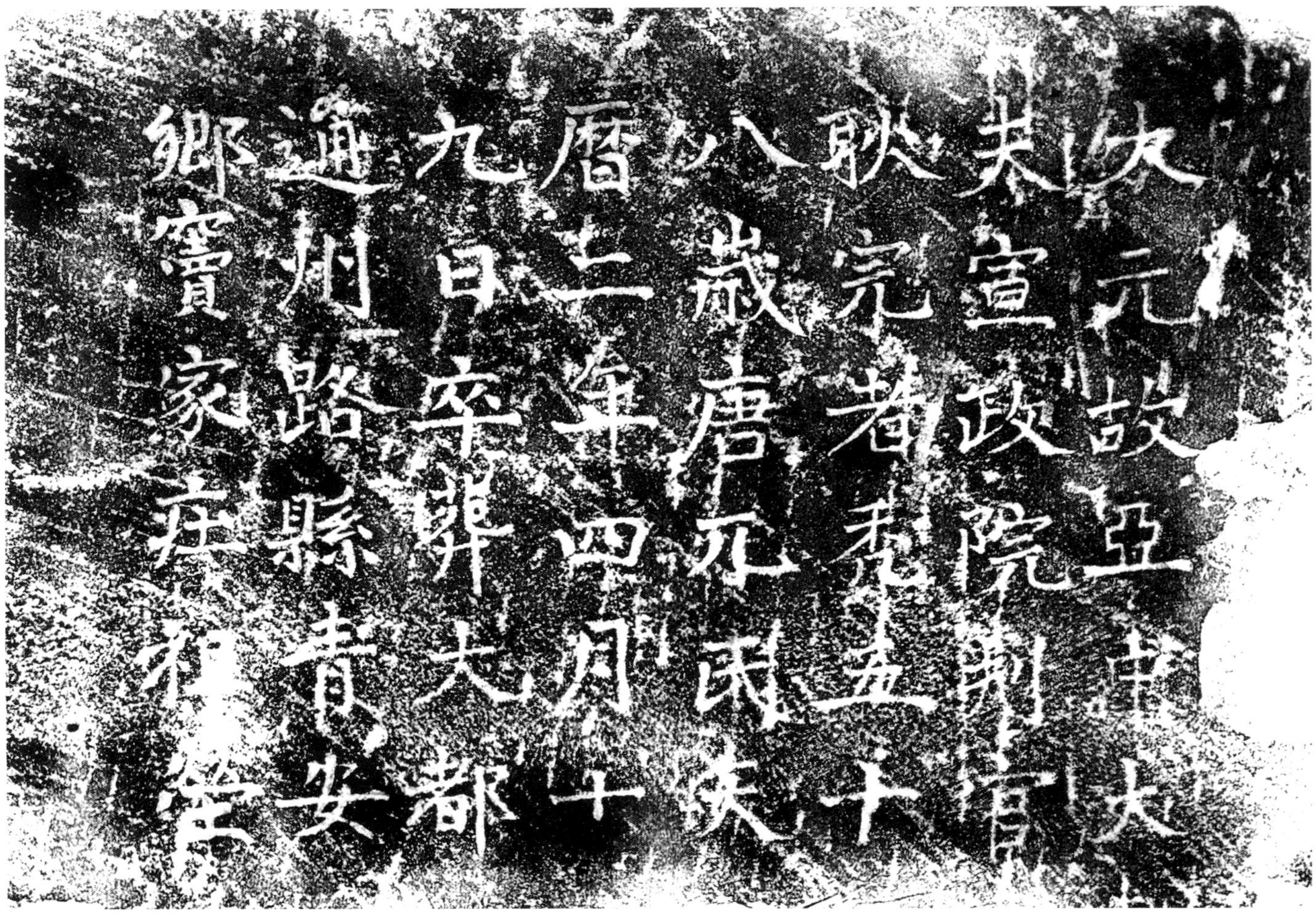

耿完者秃墓碣（天曆二年）碑文拓片

録文

大元故亞中大∟夫、宣政院判官∟耿完者秃五十∟八歲，唐兀氏，天∟曆二年四月十∟九日卒，葬大都∟通州路縣青安∟鄉賓家莊祖塋。∟

七七　大元敕賜開府儀同三司上卿玄教大宗師張公（留孫）碑　天曆二年

《大元敕賜開府儀同三司上卿玄教大宗師張公（留孫）碑》，天曆二年（一三二九）五月刻，現存北京市朝陽區東岳廟内。碑漢白玉石質，螭首，龜趺。通高約六四四釐米，寬一五五釐米，厚四四釐米。中國國家圖書館藏拓片碑陽高二八八釐米，陰高二九五釐米，寬均一四五釐米；陽額高八一釐米，寬四七釐米；陰額高七四釐米，寬四九釐米。碑陽額題篆書「大元敕賜開府儀同三司上卿玄教大宗師張公碑」四行二〇字。碑陽碑文楷書，二八行，滿行六〇字。碑陰額題篆書「大元敕賜開府儀同三司上卿玄教大宗師張公碑」四行二〇字。碑陰碑文楷書，二八行，滿行六〇字。趙孟頫撰文并書丹，篆額，茅紹之刊，吴全節立石。

明于奕正《天下金石志》、清孫星衍《寰宇訪碑録》、清吴式芬《金石彙目》、清周家楣等《（光緒）順天府志》、《北京圖書館藏中國歷代石刻拓本匯編》（中州古籍出版社，一九八九年）、《北京元代史迹圖志》（北京燕山出版社，二〇〇九年）等均有著録。今據中國國家圖書館提供拓片（北京一〇九四）録文。

碑記玄教大宗師張留孫之生平事迹。

大元敕賜開府儀同三司上卿玄教大宗師張公（留孫）碑（天曆二年）碑陽照片

大元敕賜開府儀同三司上卿玄教大宗師張公（留孫）碑（天曆二年）碑陰照片

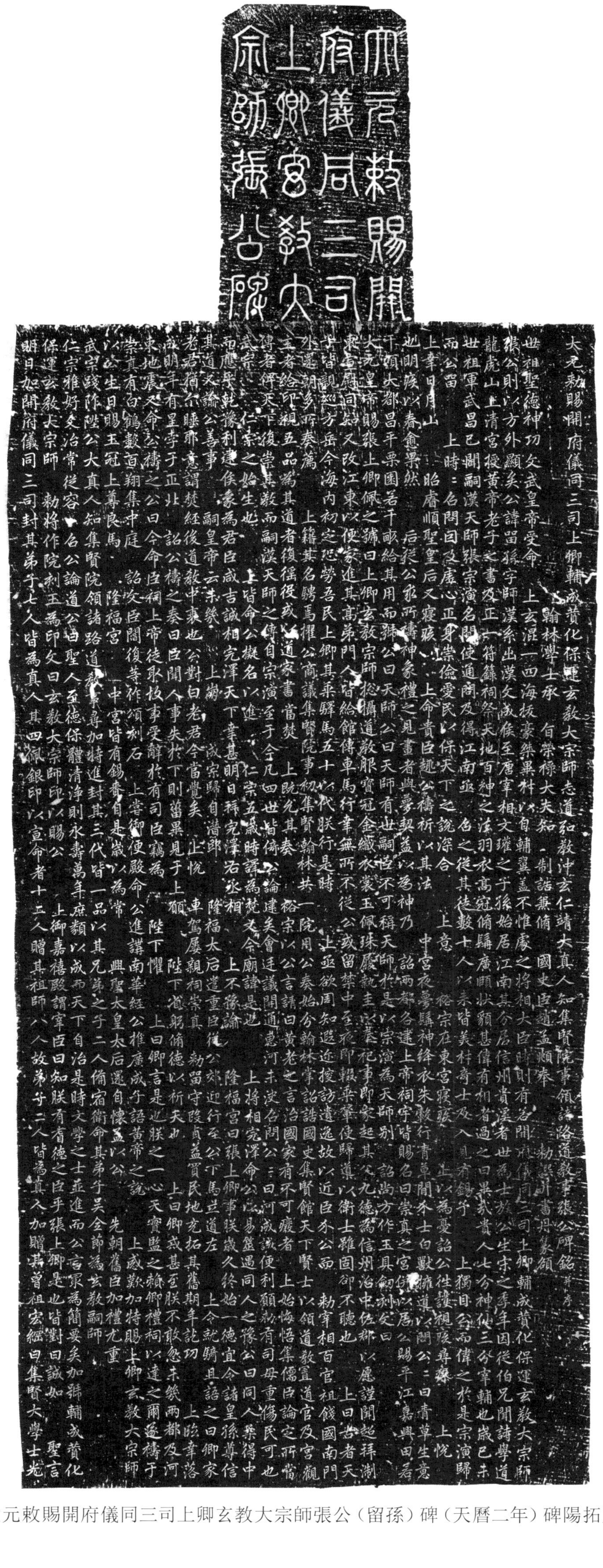

大元敕賜開府儀同三司上卿玄教大宗師張公（留孫）碑（天曆二年）碑陽拓片

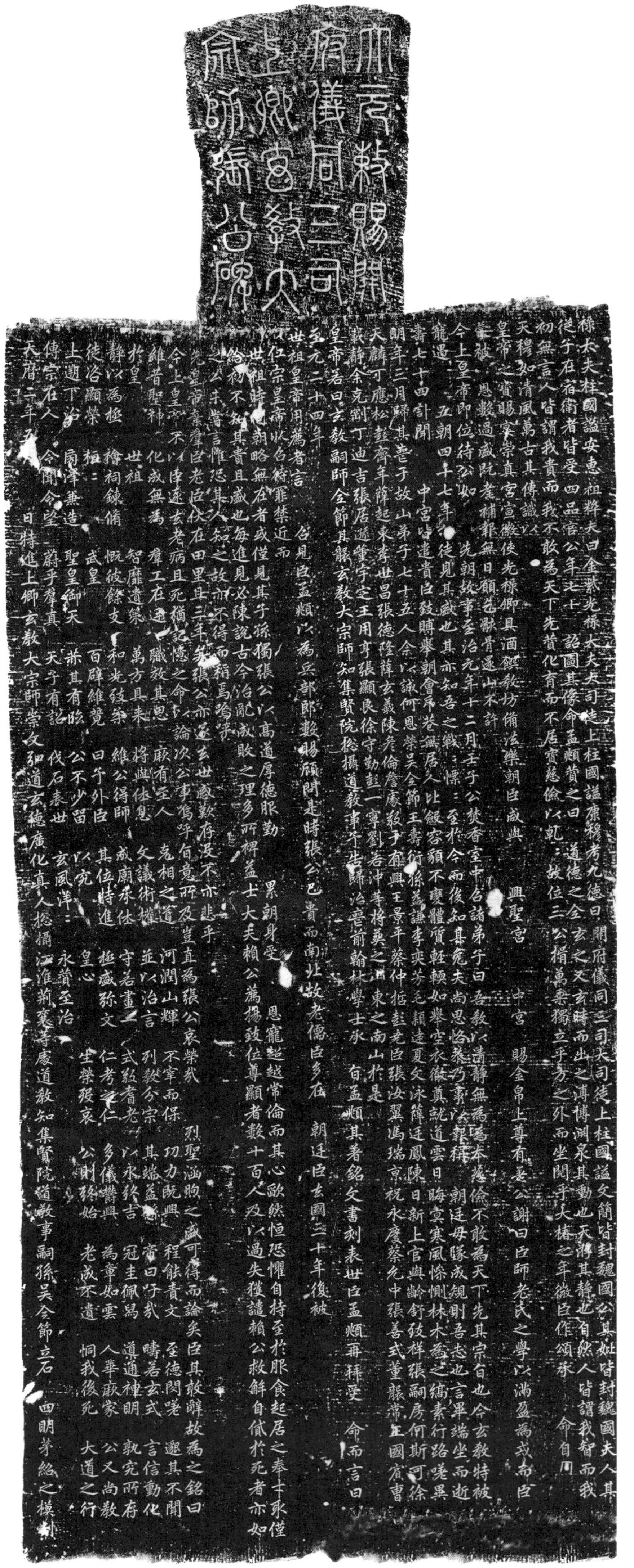

大元敕賜開府儀同三司上卿玄教大宗師張公（留孫）碑（天曆二年）碑陰拓片

碑陽

大元敕賜開㇄府儀同三司㇄上卿玄教大㇄宗師張公碑（額）㇄

大元勅賜開府儀同三司上卿輔成贊化保運玄教大宗師志道弘教沖玄仁靖大真人知集賢院事領諸路道教事張公碑銘并序㇄

翰林學士承旨、榮禄大夫、知制誥兼脩國史臣趙孟頫奉勅譔并書丹篆額。㇄

世祖聖德神功文武皇帝受命上玄，混一四海，拔豪桀異材以自輔翼，蓋不惟處之將相大臣，時則有若開府儀同三司上卿輔成贊化保運玄教大宗師㇄張公，則以方外顯矣。公諱留孫，字師漢，系出漢文成侯。至唐，宰相文瓘之子孫始居江南，其分居信州貴溪者世爲士族。公生宋之季年，因從伯兄聞詩學道㇄龍虎山上清宫，授黄帝、老子之書，及正一符籙祠祭天地百神之法，羽衣高冠，脩髯廣頤，狀貌甚偉。有相者過之，曰：「異哉貴人！七分神仙，三分宰輔也。」歲己未，㇄世祖軍武昌，已聞嗣漢天師張宗演名，間使通問。及得江南，亟召之。從其徒數十人以來，皆美材奇士。及入見，有錫予。上獨目公而偉之，於是宗演歸㇄而公留。上時時召問，因及虚心正身、崇儉愛民以保天下之説，深合上意。裕宗在東宫，寢疾。上以爲憂，詔公往護視，疾尋瘳，上悦。㇄上幸日月山，昭睿順聖皇后又寢疾，上命貴臣趣公禱祈以其法。中宫夜夢髯神絳衣朱轂行青草間，介士白獸擁導，以問公。公曰：「青草生意㇄也，明疾以春愈。」果然。后從公求所禱神象禮之，見畫者與夢契，益以爲神，乃詔兩都各建上帝祠宇，皆賜名曰崇真之宫，併以居公。賜平江、嘉興田若㇄干頃，大都昌平栗園若干畝給其用，而號公曰天師。公曰：「天師有世嗣，臣不可稱天師。」於是以宗演爲天師，别詔尚方作玉具劍，刻文曰㇄「大元皇帝賜張上卿佩之」，號曰「上卿玄教宗師」，總攝道教，服寶冠、金織衣裳、玉佩珠履，執圭以奉祀事。即家起其父九德爲信州治中，佐郡以愿謹聞，超拜淛㇄東宣慰同知。又改江東，以便家。進其高弟門人皆給館傳車馬，行幸無所不從。公或留禁中，至夜即輟，乘輦使歸，導以衛士，雖固卻不聽也。上曰：「古者天㇄子皆親巡方岳，今海内初定，恐勞吾民，上卿其乘驛馬五十以代朕行。」是時，上亟欲周知遐邇，搜訪遺逸，故以近臣介公（一），而勅宰相百官祖餞國南門㇄外。還朝，多所奏薦。上籍其名聘焉，擢公商議集賢院事。初，集賢、翰林共一院，用公奏，始分翰林掌詔誥、國史，集賢館天下賢士，以領道教。置道官及宫觀㇄主者，給印，視五品。爲其道者，復徭役。或以道家書當焚，上既允其奏。裕宗以公言請曰「黄老之言，治國家有不可癈者。」上始悔悟，集儒臣論定所當⌞傳者，俾天下復崇其教。而嗣漢天師之傳，自宗演至于今凡四世，皆倚公論建矣。會廷議開通惠河，未决〔二〕，召問公。公曰：「河成，誠便利，願勑有司毋重傷民可也。」⌞武宗、仁宗之始生也，上皆命公擬名以進。仁宗五歲時，譯爲梵文，今廟諱是也。上將相完澤，命公以易筮，遇《同人》之《豫》，公曰：「《同人》，柔得中⌞而應乎乾；《豫》，利建侯，象爲君臣咸吉，誠相完澤，天下幸甚。」明日，拜完澤右丞相。上不豫，諭隆福宫曰：「張上卿事朕歲久，終始一德，宜令諸皇孫尊信⌞其道。」又諭公善事嗣皇帝云。未幾，上崩。成宗歸自潛邸，隆福太后遣重臣從公郊迎，行至，公下馬立道左。上令就騎，且語之曰：「卿家⌞老君猶爾睡耶？」意謂焚經後道教中衰也。公對曰：「老君今當覺矣。」上悦。車駕屢親祠崇真，勑留守段貞益買民地充拓其舊，期年訖功。上臨幸落⌞成。明年，有星孛于正北，詔公禱之。奏曰：「臣聞人事失於下，則菑異見于上，願陛下省躬脩德，以祈天也。」上曰：「卿戒甚至，朕不敢忽。」未幾，兩都及河⌞東地震，又命公禱之。公曰：「今命臣祠上帝，徒取故事，受辭於有司。臣竊爲陛下懼。」上曰：「卿言是也。朕之一心，天實監之，賴卿禮祠以達之爾。」遂禱于⌞崇真。有白鶴數百翔集中庭。詔文臣閻復等作頌刻石。上甞御便殿，命公進講《南華經》。公推廣成子語黄帝之説。上感歎，加特賜「上卿玄教大宗師」。⌞以公生日賜玉冠、上尊、良馬。隆福宫、中宫皆有錫賚。自是歲以爲常。興聖太皇太后還自懷孟，以公先朝舊臣，加禮尤重。⌞武宗踐阼，陞公大真人、知集賢院、領諸路道教事，尋加特進，封其三代皆一品，以其兄弟之子二人備宿衛，命其弟子吴全節爲玄教嗣師。⌞仁宗雅好文治，常從容召公論道。公曰：「聖人至德，保體清淨，則永壽萬年，庶類以成，而天下自治。」是時文學之士並進，而公言最爲簡要矣。加號「輔成贊化⌞保運玄教大宗師」。勑將作院刻玉爲印，文曰「玄教大宗師印」，以賜公。上御嘉禧殿，謂宰臣曰：「知朕有耆德之臣乎？張上卿是也。」皆對曰「誠如聖言」。⌞明日，加開府儀同三司，封其弟子七人皆爲真人，其四佩銀印，以宣命者十二人，贈其祖師八人，故弟子二人，皆爲真人。加贈其曾祖宏綱曰集賢大學士、光⌞

碑陰

大元敕賜開∟府儀同三司∟上卿玄教大∟宗師張公碑（額）∟

禄大夫、柱國，謚安惠，祖粹夫曰金紫光禄大夫、大司徒、上柱國，謚康穆，考九德曰開府儀同三司、大司徒、上柱國，謚文簡，皆封魏國公，其妣皆封魏國夫人。其∟從子在宿衛者，皆受四品官。公年七十，詔圖其像，命孟頫贊之曰：「道德之全，玄之又玄，時而出之，溥博淵泉。其動也天游，其靜也自然。人皆謂我智，而我∟初無言；人皆謂我貴，而我不敢爲天下先。贊化育而不居；寶慈儉以乾乾。故位三公，揖萬乘，獨立乎方之外，而坐閲乎大椿之年。微臣作頌，承命自∟天，穆如清風，萬古其傳。」識以∟皇帝之寶。賜宴崇真宫，宣徽使、光禄卿具酒饌，教坊備法樂，朝臣咸與，興聖宫、中宫賜金帛，上尊有差。公謝曰：「臣師老氏之學，以滿盈爲戒，而臣∟蒙被恩數過盛，既耄，補報無日，願乞骸骨還山。」不許。∟今上皇帝即位，待公如先朝故事。至治元年十二月壬子，公焚香室中，召諸弟子曰：「吾教以清静無爲爲本，慈儉不敢爲天下先，其宗旨也。今玄教特被∟寵遇五朝四十七年，□徒見其盛也。其亦知吾之戰戰慄慄，至於今而後知其免夫。尚思恪恭乃事以報稱朝廷。毋墜成規，則吾志也。」言畢，端坐而逝，∟壽七十四。訃聞，中宫皆遣貴臣致賻，舉朝會吊，巷無居人。比斂，容貌不變，體質輕輭，如舉空衣。徹奠就道，雲日晦冥，寒風慘惻，林木爲之縞素，行路嗟異。∟明年三月，歸其喪于故山。弟子七十五人：余以誠、何恩榮、吴全節、王壽衍、孫益謙、李奕芳、毛穎達、夏文泳、薛廷鳳、陳日新、上官與齡、舒致祥、張嗣房、何斯可、徐∟天麟、丁應松、彭齊年、薛起東、李世昌、張德隆、薛玄羲、陳彦倫、詹處敬、于有興、王景平、蔡仲哲、彭堯臣、張汝翼、馮瑞京、祝永慶、蔡允中、張善式、董襲常、王國賓、曹∟載靜、余克剛、丁迪吉、張居遜、董宇定、王用亨、張顯良、徐守勤、彭一寧、劉若沖等，將葬之山東之南山。於是∟皇帝若曰：「玄教嗣師全節，其襲玄教大宗師、知集賢院、總攝道教事。予告歸治喪，前翰林學士承旨孟頫其著銘文書刻表世。」臣孟頫再拜受命而言曰：∟至元二十四年，∟世祖皇帝用薦者言，召見臣孟頫，以爲兵部郎，數賜顧問。是時張公已貴，而南北故老儒臣多在朝廷。臣去國三十年，復被∟仁宗皇帝收召，待罪禁近，而∟世祖時□朝略無在者〔三〕，或僅見其子孫。獨張公以高道厚德服勤累朝，身受恩寵，超越常倫，而其心欿然，恒恐懼自持。至於服食起居之奉，才取僅∟給，初不知其貴且盛也。每進見，必陳説古今治亂成敗之理，多所裨益。士大夫賴公薦揚，致位尊顯者數十百人。及以過失獲譴，賴公救解自貸於死者，亦如∟之。公未嘗言，惟恐其人知之，故亦不得而稱焉。嗚呼！∟先皇帝棄羣臣。老臣伏在田里，且三年矣。張公亦遂去世。感歎存没，不亦悲乎！∟今上皇帝不以臣遠去，老病且死，猶記憶之，命以論次公事。嗚呼！旨意所及，豈直爲張公哀榮哉！烈聖涵煦之盛，可得而論矣。臣其敢辭，故爲之銘曰：∟

維昔聖神，化成無爲。羣工在廷，職效其思。厥有至人，克相之道。河潤山輝，不宰而保。功力既興，程能責文。至德閔嗟，邈其不聞。㇄於皇世祖，智靡遺策。萬方具來，將與休息。文議術權，並以治言。列教分宗，其端益懸〔四〕。帝曰吁哉，疇若玄式。言信動化，㇄靜以爲極。禬祠錬脩，慨彼餘文。和光致柔，維公得師。成廟承休，守若畫一。式敬耆老，以永終吉。冠圭佩舄，道通神明。孰究所存，㇄徒咨顯榮。桓桓武皇，百辟維競。曰予外臣，其位特進。極盛彌文，仁考之仁。多儀欝興，爲章如雲。人華厥家，公又尚教。㇄上遡下沿〔五〕，旁澤兼造。聖皇御天，赫其有臨。公不少留，以究皇心。生榮殁哀，公則終始。老成不遺，恫我後死。大道之行，㇄傳宗在人。令聞令望，蔚乎羣真。天子有詔，伐石表世。玄風洋洋，永贊至治。㇄

天曆二年五月　日，特進上卿玄教大宗師、崇文弘道玄德廣化真人、總攝江淮荆襄等處道教、知集賢院道教事嗣孫吴全節立石，四明茅紹之模刻。㇄

校勘記

〔一〕故以近臣介公　《北京元代史迹圖志》作「故以近臣不公」。

〔二〕會廷議開通惠河未決　《北京元代史迹圖志》作「會廷議開通惠河，未決」。

〔三〕世祖時□朝略無在者　《北京元代史迹圖志》作「世祖時同朝略無在者」。

〔四〕列教分宗其端益懸　《北京元代史迹圖志》作「列教分宗，其端益懸」。

〔五〕上遡下沿　《北京元代史迹圖志》作「上遡下治」。

七八　夢菴舍利石函銘　天曆三年

《夢菴舍利石函銘》，天曆三年（一三三〇）三月刻。出土時間、地點不詳。一九八七年由北京市文物研究所移交北京石刻藝術博物館。現存北京石刻藝術博物館。石函呈長方形，蓋爲盝頂形，一角殘損。石函素面，未雕紋飾。銘文鎸刻於函身外側，僅一面刻字。函身長五〇釐米，寬三七釐米，高二六釐米；盝頂蓋長五二釐米，寬三〇釐米。拓高二五釐米，寬三七釐米。銘文楷書三行，行字不等，共存二二字。

《北京石刻藝術博物館藏石刻拓片編目提要》（學苑出版社，二〇一四年）著録。今據北京石刻藝術博物館藏拓片録文。張雲燕初録。

銘文記石函中舍利主人身份與刻銘年月。

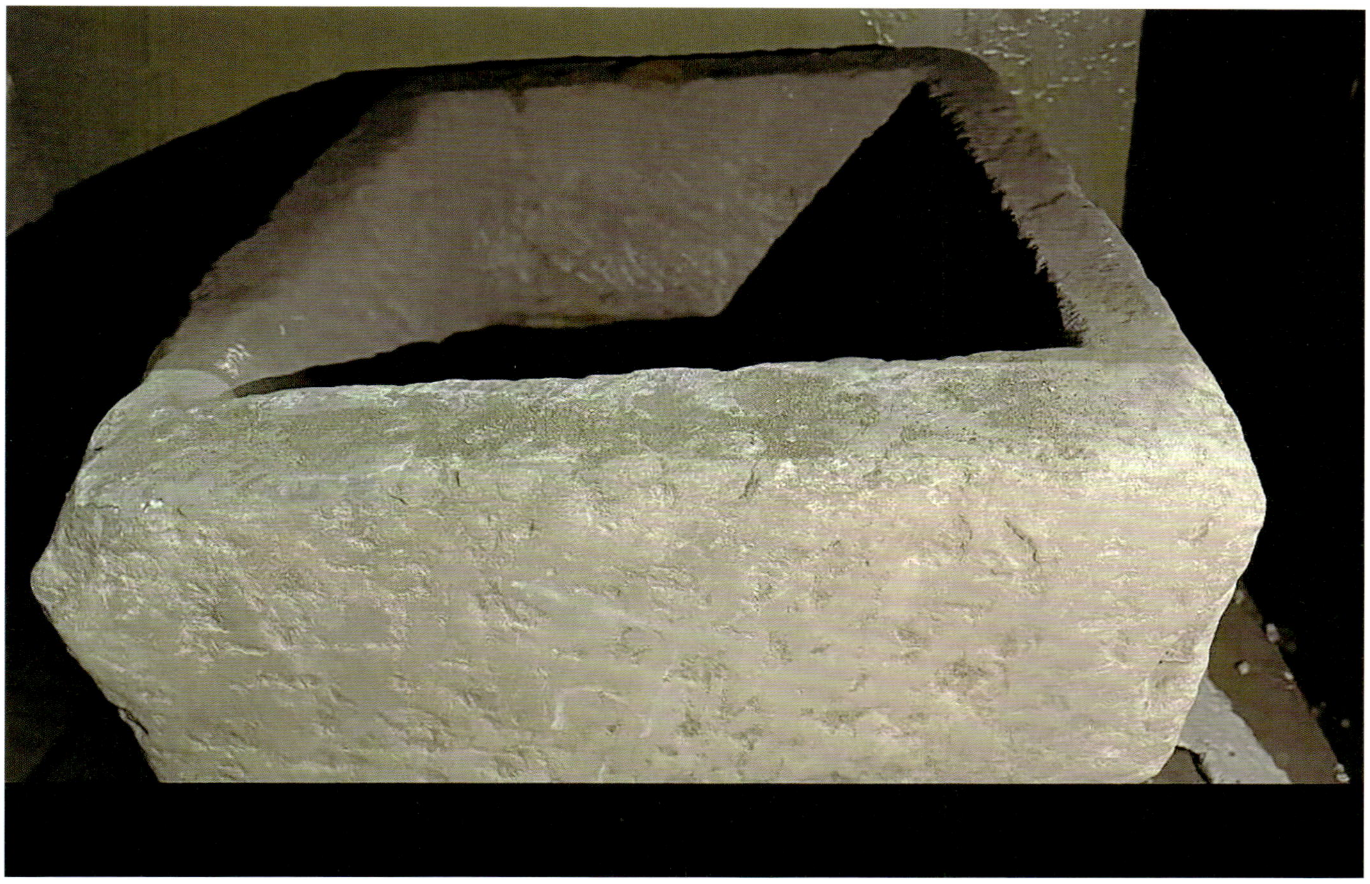

夢菴舍利石函銘（天曆三年）照片

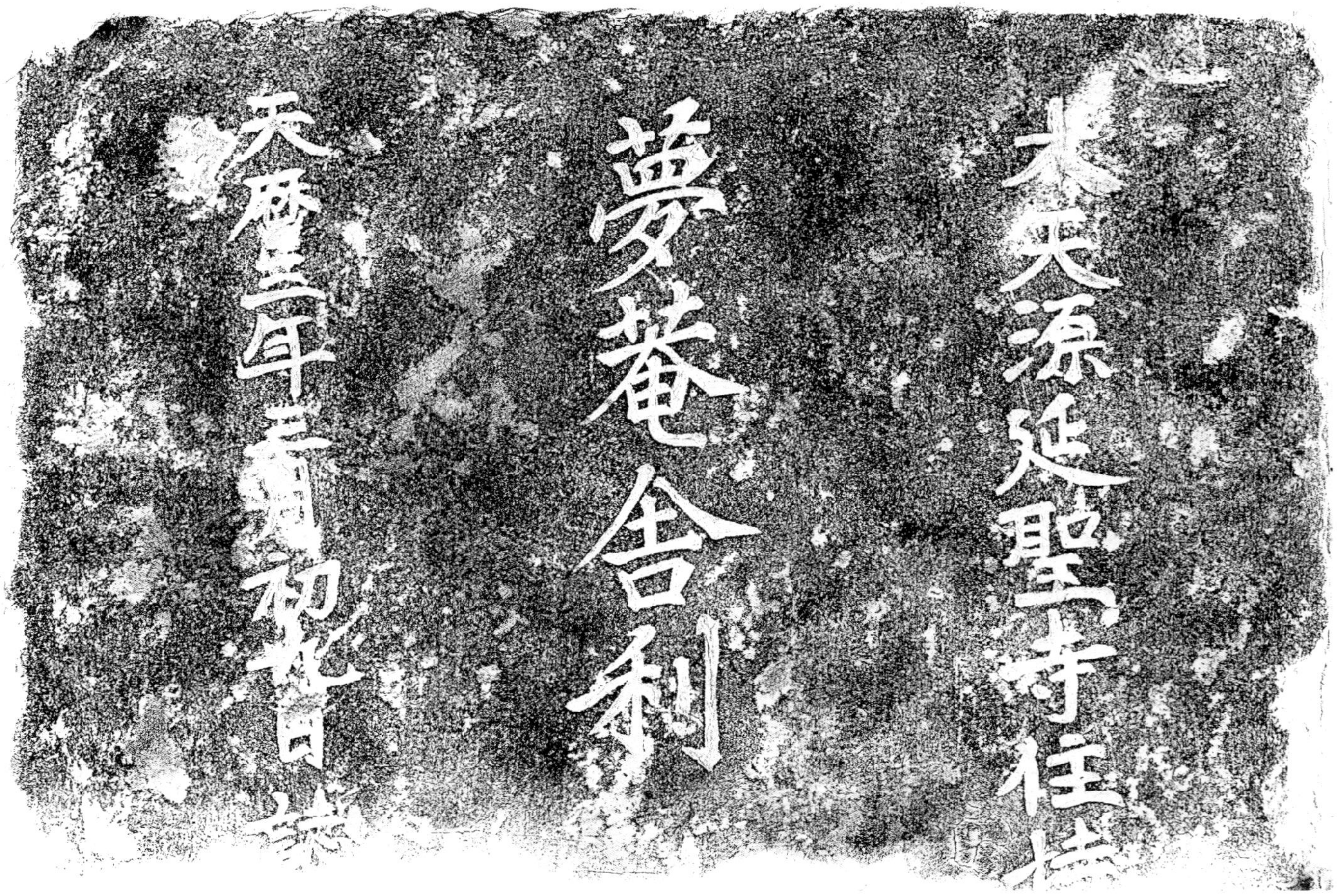

夢菴舍利石函銘（天曆三年）銘文拓片

録文

大天源延聖寺住持」夢菴舍利」
天曆三年三月初九日誌。」

七九　順州孔子廟神門記　至順元年

《順州孔子廟神門記》，至順元年（一三三〇）六月立石。碑原立於北京市順義區廟學學宫前，民國時尚在原址。後埋入地下。一九九七年出土，現存順義區文物管理所院内碑林（順義博物館）。碑爲青石質，圭首，碑身邊框綫蓮花紋，座佚。碑首身高二〇〇釐米，寬七四釐米，厚二〇釐米。拓高一九六釐米，寬七〇釐米。額題篆書「順州孔子廟神門記」四行八字。碑文楷書，一六行，滿行五〇字。馬祖常撰，王士熙書丹并篆額。

《（康熙）順義縣志》、《北京元代史迹圖志》（北京燕山出版社，二〇〇九年）、《北京遼金元拓片集》（北京燕山出版社，二〇一二年）、《北京石刻藝術博物館藏石刻拓片編目提要》（學苑出版社，二〇一四年）、《新日下訪碑録・大興卷、通州卷、順義卷》（北京燕山出版社，二〇一六年）著録。今據北京考古遺址博物館（金中都水關遺址）藏拓片録文。

碑記曹廷瑞之子曹偉出資創建順州孔子廟神門之始末。

順州孔子廟神門記（至順元年）碑體照片

順州孔子廟神門記（至順元年）碑文拓片

録文

順州∟孔子∟廟神∟門記（額）∟

天下通祀孔子而王之，其廟門必三，然後爲稱。順，今京輔股肱之郡，已廟而無門，以通神之送迎往來，以序入春秋祠官之位，無∟以限内外褻瀆之禦。其於事先聖先師之節文祝禮爲爽焉。中書禮部侍郎曹偉爲州著姓，獨發鏹二千五百貫，率鄉之父老□∟合錢庀徒（一），請示州曰：願新作孔子廟門。州大夫遜曰：兹官政也，士先有請，敢不僾焉以圖成。於是審制以攻位，樹表以考室，下□∟上□（二），材良埴密，文藻雕鎪，飾辨甚宜。未踰時，而工告役具焉，渙乎其不問可知爲王者之居矣。凡過而趍者必仰，輿者必式，而忿□∟邪僻之徒亦必油然而革心也（三）。此豈非有大惠於民哉。始州在遼金之世，圖籍不内屬，而文獻禮樂之習雖奪於兵戈，然好古卓□∟之士（四），從容揖讓，而爲俎豆之容者，屢有其人焉。我∟皇元立國燕土而兹爲四方首善之近地，涵濡∟天子仁義之澤，被服先王詩書之教，自族黨閭巷之人，咸務修身以遠耻。日篤於尊敬孔氏，而肄業於絃誦，裒其餘財，迺相∟先聖先師妥靈之栖而門屋之，以崇高廟貌之嚴，而郡博士□□得朝夕正冠摳衣（五），游歌於其左右，彼有官者，又能因其俗義而□（六），∟以爲勸學迪德之方。噫！俱可爲□也已（七）。泰定元年八月，州人蒲察晉以狀來屬祖常記之。按古謂作事必記，不腆之文，何足以當□（八）。∟然嘉其士行之懿，可不爲書之。若夫經營之歲月始末，廩給之出入多寡，斯賤事也，不書。書其大者，以著州之爲四方首善之倡，□∟以示後之繼者（九）。俾有所觀感而興起於儒者之學也。侍郎以才請進，迺金紫光禄大夫、平章政事、順國公子。順公故有善行，碑在□∟廡下。州人尤愛之。蒲察晉隱德不仕。州大夫同知州事祝獻、監州木八剌沙云。明年三月廿四日，翰林待制、奉直大夫、典寶少□∟馬祖常記。中奉大夫、中書參知政事王士熙書并題額。∟右神門記，經五年未鑱，宜惜其事□文佳，迺勒石壽世，庸示後學云。禮部侍郎曹偉後拜工部尚書，翰林待制馬祖常∟官禮部尚書。同官順州吏目王琢、□官王顯敬、同知結末、王天祐、達魯花赤黑厮，至順初元六月上吉，知州茌平梁宜謹□∟

校勘記

〔一〕率鄉之父老□合錢庀徒　「□」，《（康熙）順義縣志》卷四作「益」。

〔二〕下□上□　《（康熙）順義縣志》卷四作「下木上棟」。

〔三〕而忿□邪僻之徒亦必油然而革心也　「忿□」，《（康熙）順義縣志》卷四作「忿戾」。

〔四〕然好古卓□之士　「□」，《（康熙）順義縣志》卷四作「立」。

〔五〕而郡博士□□得朝夕正冠摳衣　「□□」，《（康熙）順義縣志》卷四作「弟子」。

〔六〕又能因其俗義而□　「義而□」，《（康熙）順義縣志》卷四作「美而侈」。

〔七〕俱可爲□也已　「□」，《（康熙）順義縣志》卷四作「賢」。

〔八〕何足以當□　「□」，《（康熙）順義縣志》卷四作「哉」。

〔九〕□以示後之繼者　「□」，《（康熙）順義縣志》卷四作「亦」。

八〇　新建龍神廟碑　至順元年

《新建龍神廟碑》，至順元年（一三三〇）六月立石。原存北京市房山區大石窩鎮北尚樂村，現存地不詳。中國國家圖書館藏拓片額拓高寬均爲二六釐米，碑身拓片高九〇釐米，寬七五釐米。碑陽額上部有雲紋，額題篆書「新建龍神廟碑」二行六字。正文楷書，二一行，滿行二三字。許伯庸撰并篆，楊弘善書，李得榮立石，楊得滋、楊擇刊石。碑陰額上部有雲紋額，題篆書「萬古流芳」二行四字，疑爲明代所刻。

今據中國國家圖書館提供拓片（北京四二四七）録文。碑陰明嘉靖四十二年題名内容不録。

碑陽記至順元年李得榮等創建龍神廟之始末。碑陰刻至順元年和明嘉靖四十二年題名，嘉靖題名爲後世補刻。

新建龍神廟碑（至順元年）碑陽拓片

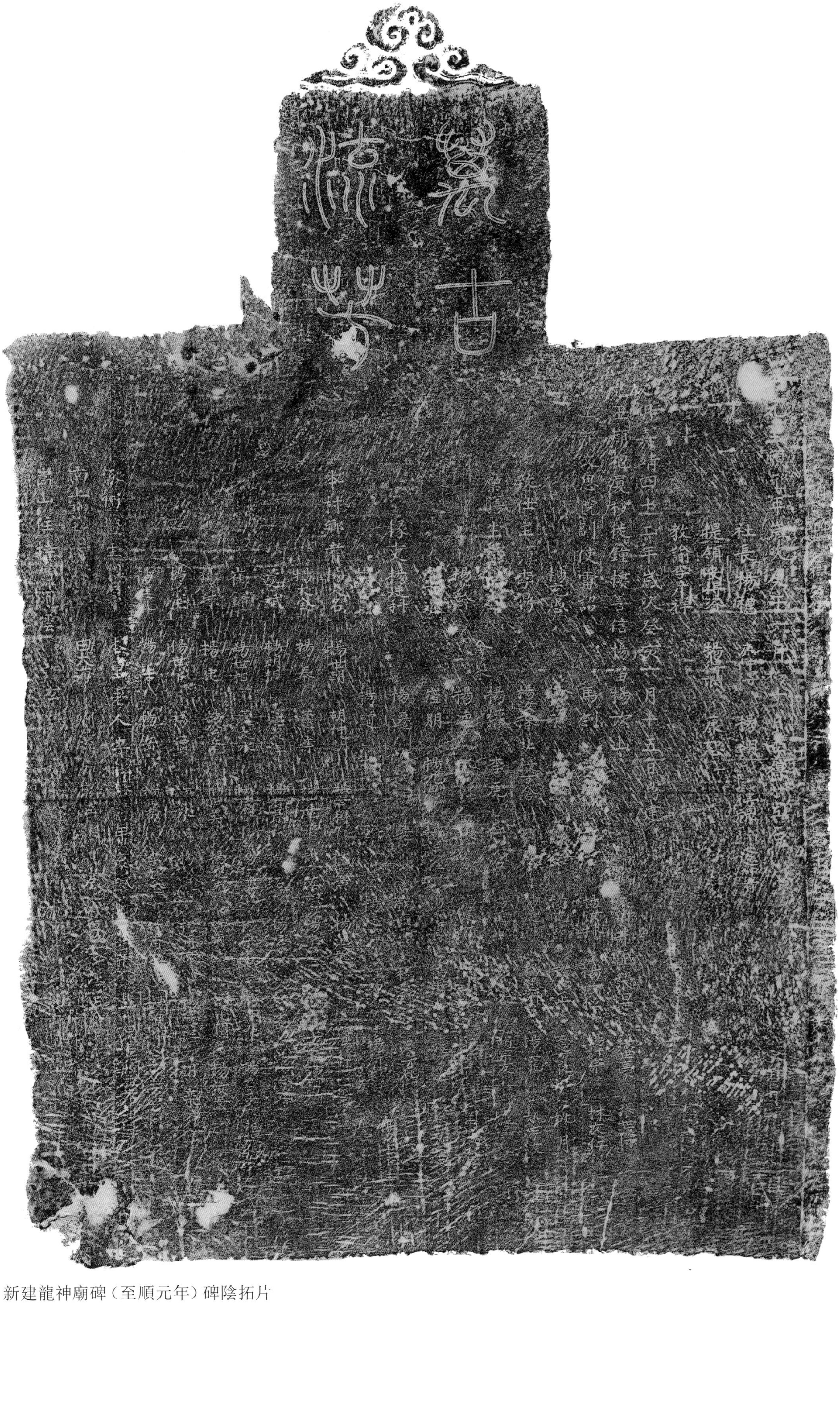

新建龍神廟碑（至順元年）碑陰拓片

録文

碑陽

新建龍⌞神廟碑（額）⌞

新建龍神廟碑記⌞

燕山□人翟先生門人許伯庸撰并篆。⌞楊弘善書。⌞

夫大而化之之謂聖，聖而不可知之謂神。世之言神靈者有⌞四，龍、鳳、麟、龜是也。然龍爲鱗之長，而鳳爲羽之長，麟爲毛之⌞長，而龜爲甲之長，惟龍神實爲最焉。故能潛能飛，能大能小，⌞與他靈大有不同。《易》所謂「潛」「見」「飛」者，龍之體，足以見矣。蓋以⌞龍能興雲致雨，普濟羣生，潤澤枯槁，豈非四靈之中，惟龍神⌞變不期而爲最靈者乎？人覩其神之著也，莫不敬而畏之，拜而⌞謝之，以其神靈能□古故也。里人好事者思欲報之焉，同志⌞之士□時□□□也。龍像雖勒，厚之至矣。於瞻禮之意猶有⌞丕稱焉。李得榮者隨割己地，創建祠堂一所，鐫石像，冀圖永⌞久，俾人人過而瞻禮之。不惟瞻禮而已，要在乎誠也。古語云：⌞有其誠則有其神，無其誠則無其神。又曰：至誠感神，誠能動⌞物，誠之不可揜如此夫。故以誠敬爲主，而更務有始有終可⌞也。《書》曰：靡不有初，鮮克有終。具斯之謂歟！舉告之人，始見而⌞敬之者多也。及其卒也，□□□□，戲謔無所不至，殊非禮也。⌞今勉諸公當□至誠至敬，有始有卒，庶可以報神之德，而不⌞至於忍也。□□□以記云。」

旹大元至順元年歲次庚午六月初十日，李得榮立石。⌞石匠楊得滋并姪管勾楊擇同刊。⌞

碑陰

大元至順元年歲次庚午六月初十日，李得榮立石。⌞

社長楊禮、康仲得、楊翔、□得禄、蘧仲有。⌞提領安得資、楊得潤、康恕。⌞教諭李廣祥。⌞

八一　重建帝舜廟碑　至順元年

《重建帝舜廟碑》，至順元年（一三三〇）九月立。碑在北京市房山區獨樹村舜帝廟。中國國家圖書館藏拓片碑身高二〇四釐米，寬九七釐米；額高五二釐米，寬三五釐米。額題篆書「重建帝舜廟碑」二行六字。碑文楷書，二一行，滿行三七字。林棟撰并書丹、篆額。

清繆荃孫《藝風堂金石文字目》、《北京圖書館藏中國歷代石刻拓本匯編》（中州古籍出版社，一九八九年）、《新日下訪碑録·房山卷》（北京燕山出版社，二〇一三年）、楊亦武《房山碑刻通志》卷二（學苑出版社，二〇二〇年）著録。今據中國國家圖書館提供拓片（北京三九二九）録文。

碑記重修帝舜廟之始末。

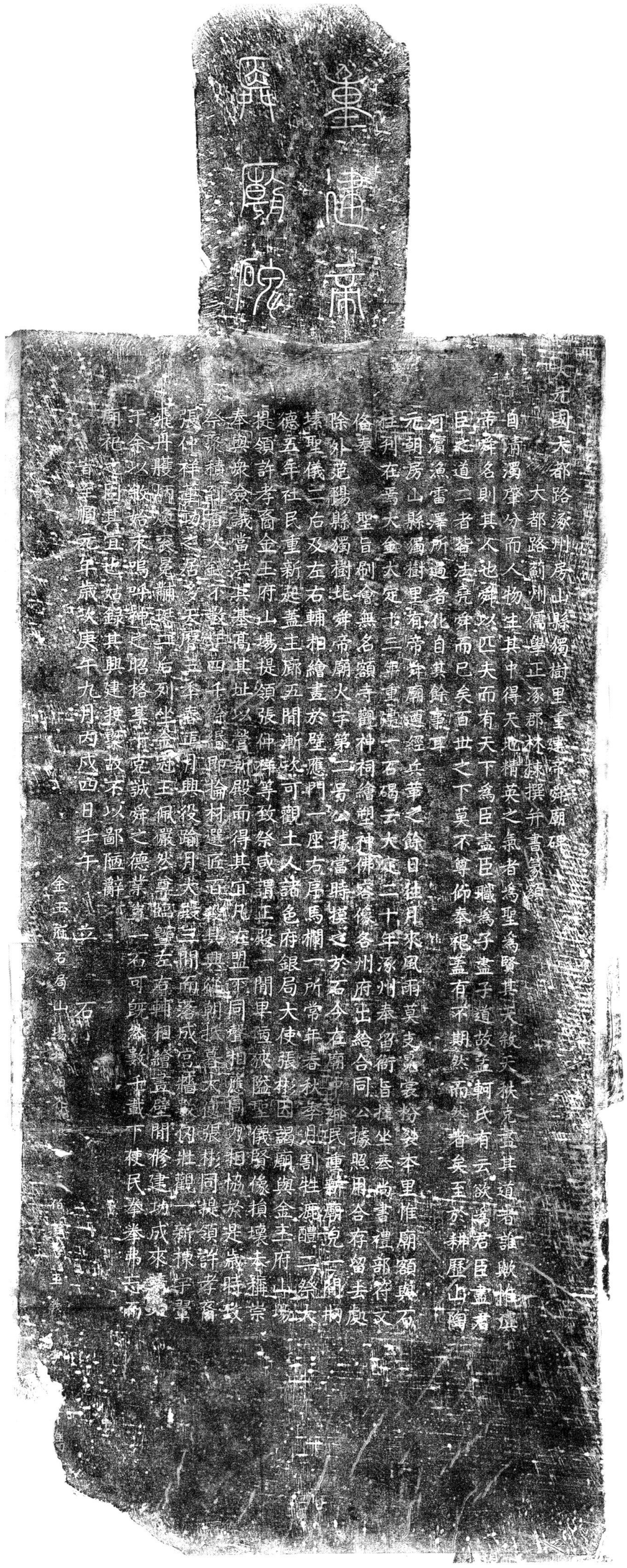

重建帝舜廟碑（至順元年）碑文拓片

録文

重建帝∟舜廟碑（額）∟

大元國大都路涿州房山縣獨樹里重建帝舜廟碑∟

大都路薊州儒學正涿郡林棟撰并書篆額。∟

自清濁肇分，而人物生其中，得天地精英之氣者，爲聖爲賢。其天敍天秩克盡其道者誰歟？惟虞∟帝舜名則其人也。舜以匹夫而有天下，爲臣盡臣職，爲子盡子道。故孟軻氏有云：欲爲君臣，盡君∟臣之道，二者皆法堯舜而已矣。百世之下，莫不尊仰奉祀，蓋有不期然而然者矣。至於耕歷山，陶∟河濱，漁雷澤，所過者化，自其餘事耳。∟元朝房山縣獨樹里有帝舜廟，迺經兵革之餘，日往月來，風雨莫支，冕裳粉裂。本里惟廟額與石∟柱刊在焉。大金大定十三年重建一石碣云。大定二十年，涿州奉留銜旨揮，坐奉尚書禮部符文，∟備奉聖旨，刷會無名額寺觀神祠，繪塑神佛容像，各州府出給合同、公據，照用合存留去處∟除外。范陽縣獨樹北舜帝廟火字第二號公據，當時模之於石，今在廟中。鄉民重新廟皃一間，刱∟塐聖儀二后及左右輔相繪畫於壁，應門一座，右序馬欄一所，常年春秋季月割牲漉醴二祭。大∟德五年，社民重新起蓋主廊五間，漸次可觀。士人諸色府銀局大使張彬因謁廟，與金玉府山場∟提領許孝裔、金玉府山場提領張仲祥等致祭，咸謂正殿一間，卑陋狹隘，聖儀賢像損壞，未稱崇∟奉。與衆僉議：當洪其基，高其址，以營新殿而得其宜，凡在盟下，同聲相應，同力相協。於是歲時致∟祭，聚積到香火錢不數年四千餘緡。即掄材選匠，百役具興，從朝抵暮。大使張彬、同提領許孝裔、∟張仲祥董功之居多。天曆三季春正月興役，踰月，大殿三間而落成。宮牆數仞，壯觀一新，棟宇翬∟飛，丹雘炳煥，衮冕黼珽，二后列坐，金冠玉佩，儼然尊臨，暨左右輔相繪畫壁間。修建功成，來請文∟于余，以敍始末。嗚呼！神之昭格，享于克誠，舜之德業，豈一石可既。然數千載下使民拳拳弗忘，而∟廟祀之，固其宜也。姑録其興建梗概，故不以鄙陋辭。∟

旹至順元年歲次庚午九月丙戌四日壬午立石，∟金玉府石局山場提領介讓、李伯□、王義、李□□鐫。∟

八二　贈奉訓大夫張公碑　至順二年

《贈奉訓大夫張公碑》，至順二年（一三三一）二月刻，現存北京市平谷區上宅文化陳列館。碑漢白玉石質，下部殘缺。碑殘高六九釐米，寬六二釐米，厚一九釐米。碑文楷書，大字三行，小字三行。張居仁立石。

《北京元代史迹圖志》（北京燕山出版社，二〇〇九年）、《新日下訪碑録·平谷卷》（北京燕山出版社，二〇二二年）著録。今據北京考古遺址博物館（金中都水關遺址）藏拓片録文。

碑記張公墓碑之立碑人、立碑時間及張公子嗣。

贈奉訓大夫張公碑（至順二年）碑文拓片

録文

大元贈奉訓大［　］路薊州知州飛騎［　］封平谷縣男張公［　］

至順二年二月　日，男居仁立石。⌞□石氏，□仲氏生五子：長曰德脩、次曰［　］四曰德良、五曰［　］

八三　大元福壽興元觀記　至順二年

《大元福壽興元觀記》，至順二年（一三三一）七月刻。現存北京市西城區法源寺内。碑通高二五二釐米，寬八二釐米。碑陽額題篆書「大元福壽興元觀記」四行八字。碑陽碑文楷書，二四行，滿行五一字。碑陰楷書，二二行，滿行一二字。郝義恭撰，于某書，楊宗瑞篆額，張德均刻石，李玄秀等立石。

《法源寺貞石圖録》（五洲傳播出版社，二〇〇六年）、覺真《〈法源寺貞石録〉元碑補録》（《北京文物與考古》二〇〇四年第六輯）、《北京元代史迹圖志》（北京燕山出版社，二〇〇九年）著録。今據照片録文。

碑陽記修建福壽興元觀之始末，碑陰題功德主及本觀僧衆題名。

大元福壽興元觀記（至順二年）碑陽照片

大元福壽興元觀記（至順二年）碑陰照片

碑陽

大元└福壽└興元└觀記（額）└

承務郎、大都路儒學提舉郝義恭撰。└

奉訓大夫、中書省左司員外郎于□書。└

亞中大夫、國子司業楊宗瑞篆。└

守中和，老子之説□。□本謂中，達道謂和，聖賢之言也。蓋其以爲存於内而應乎□，初無一事。老子以爲人間萬變不離乎一，固當深└沉自保，全于厥初。□退私己，卒亦何病？然則其所謂長生久視者，豈盡若後世方士□脩者之所爲哉！失道後德，失仁後義。要亦使人└反循其初激而言□耳（一）。且獨不聞《禮運》孔子之言乎？天下爲公，外户不閉，大道之行也。禮義爲紀，以正君臣，以篤父子，大道之既隱也。└是説也，儒者或羞□□而子朱子以謂是當有意。然則老子之説可獨廢乎？保定□秋澗（二）學老子道於志清徐先生，其始也，先生與其└同志建會真宮於□□，隸邑曰行唐曲河里，蓋亦有季矣。先生平昔守中抱一，謙冲以和，精敏自脩，不求人知。然積諸中者深厚，則發└乎外者光明。故□□□掄而聲聞于└上，因召入扈從。奏□□└旨，聖眷益隆，公□□大咸尊敬之。元貞乙未，館于長春宮。一夕，無疾而化。秋澗以禮葬于禮師之塋。大德己亥，請于└朝，追贈希真玄□□道真人。初，秋澗入道之時，勵志精勤，操行卓異，耆艾咸器之。既長，聲譽藉甚。延祐丙辰，梁國馮公之子徽政院使└識列門慕老子□，創福壽興元觀於都城西北隅豫順坊，殿堂、廊廡、庖湢，一次具備，棟宇雄偉，丹堊一新，甲於諸觀。聞秋澗之名，以禮└敦請，主領焚脩。□□年丁巳，└仁廟特降綸音，住□觀事。泰定乙丑，再賜└璽書加護。夫興□之創也，雖始於馮氏，然而非秋澗積累功行得中和抱一之傳，則亦不能成其終也。烏虖！老子以中和之道，深沉自└保，以全于厥初。□徐先生能克廣其猷，以助└上化，致顯于└朝。今秋澗又□□香續香而不墜其教，是豈特有功於玄門也。故爲紀此，庶幾知其成功之不易，而師傳之有自。若其源委宗派之始└末，已刻諸堅□□□可考，更不覼縷。秋澗名道文，└旨授復明善□通微大師（三），爲福壽興元觀第一代云。└

至順二年歲次辛未七月　日建。∟提舉李玄秀、知觀田玄美等立石。∟清都觀提點張德均鐫。∟

碑陰

功德主徽政院使識列門　∟

夫人嚴氏□□人聖安　∟中順□□孛蘭奚　∟朝□大夫慶安　長安∟

本觀道衆：∟安常崇德大師閻玄應　馮德全　∟希玄恒德大師李道緒　劉德常　∟玄德大師劉德真　苑德忠　∟寧厚守一大師李玄秀

閻德安　∟沖和大師吳玄玉　薄德永　∟保真沖用大師田玄美　李壽童　∟劉玄哲　閻滿童　∟崔德玄　王常童　∟沖和大師程德熙　∟玄

遠沖和大師王德全∟

立石助緣：奉訓大夫孫德章　∟從仕郎、宣農提舉司提舉狄誠　∟太師府譯史嚴普顔塔織　∟將仕郎郝義誠、∟羅通甫、∟盧善甫、∟

晁提領∟

校勘記

〔一〕反循其初激而言□耳　《北京元代史迹圖志》作「反循其初檄而言□耳」。

〔二〕保定□秋潤　《北京元代史迹圖志》作「保定閻秋潤」。

〔三〕旨授復明善□通微大師　《北京元代史迹圖志》作「旨授復明善應通微大師」。

八四　故嘉議大夫王公墓碑　至順三年

《故嘉議大夫王公墓碑》，至順三年（一三三二）二月立。一九四九年後出土於北京市東城區建國門古觀象臺東部外墻臺基下，一九八七年由北京文物研究所移交北京石刻藝術博物館。現存北京石刻藝術博物館。碑青石質，方首抹角，座佚，碑上部及下部殘缺，僅存中間部分。殘高一〇五釐米，寬六九釐米，厚八釐米。北京石刻藝術博物館藏拓片七五釐米，寬六五釐米。碑文楷書，四行。

《北京元代史迹圖志》（北京燕山出版社，二〇〇九年）、《北京石刻藝術博物館藏石刻拓片編目提要》（學苑出版社，二〇一四年）著録。今據北京石刻藝術博物館藏拓片録文。史迪威初録。

墓碑記碑主人王公，以及立碑時間、立碑人。

故嘉議大夫王公墓碑（至順三年）實景照片

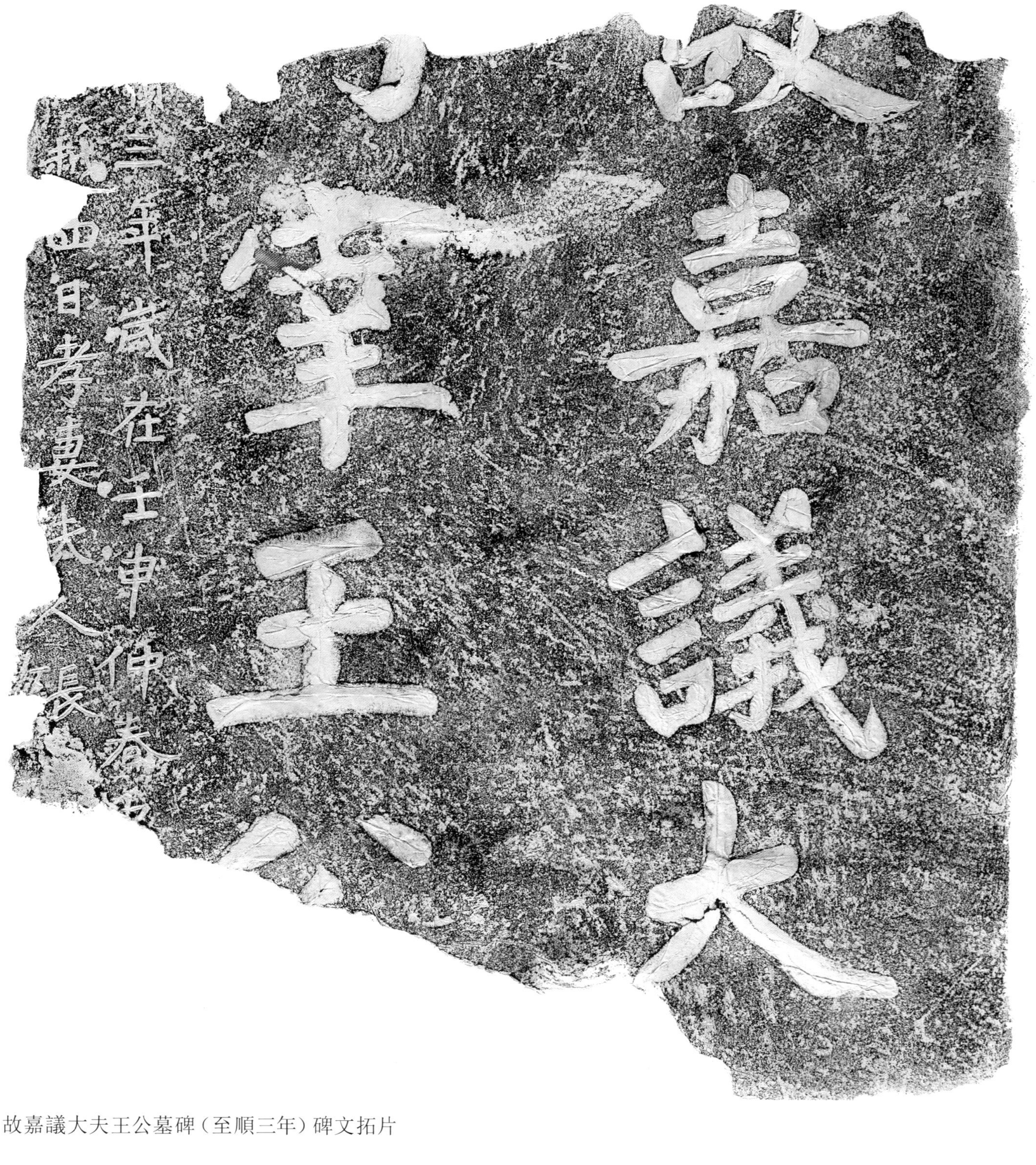

故嘉議大夫王公墓碑（至順三年）碑文拓片

録文

⊔故嘉議大夫⊓⌞⊔宰王公⊓⌞

⊔順三年歲在壬申仲春⊓⌞⊔越四日，孝妻夫人張⊓⌞

八五　奉福寺雲光長老住持德公靈塔銘

至順四年

《奉福寺雲光長老住持德公靈塔銘》，至順四年（一三三三）五月立。碑石於二十世紀七十年代北京環綫地鐵工地出土，現存於北京石刻藝術博物館。石柱呈塔銘幢式，僅存一棱面，銘高一一五釐米，寬二五釐米。碑身殘存棱面上部鐫塔題和年款，横題楷書「奉福寺」三字；豎題楷書三行。奉福寺監寺惟滿、惟興立石。

《新中國出土墓誌·北京（壹）》（文物出版社，二〇〇三年）、《北京石刻藝術博物館藏石刻拓片編目提要》（學苑出版社，二〇一四年）著録。今據北京石刻藝術博物館藏拓片録文。李巍初録。

碑石記奉福寺圓寂雲光長老住持德公靈塔立石年代、立石人姓名。

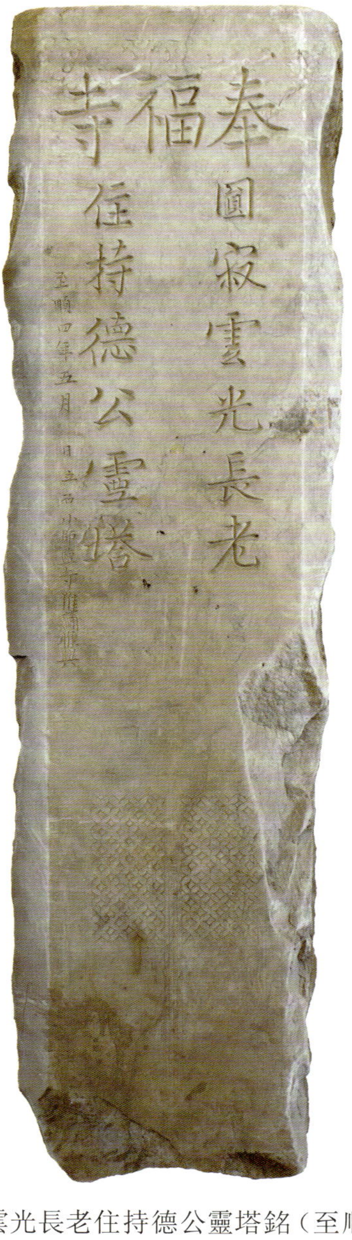

奉福寺雲光長老住持德公靈塔銘（至順四年）照片

奉福寺
圓寂雲光長老
住持德公靈塔
至順四年五月　日立石小師監寺僧滿雅典

奉福寺雲光長老住持德公靈塔銘（至順四年）碑文拓片

録文

奉福寺（額）乚

圓寂雲光長老乚住持德公靈塔乚

至順四年五月　日立石。乚小師監寺惟滿、惟興。乚

八六　薊州重修宣聖廟學記　至順四年

《薊州重修宣聖廟學記》，至順四年（一三三三）五月立石。碑現存地不詳。中國國家圖書館藏拓片高一九一釐米，寬九五釐米。碑文楷書，三二行，滿行六四字。趙本立撰文，劉禧貞篆額并書丹。

清繆荃孫《藝風堂金石文字目》、清吴式芬《金石彙目》等著録。今據中國國家圖書館提供拓片（各地一九二五）録文。

碑記至順四年趙伯敬主持重修薊州宣聖廟學之經過。

薊州重修宣聖廟學記（至順四年）碑文拓片

薊州重修宣聖廟學記乚

孔顔孟三氏子孫教授趙本立撰。乚

從仕郎、大都路薊州判官劉禧貞篆額并書。乚

大哉聖人之道，與天地並。天地，吾知其大矣，而有覆載生成之偏，寒暑災祥之不得其正，不能無爲人之憾也。日月，吾知其明矣，而有薄蝕之災，伐鼓縈社，不能無求助乚於人也。山岳，吾知其高矣，草木生焉，貨財殖焉，登之者或有顛蹶之危。江海，吾知其深矣，蛟鼉魚龍安焉，航之者或有沉溺之害。惟吾夫子之道，即之者有萬全之乚安，行之者無一毫之危。包含而無不容，容光而無不照，仰彌高不可及，鑽彌堅不可入，瞻前忽後，而恍惚不可爲象。天地不足以喻其大，日月不足以方其明，山岳服其乚高，江海讓其深，而其實不離乎人生日用彝倫之間。父子之親，君臣之義，夫婦之别，長幼之序，朋友之信，以至事事物物，莫不各有當然之則。正容貌而暴慢斯遠，正顔乚色而信斯近，出辭氣而鄙倍化爲和順。推而至於羣生庶類，洪纖動植，各得遂其性而底於成。其大經大法則有《易》《禮》《詩》《書》《春秋》《論語》《孝經》。其勸善也，自鄉人而可爲堯乚舜，自身修家齊，其效必至于國治而天下平。其懲惡也，則潛消陰弭於冥冥而不知誰爲之者，實非佛老虛無寂滅之所能擬，異端權謀圖其近功小利而惡禍之不測乚者所可倫也。故歷代以來崇奉吾夫子者固極其至，而其行事每每相反，故天下雖臻于□，而終不能無疵。欽惟我乚朝乚列聖相承，動以聖人爲則，故内而京師，外而路府州縣，莫不有廟有學。至乚武宗皇帝制加夫子以大成之號，其尊之者非□廟貌之崇然、像設之巍然也。蓋將化天下之人皆知孝悌忠信之道，蔚然於安居樂業之中。雍熙嘉靖，期以刑措乚而不用也。噫！有官守者能以乚國家之心爲心，居于一邑而一邑受其賜；涖于一州，而一州蒙其惠，爲仁由己而由人乎哉！京師之東有州曰薊，隸五縣，誠爲名郡。然當諸王朝貢要衝，官吏供給不乚暇。故我大成殿暨兩廡、神門，迤至傾圮不完。至順四季，密人趙侯伯敬由都省屬官來尹是州，顧瞻祠宇，矍然曰：「是吾責也。」遂鳩材僝工，出己俸以先之。於是掄棟乚梁，陶瓦□，撤舊爲新，不閲月而輪然奂然矣。相是役者，監郡公唐兀台、同知耿公朵羅歹、孫公文矩、州判劉公禧貞。落成于是年蕤賓之月。於是州學正林棟言于公曰：乚「不可無文以彰我乚聖朝□儒重道之意，使人家喻而户曉也。」公議衆允，隨命匠氏伐石于山，且具書□寄請予文焉。予惟趙侯將

納人人於士君子之域，雖情疎勢遠者，猶將進之以善，況忱∟辭見請，安敢堅拒。余聞先夫子而生者，非夫子無以明；後夫子而生者，非
夫子無以法。所可法，道也；所不可企而及者，事功也。故不觀夫子之事功，無以見聖人之所以∟爲聖，不法聖人之道，躬行實踐，雖崇
墉十仞，徒事虚文，何以有化民成俗之事功乎？予惟趙侯事父母盡其孝，待其兄弟極其友，守己以謙，律身以廉，事∟君以忠，撫下以仁，
一本於聖人。故所至士民風行，□偃向善而背其惡。自今以往，薊人恂恂然皆賢士大夫。起而爲∟朝廷賀者，是皆吾趙侯師帥之力也。豈
特知所先務，營一殿之可美哉！顧年月不可無記，於是乎書。∟

　至順歲次癸酉五月上旬吉日立石。∟

　薊州司吏：王伯瑭　楊濟　郭彬　徐義　劉仲祥　王仲禮　劉琮　耶律從善　秦政　鄭讓　∟監造司吏：劉懋　楊益　∟大都路薊州吏
目駱從善　∟從仕郎、大都路薊州判官劉禧貞　∟承事郎、大都路同知薊州事孫文矩　∟承□郎、大都路同知薊州事耿朵羅歹　∟奉議大夫、
大都路薊州知州兼管本州諸軍奥魯勸農事趙元禮　∟奉議大夫、大都路薊州達魯花赤兼管本州諸軍奥魯勸農事唐兀台∟

八七　龍王祠題名碑　元統二年

《龍王祠題名碑》，元統二年（一三三四）四月立石。碑現存北京市房山區天開村龍王廟。中國國家圖書館藏拓片高四七釐米，寬六三釐米。碑文楷書，二四行，行字不等。胡信刊石。

《北京圖書館藏中國歷代石刻拓本匯編》（中州古籍出版社，一九八九年）、《新日下訪碑録·房山卷》（北京燕山出版社，二〇一三年）、楊亦武《房山碑刻通志》卷六（學苑出版社，二〇二二年）著録。今據中國國家圖書館提供拓片（北京四三四九）録文。

碑記樂深五堡衆耆老人等重建龍王祠堂施錢助緣人題名及所施錢兩。末刻建祠、修繕及立石時間等信息。

龍王祠題名碑（元統二年）碑文拓片

樂深五堡衆耆老人等重修∟龍王祠堂一所，各人設施錢兩助緣花名各開立于后。∟

辨緣人維那張忠信　□從政　∟張得停施鈔伍拾兩　全管石炭岳讓　∟趙璧貳拾伍兩　高進成貳拾兩　范世英貳拾兩　∟張國月貳拾伍兩　王瓊貳拾兩　陳希孟叁拾兩　∟社長高進恭等七名各施鈔壹拾兩：馮政　∟褚從仁　王恕　褚從義　蔡青　馬世英　∟劉順等各名施鈔伍兩：褚從禮　周敬先　∟劉嗣源　楊珍　蘇成　董伯祥　王義　∟王良　謝智　岳仁貴等　董彦榮等　張義　∟謝仲仁　陳傑　王信　劉得　蘇用　∟郭直　郭　劉　張受安　賈顯雲　∟周仲禮　張仲仁　范博士　石匠楊二　∟天開寺常住楊宗主施鈔肆拾兩　∟上寺劉宗主貳拾兩　中院寺佟宗主拾伍兩　∟西臺寺李提點叁拾兩　塔位寺李監寺拾伍兩　∟東寺劉提點拾伍兩　天清觀李提點壹拾兩　∟次渠陳宗主拾兩　次渠李順甫拾伍兩　石匠姚進、∟盆匠張顯祖、平家莊渠木匠楊國寶砌堦基。∟

歲次己未年戊辰月丙寅日董温、張禄資、范益豩建。∟歲次丙申元貞二年癸巳月庚寅日，社長岳珪、喬甫慶、劉淵、∟董珍、王瓊、李得瑞、葛澤等重修。∟

旹歲次甲戌元統二季己巳月壬午日，金玉府石匠胡信刊。∟

八八　（仁壽）繼母黃氏（妙真）墓記

後至元元年

《（仁壽）繼母黃氏（妙真）墓記》，後至元元年（一三三五）立石。現存北京市朝陽區北頂娘娘廟。碑石圓頂方底，碑長五六釐米，寬三九釐米，厚二釐米。額題篆書「繼母黃氏墓記」三行六字。碑文楷書，一七行，滿行一八字。黃氏繼子仁壽撰。

《新中國出土墓誌・北京（壹）》（文物出版社，二〇〇三年）、《北京石刻藝術博物館藏石刻拓片編目提要》（學苑出版社，二〇一四年）、《國東貞石——朝陽區石刻拓片選粹》（北京市朝陽區圖書館，二〇一六年）著録。今據北京石刻藝術博物館拓片録文。李迪初録。

碑文記仁壽繼母黃氏妙真之家世和生平事迹。

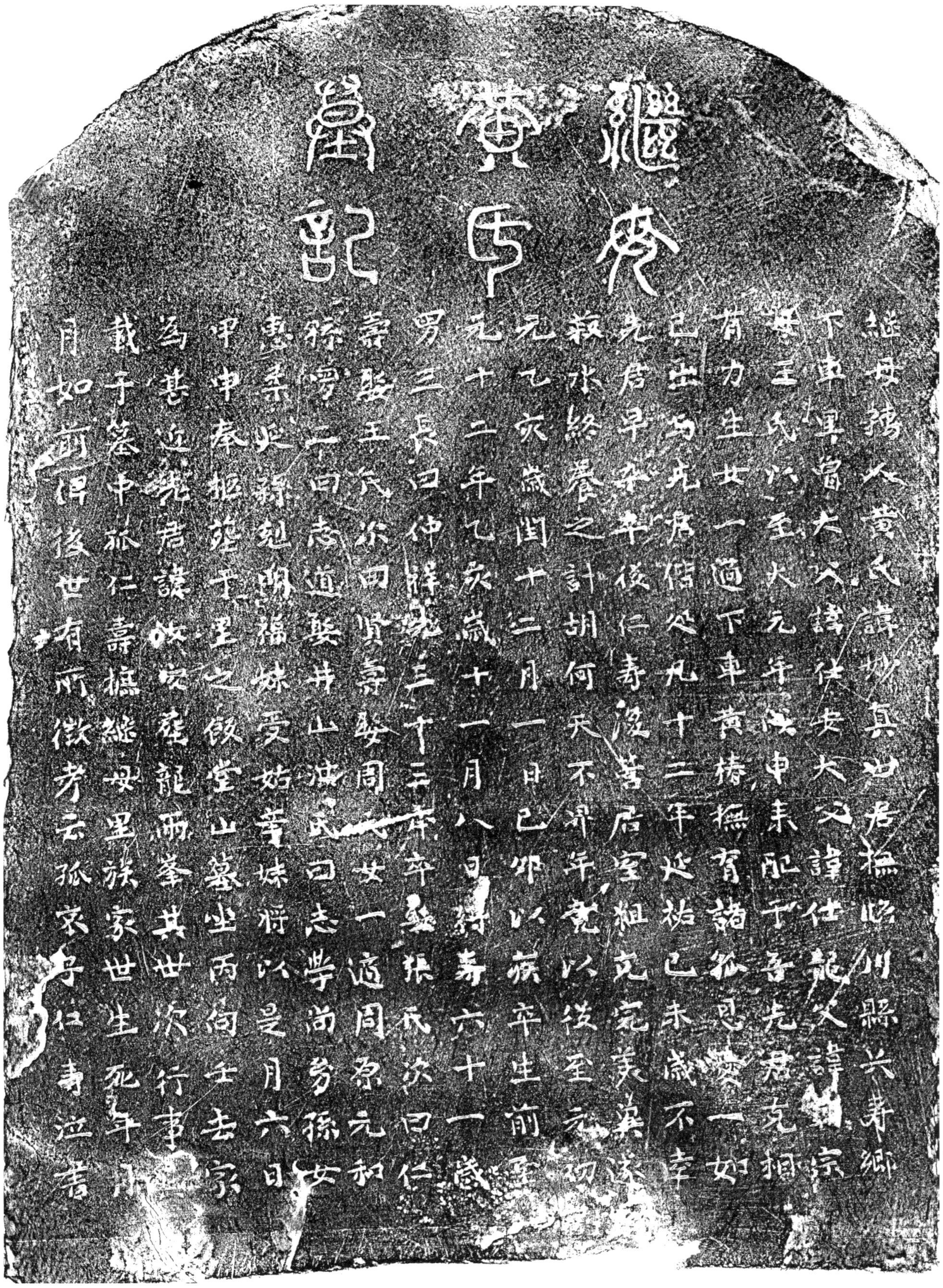

（仁壽）繼母黃氏（妙真）墓記（後至元元年）碑文拓片

録文

繼母⌞黄氏⌞墓記（額）⌞

繼母孺人黄氏，諱妙真，世居撫臨川縣興壽鄉⌞下車里。曾大父諱仕安，大父諱仕龍，父諱朝宗，⌞母王氏。以至大元年戊申來配于吾先君，克相⌞有力。生女一，適下車黄椿。撫育諸孤，恩愛一如⌞己出。與先君偕處凡十二年。延祐己未歲，不幸⌞先君早卒。卒後仁壽復營居室，粗克完美，冀遂⌞菽水終養之計。胡何天不畀年，竟以後至元初⌞元乙亥歲閏十二月一日己卯以疾卒。生前至⌞元十二年乙亥歲十一月八日，得壽六十一歲。⌞男三：長曰仲祥，先三十三季卒，娶張氏；次曰仁⌞壽，娶王氏；次曰賢壽，娶周氏。女一，適周原元和。⌞孫男二：曰志道，娶井山洪氏；曰志學，尚幼。孫女：⌞惠柔、延孫、剋明、福妹、受姑、辛妹。將以是月六日⌞甲申，奉柩葬于里之飯堂山。墓坐丙向壬，去家⌞爲甚近。先君諱汝安，葬龍雨峰，其世次行事[具]⌞載于墓中。孤仁壽摭繼母里族家世、生死年月⌞月如前，俾後世有所徵考云。

孤哀子仁壽泣書。⌞

八九　石經山大雲居禪寺藏經之記　後至元二年

《石經山大雲居禪寺藏經之記》，後至元二年（一三三六）六月立石，現存北京市房山區大石窩鎮水頭村雲居寺塔院西廊。碑漢白玉石質，螭首，圭額，龜趺。碑通高四〇五釐米，寬一一〇釐米，厚三三釐米。額題篆書「石經山大雲居禪寺藏經之記」，三行一二字。碑文行書，二六行，滿行五七字。法禎撰并書，陳顥篆額。

明孫承澤《天府廣記》、明于奕正《天下金石志》、清于敏中《日下舊聞考》、清吴式芬《金石彙目》有碑目，民國廖飛鵬《房山縣志》、《房山石經題記彙編》（書目文獻出版社，一九八七年）、《白帶山志》（中國書店，一九八九年）、《古涿州佛教刻石》（河北教育出版社，二〇〇七年）、《雲居寺貞石録》（北京燕山出版社，二〇〇八年）、《北京元代史迹圖志》（北京燕山出版社，二〇〇九年）、《北京遼金元拓片集》（北京燕山出版社，二〇一二年）、《新日下訪碑録・房山卷》（北京燕山出版社，二〇一三年）、楊亦武《房山碑刻通志》卷三（學苑出版社，二〇二〇年）著録。《落帆樓文集》收録有《元房山雲居寺藏經記跋》。今據中國國家圖書館提供拓片（北京三九六九）録文。

碑記雲居禪寺藏經之始末。

石經山大雲居禪寺藏經之記（後至元二年）碑額照片

石經山大雲居禪寺藏經之記（後至元二年）碑體照片

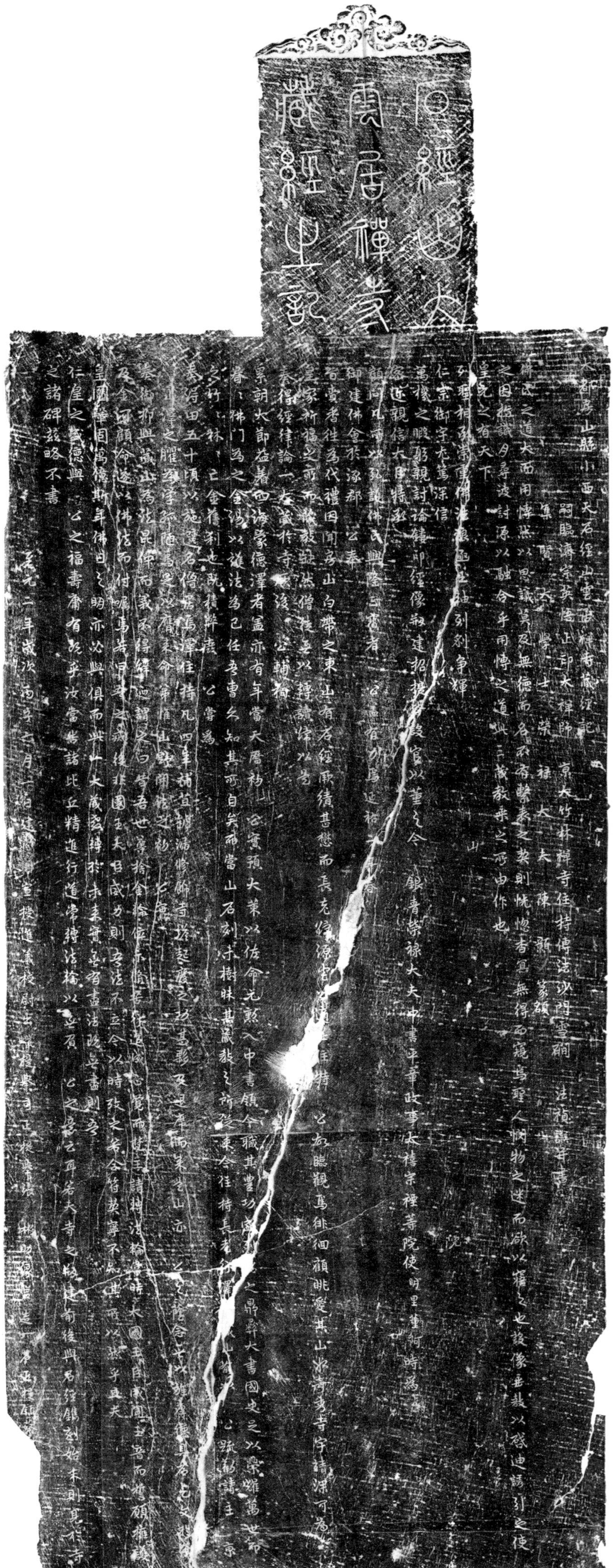

石經山大雲居禪寺藏經之記（後至元二年）碑陽拓片

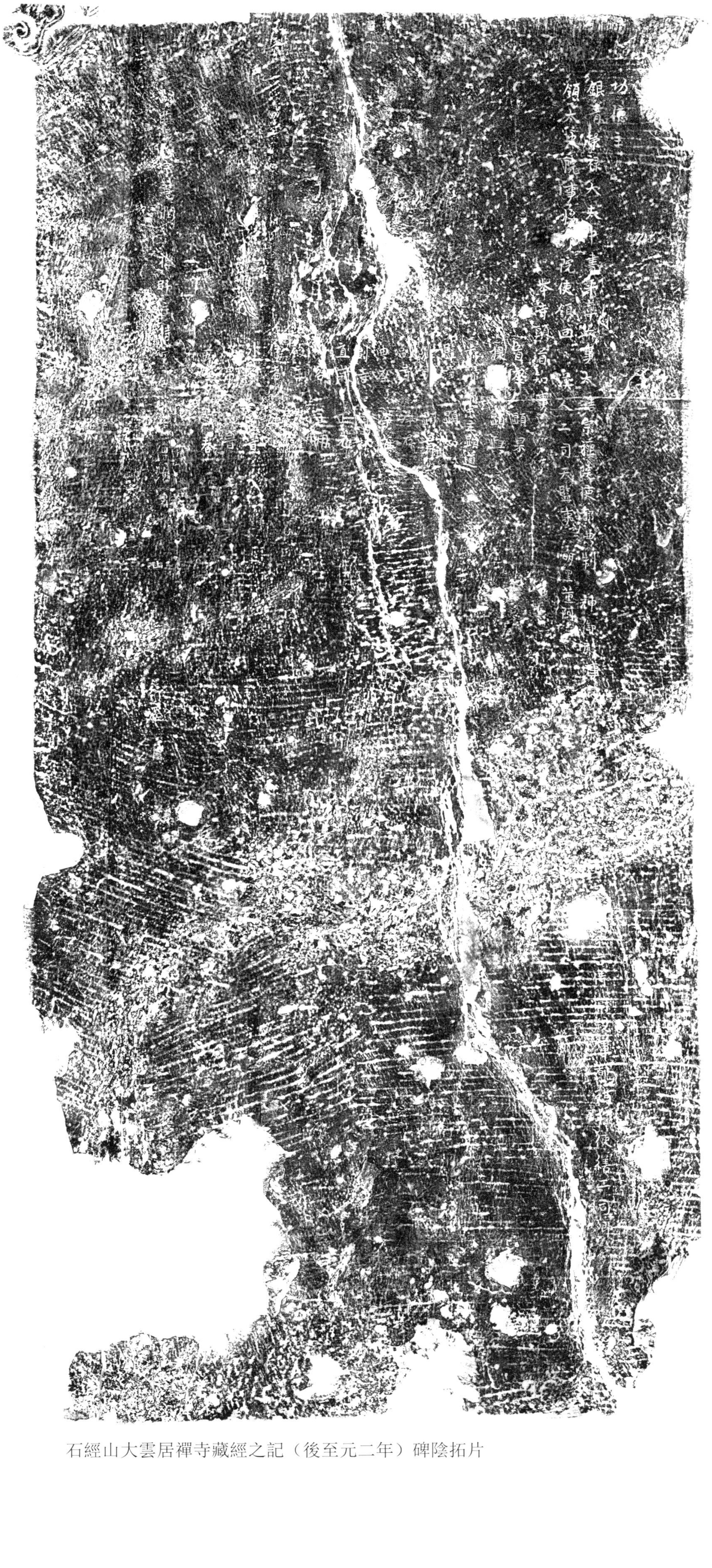

石經山大雲居禪寺藏經之記（後至元二年）碑陰拓片

録文

碑陽

石經山大㇄雲居禪寺㇄藏經之記（額）㇄

大都房山縣小西天石經山雲居禪寺藏經記㇄

嗣臨濟宗英悟正印大禪師、京大竹林禪寺住持傳法沙門雪磵法禎譔并書。㇄

集賢大學士、榮禄大夫陳顥篆額。㇄

佛氏之道大而用博，然以思議莫及，無德而名，不有繫表之契，則恍惚杳冥，無得而窺焉。聖人憫物之迷而欲以寤之也。設像垂教，以啓迪誘引之，使㇄之因指識月，尋波討源，以融合乎用博之道，此三藏教乘之所由作也。㇄皇元之有天下，山。㇄列聖相承，崇重佛法，琅函玉軸，列刹爭輝。院。㇄仁宗御宇，尤篤深信，㇄萬機之暇，躬親討論，鏤印經像，刱建招提，皆設官以董之。今銀青榮禄大夫、中書平章政事、太禧宗禋等院使明里董阿，時爲㇄密邇親信大臣，特承㇄顧問。凡所以弘護佛氏，興隆三寶者，公蓋有力焉。延祐二年春，㇄御建佛會於涿郡。公奉㇄旨賫香往爲代禮，因聞房山白帶之東山有石經，厥績甚懋，而長老歸源雲公適任住持。公故臨觀焉。徘徊顧眺，愛其山水奇秀，寺宇靖深，可爲㇄皇家祈福之所，而藏教缺然，僧徒無以轉讀。歸以是㇄奏，得經律論一大藏於寺。厥後，公輔相㇄累朝，大節益著，四海蒙德澤者，蓋亦有年。當天曆初，公實預大策，以佐命元勳入中書，領今職。其豐功盛烈，銘之鼎彜，大書國史，足以榮耀萬世，而㇄眷眷佛門爲之金湯，以護法爲己任。吾曹久知其所自矣。而當山石刻未樹，昧其藏教之所從來。今住持長老行澤，□藏山（一），前以公疏勸請主京㇄之竹林。竹林，亡金舊刹也。既積弊廢，公嘗爲㇄奏，得田五十頃以施，選名僧居焉。澤住持凡四年，補苴罅漏，修飾寺塔，起廢之功甚夥。及退席而來是山，亦公之蔭。念無以旌厚德，具石乞文於余。余㇄以山澤之臞，爲學孤陋，烏足以膺來命？第惟山野開法之初，公實㇄奏御，抑與藏山爲法昆仲，而義不得辭，迺謂之曰：昔吾世尊捨金輪位，亦脩苦行，迨成心覺，而梵王請轉法輪。當時大國王臣咸聞玉音而誓願擁護㇄及金河顧命，遂以佛法而付囑焉。若曰：「吾之滅後，非國王大臣威力，則吾法不立。」今以時攷之，若合符契，寧不知其所以然乎。且夫㇄皇圖鞏固，萬億斯年，佛日之明亦必與俱，而此一大藏教，轉於未來，實無有盡。法既無盡，則吾㇄仁皇之盛德，與公之福壽，傭有既乎？汝當告諸比丘，精進行道，常轉法輪，以無負公之意云耳。若夫寺之剏建前後與石經鐫刻始末則見於寺∟之諸碑，玆略不書。∟

至元二年歲次丙子六月一日建。宣授進義校尉出蠟提舉司正提舉張彬助緣監造。石匠提領蔡▯∟

碑陰

功德主∟銀青榮祿大夫、中書平章政事、太禧宗禋院使、都典制神御殿事、▯侍□親軍都指揮使、繕工司卿、∟領太史院事、將□院使、領回回漢人二司天監事明里董阿　∟本寺頭首知事∟首座顯果　∟提□顯祖　∟□□宗主顯道　∟監寺顯　∟顯　∟副寺淨存　∟典座源海　∟副寺道林　∟直歲正元　∟□祭廷甫　∟殿主□□□者∟□□□□晉∟□□□春∟□□□□監∟□宗慧潤禪師侍□□傳□□□山。∟

校勘記

〔一〕□藏山　原碑「藏」前殘一字，《（民國）房山縣志》録作「號」。

九〇　孔子加號詔書碑　後至元二年

《孔子加號詔書碑》，後至元二年（一三三六）十月立石。現存北京市孔廟和國子監博物館。額題篆書「加號詔書」二行四字。碑陽爲詔書正文，楷書，一〇行，滿行一八字；碑陰楷書題名，二三行，行字不等。

清孫星衍《京畿金石考》、清吴式芬《金石彙目》、《北京元代史迹圖志》（北京燕山出版社，二〇〇九年）著録。今據中國國家圖書館提供拓片（北京八三五五）録文。

碑陽刻大德十一年七月十九日聖旨，碑陰刻立石時間和題名。

孔子加號詔書碑（後至元二年）碑體照片

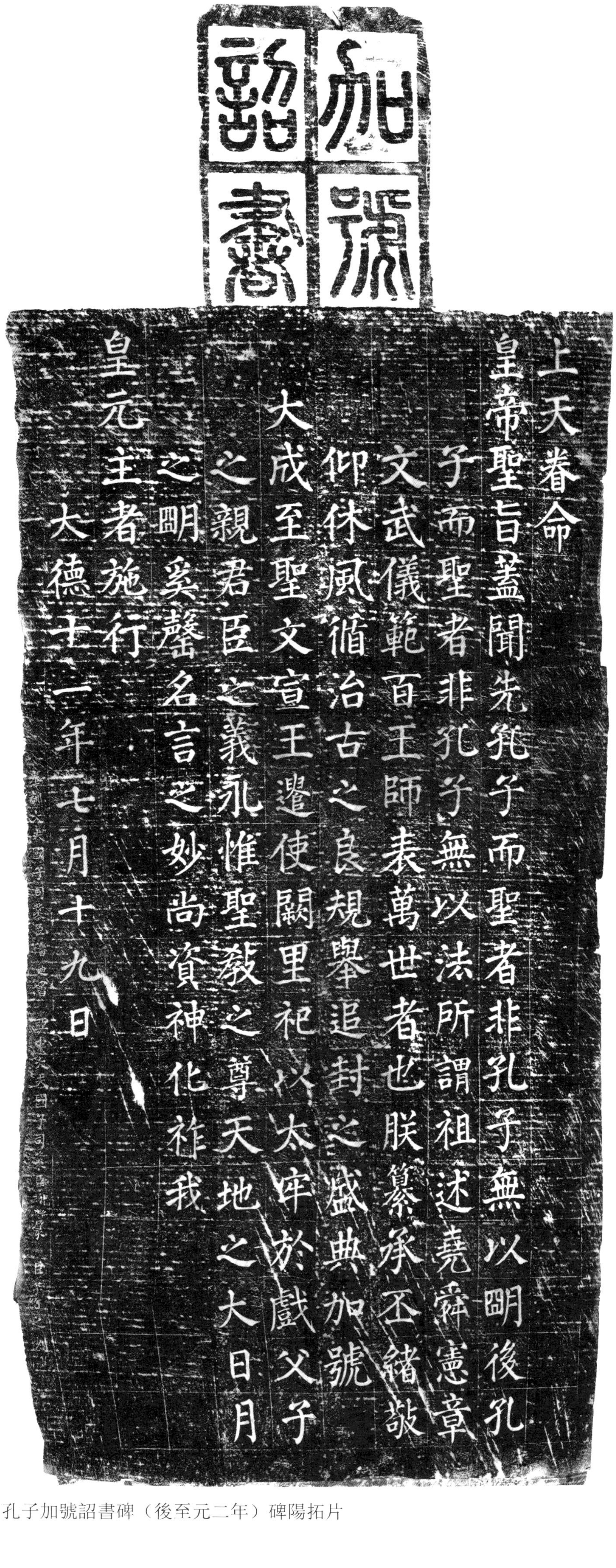

加號詔書

上天眷命
皇帝聖旨蓋聞先孔子而聖者非孔子無以明後孔
子而聖者非孔子無以法所謂祖述堯舜憲章
文武儀範百王師表萬世者也朕纂承丕緒敬
仰休風循治古之良規舉追封之盛典加號
大成至聖文宣王遣使闕里祀以太牢於戲父子
之親君臣之義永惟聖教之尊天地之大日月
之明奚罄名言之妙尚資神化祚我
皇元主者施行
大德十一年七月十九日

孔子加號詔書碑（後至元二年）碑陽拓片

孔子加號詔書碑（後至元二年）碑陰拓片

碑陽

加號⌞詔書（額）⌞

上天眷命。⌞皇帝聖旨：蓋聞先孔子而聖者，非孔子無以明；後孔⌞子而聖者，非孔子無以法。所謂祖述堯舜，憲章⌞文武，儀範百王，師表萬世者也。朕纂承丕緒，敬⌞仰休風，循治古之良規，舉追封之盛典，加號⌞大成至聖文宣王，遣使闕里，祀以太牢。於戲！父子⌞之親，君臣之義，永惟聖教之尊；天地之大，日月⌞之明，奚罄名言之妙。尚資神化，祚我⌞皇元。主者施行。⌞

大德十一年七月十九日。⌞

碑陰

至元二年十月日。⌞

國子掌儀臣□□　⌞國子掌儀臣□□　⌞廟學管勾臣□□□　⌞國子典□臣□□　⌞國子典□臣王汝□　⌞國子司樂臣王居□　⌞國子學録［　］　⌞國子學［　］　⌞國子學［　］　⌞承務郎、國子［　］　⌞從仕郎、國子助教臣［　］　⌞儒林郎、國子［　］　⌞將仕郎、國子助教［　］　⌞承務郎、國子助教［　］　⌞承直郎、國子博士廉　⌞承直郎、國子博士王□　⌞承事郎、國子監典□尹□　⌞承德郎、國子監丞臣張□□　⌞奉訓大夫、國子司業臣□迪　⌞亞中大夫、國子司□臣［　］　⌞翰林直學士、中大夫、□□制誥同脩國史、國子祭酒臣歐陽玄⌞

九一　昌平縣創建石橋之記　後至元三年

《昌平縣創建石橋之記》，後至元三年（一三三七）三月立石。碑原址不詳，現存北京市昌平區昌平石刻文物園。碑青石質，螭首，圭額，龜趺。碑通高二三二釐米，寬七四釐米，厚一五釐米。碑陽額題篆書「昌平縣刱建石橋之記」，三行九字。碑陽楷書，一七行，滿行二九字。碑陰楷書，二九行，行字不等。黃溍撰文，貢師泰書丹，李思齊篆額，楊得春等立石。

元黃溍《金華黃先生文集》、清吴履福等《（光緒）昌平州志》、清于敏中《日下舊聞考》、《北京元代史迹圖志》（北京燕山出版社，二〇〇九年）、《北京石刻藝術博物館藏石刻拓片編目提要》（學苑出版社，二〇一四年）、《昌平石刻》（北京出版社，二〇一六年）著録。今據北京考古遺址博物館（金中都水關遺址）藏拓片録文。

碑陽記昌平縣創建石橋之始末，碑陰刻參與創建石橋之官民題名。

昌平縣創建石橋之記（後至元三年）碑陽照片

昌平縣創建石橋之記（後至元三年）碑陰照片

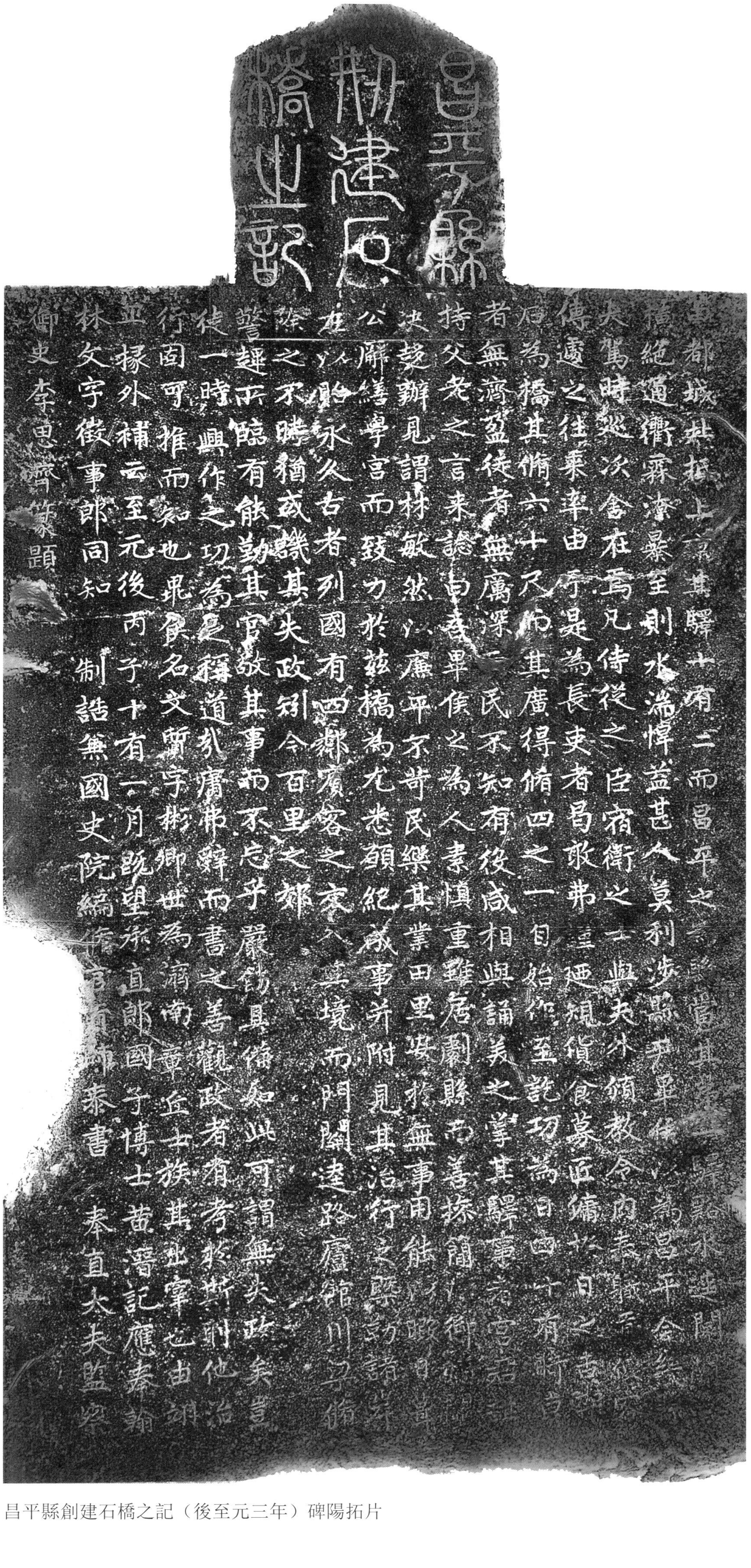

昌平縣創建石橋之記（後至元三年）碑陽拓片

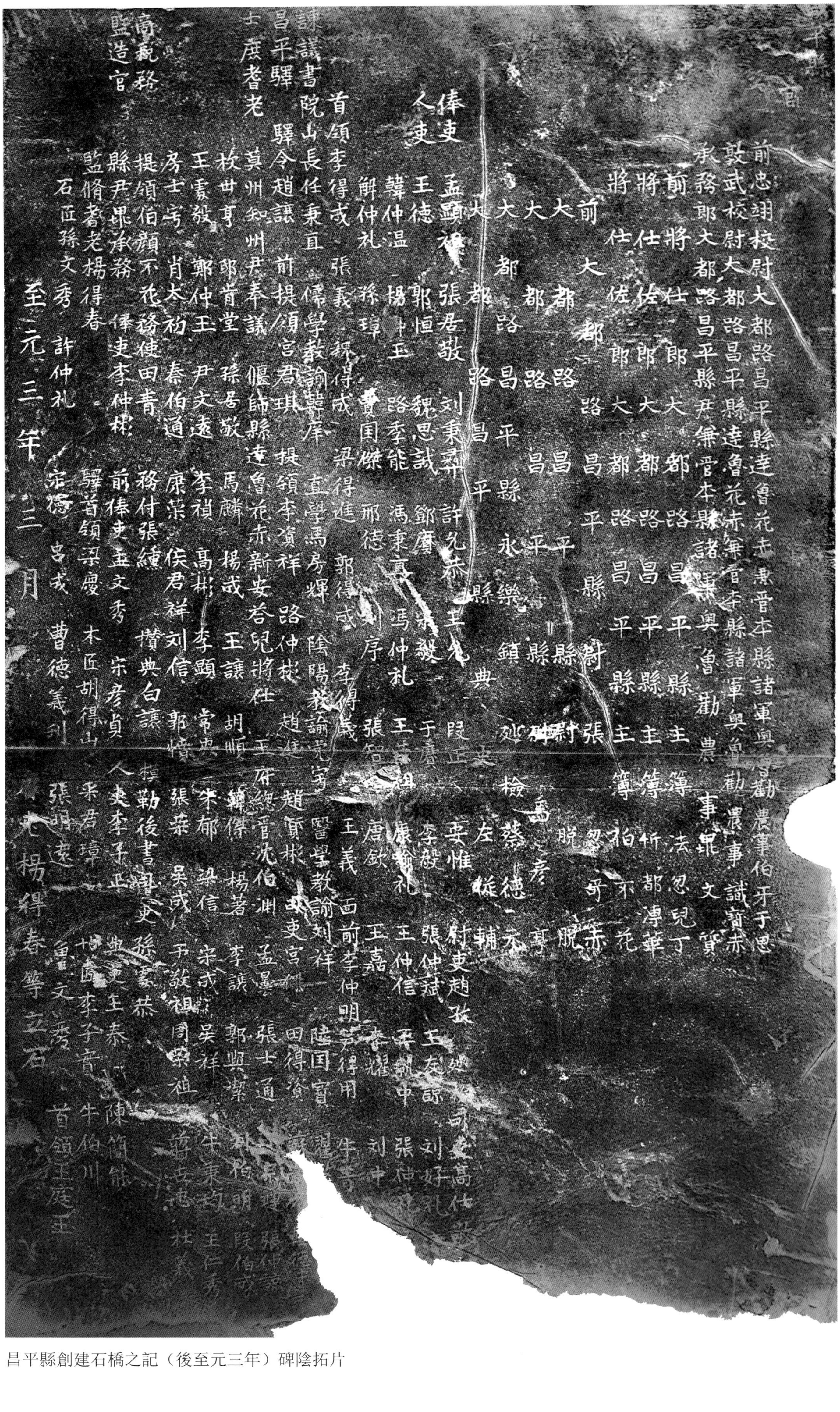

昌平縣創建石橋之記（後至元三年）碑陰拓片

碑陽

昌平縣∟刱建石∟橋之記（額）∟

由都城北抵上京，其驛十有二，而昌平之爲縣當其第一驛，谿水逕闤闠中，∟橫絶通衢，霖潦暴至，則水湍悍益甚，人莫利涉。縣尹畢侯以爲昌平今畿縣，∟大駕時巡，次舍在焉，凡侍從之臣、宿衛之士，與夫外頒教令、内奉職貢，使客∟傳遽之往來，率由乎是，爲長吏者曷敢弗謹。迺規貨食，募匠傭，揆日之吉，架∟石爲橋，其脩六十尺，而其廣得脩四之一。自始作至訖功，爲日四十有畸〔一〕。車∟者無濟盈，徒者無厲深，而民不知有役，咸相與誦美之。掌其驛事者宮君琪∟持父老之言來諗曰：「吾畢侯之爲人素慎重，雖居劇縣，而善摻簡以御□〔二〕，開∟決趁辦〔三〕，見謂材敏，然以廉平不苛，民樂其業，田里安於無事，用能以暇日葺∟公廨，繕學宮，而致力於茲橋爲尤，悉願紀成事并附見其治行之概〔四〕，勒諸岸∟左，以貽永久。」古者列國有四鄰賓客之交，入其境而門關逵路、廬館川梁，脩∟除之不時，猶或譏其失政。矧今百里之郊，∟警蹕所臨，有能勤其官、敬其事，而不忘乎嚴飭具備如此，可謂無失政矣。豈∟徒一時興作之功爲足稱道哉〔五〕！庸弗辭而書之〔六〕，善觀政者有考於斯，則他治∟行固可推而知也。畢侯名文質，字彬卿，世爲濟南章丘士族〔七〕。其出宰也，由翊∟正掾外補云。至元後丙子十有一月既望，承直郎、國子博士黃溍記，應奉翰∟林文字、徵事郎、同知制誥兼國史院編脩官貢師泰書，奉直大夫監察∟御史李思齊篆題。∟

碑陰

昌平縣∟

官：∟前忠翊校尉、大都路昌平縣達魯花赤兼管本縣諸軍奥魯勸農事伯牙于思。∟敦武校尉、大都路昌平縣達魯花赤兼管本縣諸軍奥魯勸農事識寶赤。∟承務郎、大都路昌平縣尹兼管本縣諸軍奥魯勸農事畢文質。∟前將仕郎、大都路昌平縣主簿法忽兒丁。∟將仕佐郎、大都路昌平縣主簿忻都溥華。∟將仕佐郎、大都路昌平縣主簿伯不花。∟前大都路昌平縣尉張忽哥赤。∟大都路昌平縣尉脱脱。∟大都路昌平縣尉馬彦亨。∟大都路昌平縣永樂鎮巡檢蔡德元。∟大都路昌平縣典史左從輔。∟

俸吏：孟顯祖　張居敬　劉秉彝　許允恭　王允　段正　安惟　尉吏趙孜　巡檢司吏高仕敬∟

人吏：王德　郭恒　魏思誠　鄧賡　宋毅　于賡　李毅　張仲斌　王友諒　劉好禮　竇□　∟韓仲温　楊仲玉　路季能　馮秉直　馮仲禮　王榮祖　康喻禮　王仲信　王執中　張仲禮　□　∟解仲禮　孫璋　賈國傑　邢德　劉序　張智　唐欽　王嘉　李耀　劉中　□　∟

首領：李得成　張義　魏得成　梁得進　郭得成　李得義　王義　面前李仲明　尹得用　牛青　□　∟

諫議書院山長任秉直　儒學教諭韓庠　直學馬房輝　陰陽教諭党宇　醫學教諭劉祥　陸國寶　翟整　□　∟

昌平驛：驛令趙讓　前提領宮君琪　提領李資祥　路仲彬　趙進　趙質彬　司吏宮傑　田得資　蘇□元　韓德中∟

士庶耆老：莫州知州尹奉議　偃師縣達魯花赤新安荅兒將仕　王府總管沈伯淵　孟曇　張士通　□宗璉　張仲諒　∟枚世亨　邸肯堂　孫居敬　馬麟　楊成　王讓　胡順　韓傑　楊著　李讓　郭與潔　劉伯明　段伯成　∟王處毅　鄭仲玉　尹文遠　李禎　高彬　李顯　常興　朱郁　梁信　宋成　吴祥　牛秉均　王仁秀　∟房士宇　肖太初　秦伯通　康榮　侯君祥　劉信　郭憤　張榮　吴成　于敬祖　周榮祖　蔣世忠　杜義∟

商税務：提領伯顔不花　務使田青　務付張繧　攢典白讓　模勒後書司吏孫處恭∟

監造官：縣尹畢承務　俸吏李仲彬　前俸吏孟文秀　宋彦貞　人吏李子正　典吏王泰　陳簡能　∟監脩耆老楊得春　驛首領梁慶　木匠胡得山　采君璋　□匠李子實　牛伯川　∟石匠孫文秀　許仲禮　宋德　吕成　曹德義刊　張明遠　魯文秀　首領王庭玉∟

至元三年三月　日，耆老楊得春等立石。∟

校勘記

〔一〕爲日四十有畸　「四十有畸」，《金華黄先生文集》卷九作「若干」。

〔二〕雖居劇縣而善摻簡以御□　「摻簡以御□」，《金華黄先生文集》卷九作「操簡以御煩」。

〔三〕開決趍辦　《金華黄先生文集》卷九無此四字。

〔四〕用能以暇日葺公廨繕學宫而致力於兹橋爲尤悉願紀成事并附見其治行之概　《金華黄先生文集》卷九作「用能以暇日致力於兹橋，願有紀而附見其知行之概」。

〔五〕豈徒一時興作之功爲足稱道哉　「爲足稱道」，《金華黄先生文集》卷九作「有足稱道」。

〔六〕庸弗辭而書之　「書之」，《金華黄先生文集》卷九作「爲之書」。

〔七〕畢侯名文質字彬卿世爲濟南章丘士族　《金華黄先生文集》卷九作「畢侯名文質，濟南士族」。

九二　元故賈君（和）墓道碣銘　後至元三年

《元故賈君（和）墓道碣銘》，後至元三年（一三三七）三月刻立。碑在北京市房山區白岱村。中國國家圖書館藏拓片額高一四釐米，寬三三釐米。碑身拓片高一三〇釐米，寬六九釐米。額題篆書「元故賈君墓道碣銘」四行八字。碑身楷書，二一行，滿行四五字。蘇天爵撰，魏履書丹，趙世安篆額。

元蘇天爵《滋溪文稿》、清繆荃孫《藝風堂金石文字目》、《北京圖書館藏中國歷代石刻拓本匯編》（中州古籍出版社，一九八九年）、《新日下訪碑録·房山卷》（北京燕山出版社，二〇〇九年）、楊亦武《房山碑刻通志》卷五（學苑出版社，二〇一〇年）著録。今據中國國家圖書館提供拓片（北京四三一八）録文，校以元蘇天爵《滋溪文稿》。

墓碣銘記房山賈和之家世和生平事迹。

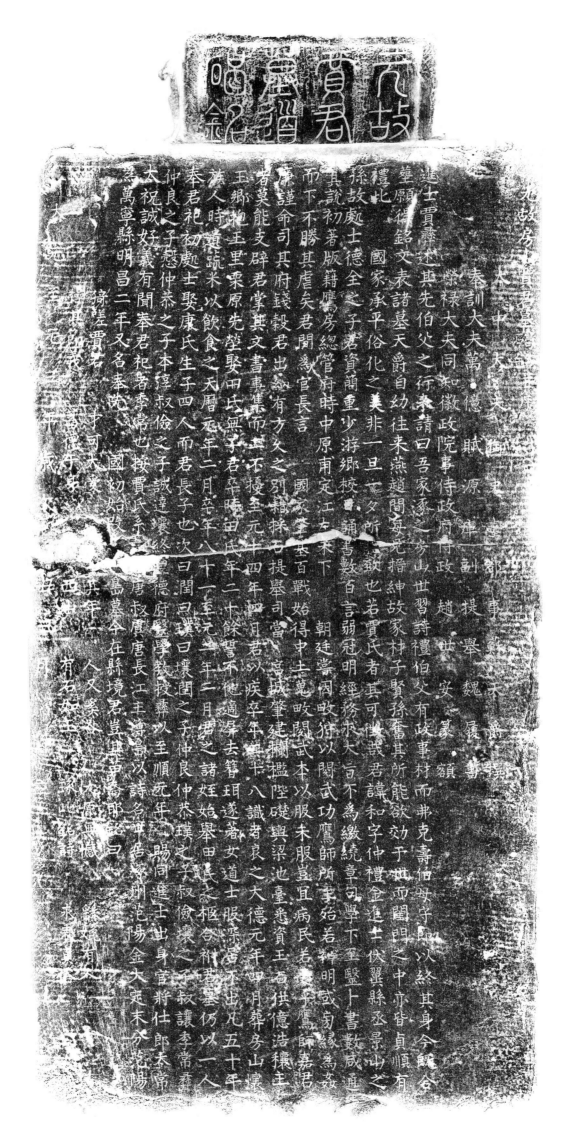

元故賈君（和）墓道碣銘（後至元三年）碑文拓片

録文

元故ㄴ賈君ㄴ墓道ㄴ碣銘（額）ㄴ

元故房山賈君墓碣銘并序〔一〕ㄴ

太中大夫、御史臺都事蘇天爵撰。ㄴ

奉訓大夫、萬億賦源庫副提舉魏履書。ㄴ

榮禄大夫、同知徽政院事、侍政府侍政趙世安篆額。ㄴ

進士賈彝述其先伯父之行來請曰：「吾家涿之房山，世習《詩》《禮》〔二〕。伯父有政事材而弗克壽。伯母守節以終其身。今既合ㄴ葬，願得銘文表諸墓。」天爵自幼往來燕趙間，每見搢紳故家材子賢孫奮其所能，欲効于世。而閨門之中，亦皆貞順有ㄴ禮。此國家承平俗化之美，非一旦一夕所能致也。若賈氏者，其可徵哉！君諱和，字仲禮，金進士伏翼縣丞景山之ㄴ孫，故處士德全之子。君資簡重，少游鄉校，日誦書數百言。弱冠明經，務求大旨，不爲繳繞章句學，下至醫卜書數咸通ㄴ其説。初，著版籍鷹房總管府。時中原甫定，江左未下，朝廷嘗因畋狩以閲武功，鷹師所至，殆若神明〔三〕，或旁緣爲姦，ㄴ而下不勝其虐矣。君間爲官長言：「國家肇基，百戰始得中土，蒐畋閲武，本以服未服，豈宜病民若是乎？」鷹師嘉君ㄴ廉謹，命司其府錢穀，君出納有方。久之，別籍採石提舉司。當宫城肇建，欄檻、陛礎、輿梁、池臺，悉資玉石，供億浩穰。主ㄴ者莫能支，辟君掌其文書，事集而工不擾。至元十四年四月，君以疾卒，年二十八，識者哀之。大德元年四月，葬房山懷ㄴ玉鄉抱玉里栗原先塋〔四〕。娶田氏，無子。君卒時，田氏年二十餘，誓不他適，屏去簪珥，遂著女道士服，深居不出凡五十年〔五〕。ㄴ族人時遺蔬米以飲食之。天曆元年二月卒，年八十一〔六〕。至元二年二月，君之諸姪始舉田氏之柩合祔君墓，仍以一人ㄴ奉君祀。初，處士娶康氏，生子四人，而君長子也，次曰潤〔七〕、曰璞、曰壤。潤之子仲良、仲恭，璞之子叔儉，壤之子叔讓、季常、彝。ㄴ仲良之子慤，仲恭之子本淳，叔儉之子誠、達〔八〕。壤，終宣德府醫學教授。彝，以至順元年賜同進士出身，官將仕郎、太常ㄴ太祝。誠，好義有聞。奉君祀者，季常也。按賈氏系出□唐叔虞〔九〕，唐長江主簿島以詩名，世居涿州范陽。金大定末，分范陽ㄴ爲萬寧縣。明昌二年，又名奉先。國初始改□□〔一〇〕。島墓今在縣境，君豈其苗裔耶！銘曰：ㄴ

猗嗟賈君，才可大受。□□其年〔一一〕，人又奚咎。九原無憾，繇媿有人。∟操其節義，蓄德于身。□□西山〔一二〕，有石如玉。琢此銘詩，永表貞俗。∟

大元至元三年歲次□丑三月日立。∟

校勘記

〔一〕元故房山賈君墓碣銘并序　《滋溪文稿》卷一九作「房山賈君墓碣銘」。

〔二〕世習詩禮　「禮」，《滋溪文稿》卷一九作「書」。

〔三〕殆若神明　「殆」，《滋溪文稿》卷一九作「威」。

〔四〕葬房山懷玉鄉抱玉里栗原先塋　「懷玉鄉」，《滋溪文稿》卷一九作「抱玉鄉」。

〔五〕深居不出凡五十年　「五十」，《滋溪文稿》卷一九作「四十」。

〔六〕年八十一　「八」，《滋溪文稿》卷一九作「七」。

〔七〕次曰潤　「潤」，《滋溪文稿》卷一九作「閏」。

〔八〕璞之子叔儉壤之子叔讓季常彝仲良之子愨仲恭之子本淳叔儉之子誠達　《滋溪文稿》卷一九作「璞之子伯儉，壤之子叔讓、季常、彝，仲良之子愨，伯儉之子誠」。

〔九〕按賈氏系出□唐叔虞　原碑「出」後殘一字，《滋溪文稿》卷一九作「晉」。

〔一〇〕國初始改□□　原碑「改」後殘二字，《滋溪文稿》卷一九作「房山」。

〔一一〕□□其年　原碑「其」前殘二字，《滋溪文稿》卷一九作「天嗇」。

〔一二〕□□西山　原碑「西」前殘二字，《滋溪文稿》卷一九作「瞻彼」。

九三　昱禪師塔幢　後至元四年

《昱禪師塔幢》，後至元四年（一三三八）六月立。幢八面。中國國家圖書館藏拓片高八四釐米，寬一〇八釐米。刻文楷書，二四行，行字不等。僧恒演立石，田諒刊。

《北京圖書館藏中國歷代石刻拓本匯編》（中州古籍出版社，一九八九年）著録。今據中國國家圖書館提供拓片（北京一〇三一五）録文。

塔銘記昱禪師靈塔立石人以及刊石時間，并書《佛頂尊勝陀羅尼經》漢譯經文。

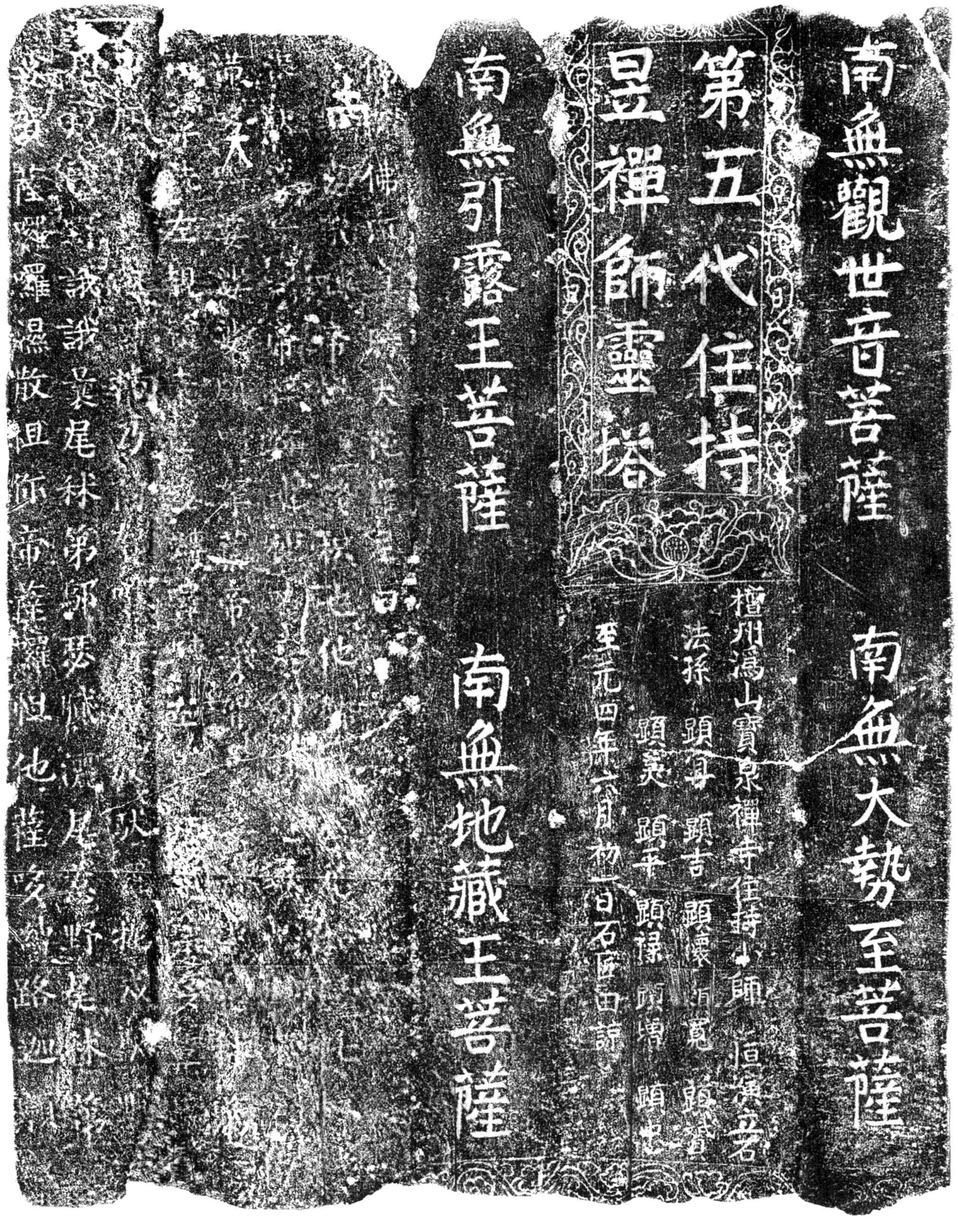

昱禪師塔幢（後至元四年）塔銘拓片（一）

昱禪師塔幢（後至元四年）塔銘拓片（二）

南無觀世音菩薩

第五代住持

昱禪師靈塔

南無引露王菩薩

南無大勢至菩薩

檀州潙山寶泉禪寺住持小師　恒演立石

法孫　顯宜　顯吉　顯懷　顯寬　顯贇

顯美　顯平　顯禄　顯增　顯忠

至元四年六月初一日石匠田諒

南無地藏王菩薩

佛□佛頂尊勝大陀羅尼曰：

□□誐嚩帝怛□□积也他□□□□□□□七□
没駄□□帝□你也他□□□□□□□□□□□
□□□婆娑娑□□拏□帝□□□□□□多□□
□□□左覩□□□多□□□左曩□□□□多□□
□□□□□□□乃□賀□賀□□駄羅拢成駄□
□□□□誐誐曩尾秫第鄔瑟膩灑尾惹野尾秫第
娑賀薩囉囉濕散怛你帝薩囉怛他薩哆嚩路迦𩕳
斂吒播囉弭哆跛哩布囉抳薩嚩怛他薩哆嚩紇哩
娜野他瑟姹跛摩賀母捺哩嚩囉迦野僧賀□曩尾
秫第嚩□囉拏跛野訥薩帝跛哩尾秫第鉢囉底𩕳
韈鈔野阿欲尼秫第三摩好地瑟□□麻□□□□
耶□句□□□秫第□□普吒没地野秫第惹野惹
□□惹野尾惹野娑麼囉麼囉薩嚩没駄地瑟耶哆
秫第縛哩縛□藥嘌陛嚩覺婆嚩覩麼舍哩□□嚩
薩怛嚩囉左迦野尾秫第拏嚩誐帝跛哩秫第□□
怛也□□□麼□嚩娑□□□□□□□□□□□
□□□□□帝没地野尾没地野尾□□野尾没地
□□□野尾没駄野尾没駄野尾帝哆跛哩秫第薩
□怛他□哆□哩□野□□□□□□□□□□□

九四　檀州重脩夫子廟碑　後至元四年

《檀州重脩夫子廟碑》，後至元四年（一三三八）十月立石。現存於北京市密雲碑林。碑青石質，螭首，圭額，龜趺。碑通高三二八釐米，寬九四釐米，厚二四釐米。碑陽額題篆書「重脩夫子廟碑」二行六字。碑陽楷書，二五行，滿行四九字，王思誠撰，張璵書丹，潘迪篆額。碑陰額題楷書「檀州重脩夫子廟碑」二行八字，碑文楷書，二五行，行字不等。崔崇禮撰，劉元脩書丹并篆額。

清孫星衍《寰宇訪碑録》、清吴式芬《金石彙目》、清趙弘化《（康熙）密雲縣志》、清周家楣等《（光緒）順天府志》、清繆荃孫《藝風堂金石文字目》、清于敏中《日下舊聞考》等均有著録。今據北京考古遺址博物館（金中都水關遺址）藏照片、拓片録文。

碑陽記檀州知州聶守節重修檀州夫子廟始末，碑陰爲出資重修檀州夫子廟官吏題名。

檀州重脩夫子廟碑（後至元四年）碑體照片

檀州重脩夫子廟碑（後至元四年）碑陽拓片

檀州重脩夫子廟碑（後至元四年）碑陰拓片

碑陽

重脩夫∟子廟碑（額）∟

重脩夫子廟碑∟

翰林脩撰、承直郎、同知制誥兼國史院編脩官王思誠譔。∟

朝請大夫、集賢待制張璵書。∟

奉訓大夫、國子司業潘迪篆。∟

孔子之道，與天地準，雖二帝三王無以侔。是故歷代推尊爵號之崇、廟祀之嚴，遠薄海徼，莫不皆然，況邇者乎〔一〕！檀州，漢白檀郡，唐∟密雲縣，今爲畿内近地，供億繁夥，日不暇給〔二〕。其於文教，疑若未遑。而爲州者能以飭廟興學爲務，其知本哉！州舊有孔子廟，燬于∟金季兵。至元廿八年，知州楊璉等割俸緡，即州治東市民宅爲堂三楹，兩廡四楹，以棲聖賢。迄今五十載，寖以隳圮。後至元元年，∟太原聶侯用之，由行唐尹、警巡院使、仁王延聖營繕司〔三〕，今來守是州。拜謁祠下，顧瞻荒陋弗宏，慨然以脩復自任，退而謀諸監州∟買住及同知伯顔、判官崔克敬，同辭一諾，共割俸鈔爲衆倡。州好義者翕然出資〔四〕，以助於是。斬木于山，陶甓于河，鳩工不日悉撤∟其故堂，崇其基，宏其度，爲殿三楹，葺兩廡，增其楹爲六，創神庖，若大成門、重門、齋舍，仍以故堂廢材築講堂，若校官宅、碑樓又十∟三楹，繪塑一新，金碧熀耀，視昔爲有加矣〔五〕。侯之致力，不惟是州爲然，其在行唐亦新三皇、孔子廟及醫、儒二學。憲使孛术魯翀刻∟詩於石，以頌其德。檀學之興，經始于三年之仲春，再越期而落成。□□□士揭傒斯〔六〕、監察御史崔帖木兒普化扁額于殿堂之上，∟聶侯又欲勒石以紀歲月，命學正宋文佐以文爲請。遂爲書其始末，□□詩〔七〕。其詩曰：∟

白檀之區，昔爲邊隅。厥俗惟荒，罔習于儒。今□内□，□邇神都〔八〕。郡黌攸設，文教斯敷。明明聶侯，∟悦禮敦書。眷□孔廟，湫隘庳疎〔九〕。乃即同官，載詢載謀。悉撤其教，恢□其□〔一〇〕。完敞益新，輪如奂如。∟法庭殖殖，邃宇渠渠。有宅其師，有庇其徒。巍巍聖道，洋洋嘉謨。允□惟哲，罔念則愚〔一一〕。嗟嗟士子，∟惜此居諸。學古入官，復厥性初。作與時偕，身與道俱。此維聶侯，

德化之濡。在漢文翁，異世同符。乚太史作頌，以永厥譽。爰告後政，勉循令圖。乚

至元四年後戊寅十月建。耆老韓榮、林庭珪、魏中獻、劉淵、賈用等立石。乚大都路檀州吏目馮明。乚從仕郎、大都路檀州判官崔克敬。乚承務郎、大都路同知檀州事伯顏。乚奉直大夫、大都路檀州知州兼管本州諸軍奥魯勸農事聶守節。乚奉訓大夫、大都路檀州達魯花赤兼管本州諸軍奥魯勸農事買住。乚奉訓大夫▯乚

碑陰

檀州重脩乚夫子廟碑（額）乚

檀□知州聶公重修▯乚

　奉訓大夫國子□□崔崇□撰，▯元脩書丹并篆額（一二）。乚

廟學焕然一新，欲以明人倫，惇五□□□也。□境義士名宦於□□□□之際，而恁風靡雷從，樂爲之助者，誠以秉彜好德□，民心不泯乚故也。然非牧民者啓迪作式之則，焉□□□。嗚呼！他日人材之盛，風俗之美，又作人□此也。今將協力資助義士名宦姓名開具于後。乚

閑良官員：乚中順大夫、上都路宣德府知府兼管本府諸軍奥魯勸農事劉仁智。乚朝列大夫、□州知州兼管本州諸軍奥魯勸農事安和。乚奉訓大夫、檀州知州楊仲仁。乚管領打捕鷹房納錦等户達魯花赤石抹蒙古不花。乚從仕郎、大都路都總管府知事邢企□。乚從仕郎、大同□馬□縣令兼管本縣諸軍奥魯勸農事郭庭瑞（一三）。乚將仕郎、開元路□□□彦□。乚將仕郎、大都路都總管府照磨李□。乚衛輝路録事司録判孫英，斷事官朵只不花。乚中書省掾齊思温，樞密院提控掾史高守祖，大都路令史孫宗道、朱彦明、李明善、郭仁、□温。乚

　本州吏：郭庶　楊胤　李仁　孫恭　張希恭　祝信　張仁政　□理　郭紹祖　康守祖　王□　李良弼　姬君瑞　劉顯　安恭　乚▯張榮　劉士□　王敬　王□敬　曹□宗　趙士達　張元德　曹思儀　張忠　姚禕　乚▯臣　景安▯　□安　▯　▯成□　▯　乚▯　劉瑞　□□宗　宋德　劉寬　劉良　張杲　乚▯　□祖良　□瑞　▯　楊榮　張□忠　□益　□□　劉士寧　張子安　乚□君用　許恭□　張用　康汝　郭思□　聶君平　劉臣川　▯　乚冀士遠　雒德玉　張翬　教仲方　杜思　□良　□之川　馬温　□□　張□□

乚醫學正王安仁　乚陰陽學正安仁　乚慶□鹿□趙常。至元三年四月日建。謹□石仲▯乚

校勘記

〔一〕是故歷代推尊爵號之崇廟祀之嚴遠薄海徼莫不皆然況邇者乎　《(光緒)順天府志》卷六一作「故歷代靡不尊崇爵號，嚴飭祀典，薄海内外，在在皆然，況近者乎」。

〔二〕日不暇給　《(光緒)順天府志》卷六一無此四字。

〔三〕後至元元年太原聶侯用之由行唐尹警巡院使仁王延聖營繕司　「後至元元年」，《(光緒)順天府志》卷六一、《(民國)密雲縣志》卷七之一均作「至至元六年」；「警巡院使」，《(康熙)密雲縣志》卷一八、《日下舊聞考》卷三五、《(光緒)順天府志》卷六一均作「管巡院使」。

〔四〕州好義者翕然出資　《(光緒)順天府志》卷六一作「州中有好義者，翕然出資」。

〔五〕創神庖若大成門重門齋舍仍以故堂廢材築講堂若校官宅碑樓又十三楹繪塑一新金碧熀耀視昔爲有加矣　「重門」，《(光緒)順天府志》卷六一作「戟門」；「築講堂」，《(光緒)順天府志》卷六一作「又爲築講堂」；「若校官宅」，《(光緒)順天府志》卷六一作「及教官宅」；「金碧熀耀」，《(光緒)順天府志》卷六一作「金碧光耀」。

〔六〕□□□士揭傒斯　原碑殘闕，《(光緒)順天府志》卷六一作「集賢學士揭傒斯」。

〔七〕遂爲書其始末□□詩　原碑殘闕，《(光緒)順天府志》卷六一作「遂爲書其始末，系以詩」。

〔八〕今□内□□邇神都　《(光緒)順天府志》卷六一作「今爲内甸，密邇神都」。

〔九〕眷□孔廟湫隘庳疎　《(光緒)順天府志》卷六一作「睠兹孔廟，湫隘庳疎」。

〔一〇〕悉撤其教恢□其□　《(光緒)順天府志》卷六一作「悉撤其故，恢宏其模」。

〔一一〕允□惟哲罔念則愚　《(光緒)順天府志》卷六一作「允迪惟哲，罔念則愚」。

〔一二〕奉訓大夫國子□□崔崇□撰▭元脩書丹并篆額　「崔崇□撰」，《(光緒)順天府志》卷一二九作「崔崇禮撰」；「▭元脩」，《(光緒)順天府志》卷一二九作「劉元修」。

〔一三〕從仕郎大同□馬□縣令兼管本縣諸軍奥魯勸農事郭庭瑞　「大同□」當作「大同路」；「馬□縣」，《元史》卷五八《地理志一》大同路屬縣有「馬邑縣」，隸朔州。

九五　石鼓文音訓　後至元五年

《石鼓文音訓》，後至元五年（一三三九）五月立石。現存故宮博物院寧壽宮。碑分陰陽，陽額篆書，碑陽楷書，文字大小不等，石鼓文略大，音訓較小。分三排，每排三二行，滿行一三字。碑陰三排，上兩排書石鼓文音訓，楷書，每排三二行，滿行一三字。後刻題記，隸書，三二行，滿行一二字。潘迪書，歐陽玄、尹忠、黄溍、祁君璧、劉聞、趙璉、康若泰等同校，茅亮刻。

清王昶《金石萃編》、清馮承輝《石鼓文音訓考正》著録。今據中國國家圖書館提供元代拓片（北京八三四八）録文。

碑記石鼓文音訓，采鄭樵、施宿、薛尚功、王厚之等數家音訓之説。

石鼓文音訓（後至元五年）碑陰照片

石鼓文音訓（後至元五年）碑陽照片

石鼓文音訓（後至元五年）碑陽拓片

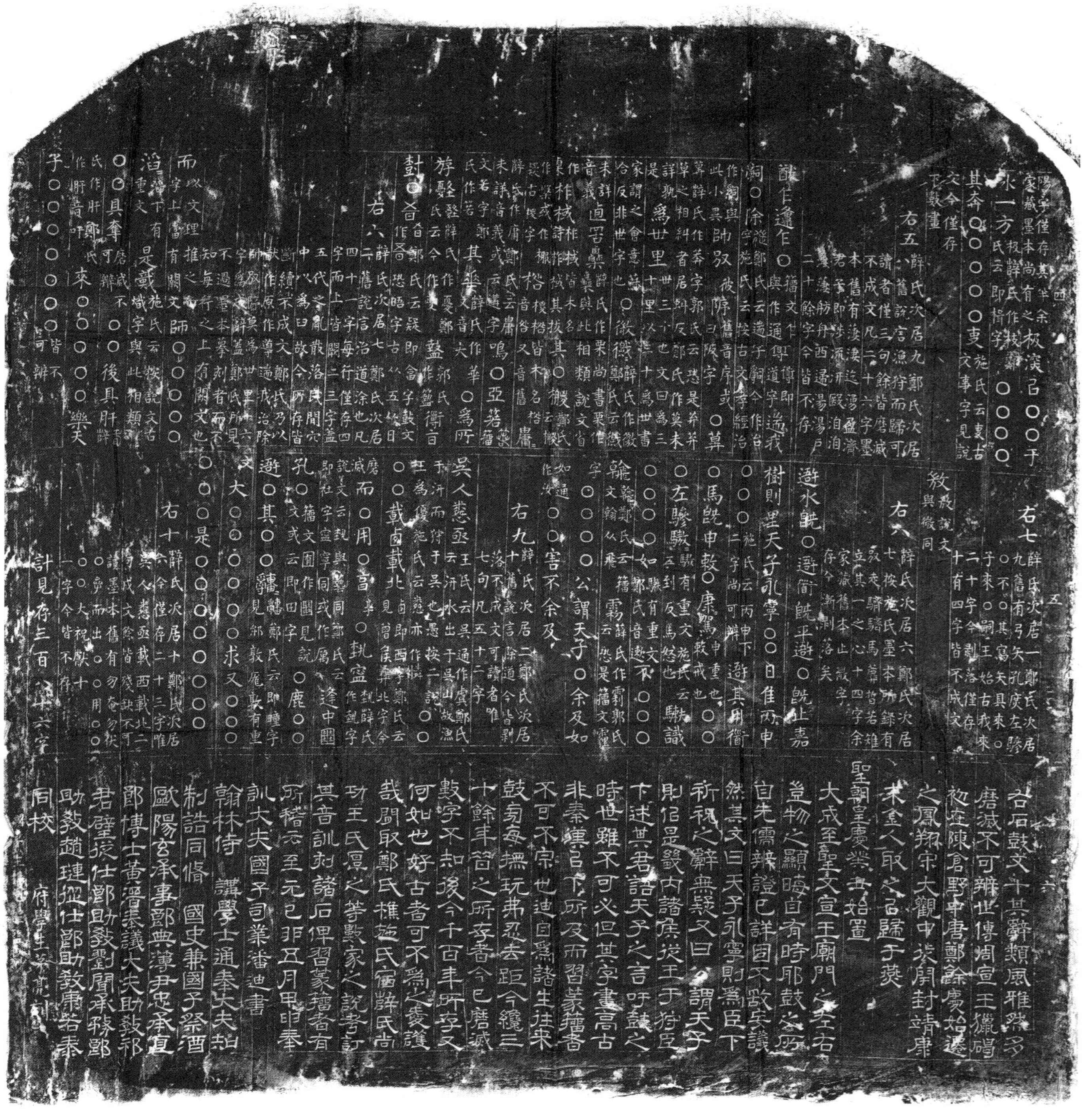

石鼓文音訓（後至元五年）碑陰拓片

碑陽

石鼓文音訓（額）乚

第一排

石鼓文音訓　恆山潘迪乚

遊車既工，遊馬既同。遊，薛氏音我。乚工，籀文攻字，乚蘇氏《石鼓詩》亦作「攻」。按《詩·車攻》傳：乚攻，堅緻也。同，齊也，物馬齊其力。乚遊車既好，遊馬既駂。駂，从馬，缶聲，乚疑與阜音義乚同。《詩·車攻》：田車既好，四牡孔阜。説者謂阜盛大也。君子員員，乚邋邋員斿。員作鼎，籀文也。《説文》：員音乚云，益也。有重文。君子，指從乚獵諸臣。員員，衆多也。邋邋，旌旗摇動貌。斿，旌之末垂者。麀鹿乚速速，君子之求。麀，牝鹿。速，有重文。速乚速，疾行貌，或曰鹿之乚足迹。〇〇鹵弓，弓兹目寺。鹵，郭氏云恐當乚作鹵。鹵弓，即庾乚弓也，《周禮》庾弓利射侯與弋。今按乚鼓文作鹵。目，古以字。下同。寺，諸家乚皆音時。然下文别有時字，或音侍。遊敺其時，其來乚趩趩。趩，丑亦反，有重文，《説文》：行聲也。一曰不行貌。䢦䢦籔籔。䢦乚音乚憲，籔作㚇，皆有重文，其義未詳。或曰：䢦，走意；籔，衆多也。即邀乚即時，麀鹿趚趚。邀與遊小異，疑非我乚字，或音禦。趚，子亦反乚，鄭氏云直離反，有重文。其來大即，我敺其樸。乚其〇遺遺，射其豬蜀。遺，徒鹿反，續也。乚豬或作豣，或音乚豚。蜀，恐犢字，乚蓋蜀有獨音。乚

右一。薛氏次居八，鄭氏次居乚三，施氏次居一。今按《古乚文苑》，其序姑從施氏。然乚舊説第五鼓言漁狩而乚歸，第六鼓言治道涂，似乚失先後序。若左右相易，乚始於西北，以第六爲第乚一，第五爲第十，則先後乚之序得矣。然亦未可必乚也。可讀者十有六句，餘乚未詳。凡六十四字。此鼓乚舊墨本鹵上有「孫」字，遺乚上有「來」字，乚今漫滅。乚

汧殹沔沔，王氏云：汧音牽，水名，出扶乚風汧縣西北，入渭。殹，即也，乚字見《詛楚文》及秦斤，鄭樵因此指乚爲秦物。今按醫、繄皆从殹，已見古乚書，非始於秦也。郭氏口讀如繄，語乚助。沔，籀作泛，有重文。鄭氏云：沔讀乚作綿，蓋用平聲叶韻。烝烝皮淖淵。烝，見秦權，有乚重文，與烝通。乚《詩·南有嘉魚》：烝然罩罩。王肅云：烝，乚衆也。皮，籀文皮字，或音彼。淖淵，水乚之深處。鰋鯉處之，君子漁之。鰋、鯉，皆乚魚名。鰋乚，鄭氏音鰋，鮎也。處，鄭氏讀作「居」，蓋取叶韻。籀文漁从寸，今闕。澫乚又鯊，其斿趞趞。鄭氏云：澫即漫，从萬，乚通作曼，疑有重文。漫乚

第二排

漫，水之瀰茫處。又，通作有，籀文省，乚下同，見《詛楚文》。𩵦，今作鯊，魚名，所乚加反。趱，薛氏作「散」，即「躐」字，有重文，或音汕，叶平聲，相干反。帛魚乚皪皪，其鱻氏鮮。鄭氏云：皪音洛，《集韻》乚云：白色也。鄭氏云：鱻乚亦作菹，讀與俎同。施氏云：按《説文》乚側余反，醢也。氏，典禮反。今按皪字乚音皪，白貌。帛即白字。言白魚皪皪然潔白，登之於俎豆甚鮮也。黄乚帛其鰟，又鱄又鮊。鄭氏云：鰟即鯾乚字，早連反，或音乚鰫。鱄，今作鮒，音附。鮊，舊音白，今按叶韻，音綿。其胡孔庶，乚𦇧之𡍦𡍦。胡，施氏作豆，今作脰，乞及乚反，博雅臢謂之脰。鄭氏作乚豆。𦇧，籀文，𤄶字，或作繇。𡍦，丑若反，乚相如《大人賦》：「休𡍦奔走。」或音使。乚汪汪趄趄。汪，有重文，郭氏云籀文洋字，乚鄭氏音汗，今作澣。趄，有重文，乚鄭氏音博，或云遄字。其魚隹可，隹鱮隹鯉。可乚㠯〇之，隹楊及柳。隹，通作維。可通乚作何。〇舊作橐，乚《説文》符宵反，鄭氏云與標同，愚謂乚橐从缶从橐，省聲也，包裹承藉之乚義，非謂穿之也。蘇氏乚詩作「何以貫之」，恐誤。乚

右二。薛氏次居五，鄭氏次居乚一十，鼓中唯此完好，然乚字多假借，故義有難通，乚今唯滸字全磨滅，成文乚者十有七句，乚凡六十字。乚

田車既安，鋚勒馬〇。按《詩傳》輶車，乚田獵驅逆之乚車，取其輕捷也。鋚，郭氏云大幺反，乚鑾，首銅也，《廣韻》音條，絡頭銅飾。今乚按馬字，非全文，但偏旁从馬，闕左邊，當有重文，或作馯馯。遊衆乚既簡。簡，選也。左驂旛旛，右驂騝騝。《詩》：騧驪乚是驂。《傳》：乚驂，兩騑也。車駕四馬，内兩馬謂之乚服，外兩馬謂之騑。郭氏云旛，妨圓乚反，旌旗總名。旛旛，取其輕舉貌。騝，居乚言反，《爾雅》騝〔一〕，「騊馬黄脊」，或云紀偃乚反，壯健貌。遊㠯隮于邍。隮，升也。邍，古原字，下同。遊乚〇舊有「戎」字。止陕。陕，疑作陸。宮車其寫，秀弓乚寺射。宮車，輂車也。《周禮》：輂車用於乚宮中。秀與綉同。綉弓，戎弓也。乚《穀梁傳》弓綉質。質，靶也。戎弓綉其乚質，示武中有文言。田狩之時，宮車乚寫而不用，戎弓用之於射也。寫，讀如卸。麋豕孔庶，麀乚鹿雉兔。言所獲多品。其邍又旆。未詳。其〇乚𧻚〇。鄭氏云：𧻚，今作奔，或作走。大〇出各亞。亞，乚古乚《孝經》作惡，蓋二字通用。〇〇昊〇。昊，未詳，薛乚氏作畀字，乚鄭氏云疑即思字，《碧落碑》思作畁，乚郭氏云恐是臭字，古老反，大白澤乚也。白澤，獸名。執而勿射，多庶𧾷樂𧾷樂。《説文》𧾷樂，乚郎擊反，乚動也，走也。鄭氏云與轢同，或云郎谷反。君子逌樂。逌，乚薛乚氏作「迺」，鄭氏作「攸」，所也。按《漢書·地乚理志》「酆水逌同」，《五行志》「彝倫逌敍」，乚皆古乚「攸」字。乚

第三排

右三。薛氏、施氏次居三，鄭氏乚次居四，可讀者十有五乚句，餘不成文，乚凡六十□字。乚

〇〇鑾車。郭氏云「人君乘車，四馬乚鑣，八鸞鈴，象鸞聲」。按經乚史多作鸞。《左傳》「錫鸞和鈴」，《詩》「八鸞瑲瑲」。𣏌敕真〇。𣏌，乚施乚氏云呼骨反，疾也。薛氏作「華」字。鄭乚氏云即「拜」字，並見《義雲章》。真，鄭氏乚云即「填」字，亦作「鎮」。《説文》敕，即「策」字，或音速。〇弓孔碩，彤乚矢〇〇。按彤弓、彤矢，天子以錫有乚功諸侯。《詩》：彤弓弨兮，書文乚侯之命。及《春秋傳》「彤弓一、彤矢百」乚是也。説者謂彤弓，朱弓碩大也。乚四馬其寫，六轡〇驁。鄭氏云：「驁，五到反。」辻乚騥孔庶，麍〇宣搏。辻即「徒」

字。駭，鄭⌊氏云音馭。鄜，或⌊云即「廊」字，薛、郭作「廓」。鄭氏作「鄠」。亶，見《詛楚文》，今作「宣」。卤車載⌊衍。卤，鄭氏云即「酉」字。《詩》「輶車鸞鑣」，⌊田狩之車也。□，籀文「載」字。衍即⌊「道」字。戎辻如章，遼溼陰陽。溼，鄭氏云⌊今作「濕」，通⌊作「隰」。辻，從也。如章，言戎徒整布，如⌊文章然。遼，高陸也。隰，卑濕也，言高⌊卑向背，皆有陰陽。《詩·公劉》「相其陰陽」、「度其隰原」。趍趍六馬，射⌊之矦矦。鄭氏云趍即「趣」字，有重文，七⌊走反。《詩》「蹶維趣馬」。趣趣，調和⌊閑習也。六馬，天子所駕也。矦，籀文「族」，有重文，疑借作「鏃」。〇〇⌊如虎，獸鹿如〇。〇〇多賢迪。迪，鄭⌊氏云⌊今作「徇」。禽〇〇〇〇允異。⌊

右四。薛氏、施氏次居四，鄭氏⌊次居五，其文可讀者僅⌊七句，言田獵之事，凡五⌊十二字。薛氏曰「允異」之⌊上，舊有「禽」、「遊」、「兔」三字，⌊今按「禽」字下闕四字。⌊

〇〇〇〇，霝雨〇㴇。鄭氏云霝亦⌊作零。《詩·東山》⌊「零雨其濛」。㴇，今省作「流」，下同，見《說文》。〇〇〇渫〇。皆⌊磨⌊滅不可辨，唯「渫」字今僅存其半。〇〇〇〇〇〇⌊〇〇。此上二十餘字，剥落不可考。〇〇自鄜辻⌊駭〇〇，隹丹以衍，或陰或陽。水北⌊爲陽，⌊南爲陰，或從水之陽，或從水之陰，⌊皆可歸也。「或」字下今闕「陰」、「或」二字。⌊

碑陰

第一排

「陽」字僅存其半，余家藏墨本尚有之。极深昌〇〇于⌊水一方。极，薛氏作「枝」，鄭氏云即「楫」字。〇〇〇〇⌊其奔〇〇〇〇〇〇叓。施氏云「叓」，古⌊文「事」字，見《說⌊文》，今僅存⌊下數畫。⌊

右五。薛氏次居九，鄭氏次居⌊八，舊說言漁狩而歸，可⌊讀者僅三句，餘皆磨滅⌊不成文，凡二十六字。墨⌊本舊有「萋萋迄湧盈濟，⌊君子即涉流。汧殹洎洎，⌊萋萋舫舟，西逞湯湯，户」⌊二十餘字，今皆不存。⌊

猷乍遼乍〇。籀文「乍」與「作」通。䢋，䢋，即「道」字。遄我⌊䚯〇除。𨓜，鄭氏云「遄」字。䚯，今作「治」⌊字，施氏云按古文《孝經》「治」⌊作「𤔲」，與此小異。帥叚彼。㾜，舊音「序」，或曰「阪」字。〇莫。⌊莫，薛氏作「莽」字，郭氏云恐是「莽」，莽，⌊草之相糾者，居蚪反。鄭氏作「莫」。未⌊詳孰是。爲世里。世，三十也。文曰爲三⌊十里，以三十爲世。書⌊家謂之會意，蘇合反，非「世」字也。〇徽䉼䉼。薛氏作「徽」，⌊鄭氏云「䉼」，⌊未詳音義。逌罟櫜。薛氏作「栗」。《尚書》「栗」作⌊「櫜」，與此相類。《說文》省⌊作「桌」。柞棫。柞、棫皆木名。《詩》：柞棫其拔。其〇櫻。鄭氏⌊云櫻⌊作「槊」，或作「椺」，疑古「椶」字。楁。椶、楁皆木名。楁，音咎，又音舊。庸庸⌊薛氏作庸，鄭氏云「庸」，未詳音義，或云「遘」字。鳴〇亞箬。𦬫，⌊籀⌊文「若」字。鄭氏作「箬」。其雩。薛氏作華，又音大。〇爲所⌊斿𩰚。𩰚，薛氏作「憂」，鄭氏云今作「夔」。盩。郭氏作「盩」。衛旨⌊對〇𦣻。𦣻，鄭氏云疑即「畣」字，鼓文⌊作「𦣻」，恐「晤」字，古从五从日。⌊

右六。薛氏次居∟二，舊説言治道涂也。凡∟四十一字，每行僅存四∟字，而上皆闕二三字，蓋∟五代之亂，散落民間穴∟中以爲臼，故今所存皆∟斷續不成文。鄭氏乃以∟「猷作原作導遄我治除∟帥𠭯陊莫爲世里」十六∟字爲成辭，蓋鄭氏所見，∟不過墨本摹刻者，而不∟知每行之上有闕文也。∟

而。以文理推之，「而」字上當有闕文。師○○○○○∟滔滔。滔下有重文。是戴。施氏云按《説文》古∟「熾」字與此相類。∟○○具奪。磨滅不可辨。○○後具肝。[illegible]，∟薛∟氏作「肝」，鄭氏作「肝」，音吁。來○○○○○樂天∟子○○○○○○○。皆不可辨。∟

第二排

右七。薛氏次居一，鄭氏次居∟九，舊有「弓矢孔庶左驂∟○不○其寫矢具來○∟子來○嗣王始古我來」∟二十字，今剥落，僅存∟十有四字，皆不成文。

敉。敉，《説文》∟與微同。∟

右八。薛氏次居六，鄭氏次居∟七。按施氏墨本所録有∟「𠭯走驥驥馬薦哲若雉∟立其一之心」十四字。余∟家藏舊本，止「微」字∟存，今漸剥落矣。∟

遊水既○，遊衜既平，遊○既止，嘉∟樹則里，天子永寧，○○日隹，丙申∟○○○。施氏云「丙申」下二字尚可辨。遊其用衜，∟○馬既申敕，○康康駕。申，重也。敕，戒也。○○∟○左驂驁驁。驁，有重文，施氏云五到反，馬怒也。騋騋識∟○○○○如。騋，有重文，鄭氏音遬。不○○○∟翰。翰，鄭氏云籀文「翰」，从飛。霧。薛氏作「霸」，郭氏∟云恐是籀文「霾」∟字。○○○○公謂天子○余及如。∟如，通作汝。○○害不余及。∟

右九。薛氏次居二，鄭氏次居∟十，舊説言除道，今皆剥∟落不成文，可讀者唯∟七句，凡五十二字。∟

吳人㦤亟。王氏云「吳」通作「虞」，鄭氏∟云汧水出于吳山，故漁∟于汧而狩于吳也。愚按二説枉爲優。施氏云「㦤」亦作「憐」。○○∟○○，載卥載北。卥，即西字，鄭氏云∟見曾侯彝。「北」字今∟磨滅。而○用○亯。享。○𦓤寍。𦓤，薛氏∟作「埶」字，∟《説文》云「𦓤」與「藝」同。鄭氏云即「社」字。寍、寧同，或作厲。逢中囿∟孔○。籀文囿作「圞」，見《説文》，或云即「田」字。○鹿○○，∟遊○其○○䮴䮴。䮴，鄭氏云即「瞳」字，∟見郙敦厖敦，有重∟文。大○○○○○求又○○○∟○○○是○○○○○○○○。∟

右十。∟薛氏次居十，鄭氏次居∟六，今僅存二十三字，唯∟「吳人㦤亟」、「載西載北」二∟句成文，餘皆殘缺，不可∟讀，墨本舊有「勿奄勿伏∟○孚而出○○用○○∟○○大祝獻」十∟一字，今皆不存。∟

計見存三百八十六字。∟

第三排

右石鼓文十，其辭類《風》《雅》，然多∟磨滅不可辨。世傳周宣王獵碣，∟初在陳倉野中。唐鄭餘慶始遷∟之鳳翔。宋大觀中徙開封。

靖康∟末，金人取之㠯歸于燕。∟聖朝皇慶癸丑，始置∟大成至聖文宣王廟門之左右，∟豈物之顯晦自有時耶？鼓之所∟自，先儒辨證已詳，固不敢妄議，∟然其文曰「天子永寧」，則爲臣下∟祈祝之辭無疑。又曰「公謂天子」，∟則似是畿内諸侯從王于狩，臣∟下述其君語天子之言。吁！鼓之∟時世雖不可必，但其字畫高古，∟非秦漢㠯下所及，而習篆籒者∟不可不宗也。迪自爲諸生，往來∟鼓旁，每撫玩弗忍去，距今纔三∟十餘年，昔之所存者今已磨滅∟數字，不知後今千百年所存又∟何如也。好古者可不爲之愛護∟哉！問取鄭氏樵、施氏宿、薛氏尚∟功、王氏厚之等數家之説，考訂∟其音訓，刻諸石，俾習篆籒者有∟所稽云。至元己卯五月甲申，奉∟訓大夫、國子司業潘迪書。∟翰林侍講學士、通奉大夫、知∟制誥、同脩國史兼國子祭酒∟歐陽玄，承事郎、典簿尹忠，承直∟郎、博士黄溍，奉議大夫、助教祁∟君璧，從仕郎、助教劉聞，承務郎、∟助教趙璉，從仕郎、助教康若泰∟同校。府學生茅亮刻。∟國子生楊□□監刻。∟

校勘記

〔一〕爾雅駃　原碑「駃」右側漫漶，據文内所引《爾雅》内容補。

九六　大興隆禪寺歲數碑銘　後至元六年

《大興隆禪寺歲數碑銘》，後至元六年（一三四〇）記，碑銘出土於北京市西城區正覺寺。中國國家圖書館藏拓片高六九釐米，寬四五釐米，楷書，一五行，滿行一九字。慈雲普濟大師願吉祥勸緣立石。

《北京圖書館藏中國歷代石刻拓本匯編》（中州古籍出版社，一九八九年）著録。今據中國國家圖書館提供拓片（北京八三一八）録文。

歲數碑銘記大興隆禪寺信徒施捨之狀況，以備後來者知悉。

大興隆禪寺歲數碑銘（後至元六年）碑文拓片

録文

歲數碑銘∟

□□□國大都在咸宜坊居住▯∟明爲祖先父母諦信三寶□□▯∟之快樂福明，忽然想念，幻化之身▯∟，悉爲過去富貴之資粮，報今生爲人之▯∟天地。蓋載日月照臨國主水土之恩，生身父母□□∟，由是特發誠心□善，捨施中統寶鈔貳阡伍伯貫，∟□今於本京豫順坊大興隆寺梵刹，於每歲九月∟□□一十一日降誕添壽之日，看轉五大部金經，∟□□供佛齋僧壹堂。《毛詩》云：哀哀父母，生我劬勞；∟欲報深恩，昊天罔極。願布施已後，滿宅貴眷，諸佛祐∟□資，念祖先三代，同出迷八難三塗，同登覺岸。爲∟此中間年深，後代住持恐忘記不行，供佛筵僧特∟立□□記耳。開山住持慈雲普濟大師願吉祥勸緣。∟

至元六年庚辰乙亥日夏□有二記耳。∟

九七　重修華嚴堂經本記　至正元年

《重修華嚴堂經本記》，至正元年（一三四一）五月立。現存於北京市房山區雲居寺内。碑漢白玉石質，殘高八三釐米，寬五四釐米，厚一一釐米。中國國家圖書館藏拓片高一一〇釐米，寬六九釐米。碑右上部泐，左部殘損嚴重。碑文楷書，二三行，滿行三四字，今存一七行。賈志道撰并書，慧月立石，達牧等刊。

明于奕正《天下金石志》、清孫承澤《天府廣記》、清孫星衍《京畿金石考》、羅振玉《金石萃編未刻稿》、清周家楣等《（光緒）順天府志》、清繆荃孫《藝風堂金石文字目》、《北京圖書館藏中國歷代石刻拓本匯編》（中州古籍出版社，一九八九年）等均有著録，《房山石經題記彙編》（書目文獻出版社，一九八七年）、《雲居寺貞石録》（北京燕山出版社，二〇〇八年）、《北京元代史迹圖志》（北京燕山出版社，二〇〇九年）、《新日下訪碑録·房山卷》（北京燕山出版社，二〇一三年）、楊亦武《房山碑刻通志》卷三（學苑出版社，二〇二〇年）等收録碑刻全文。今據中國國家圖書館提供拓片（各地八七〇四）録文。

碑記慧月繼承靜琬刊經之志，主持重修華嚴堂經本之過程。

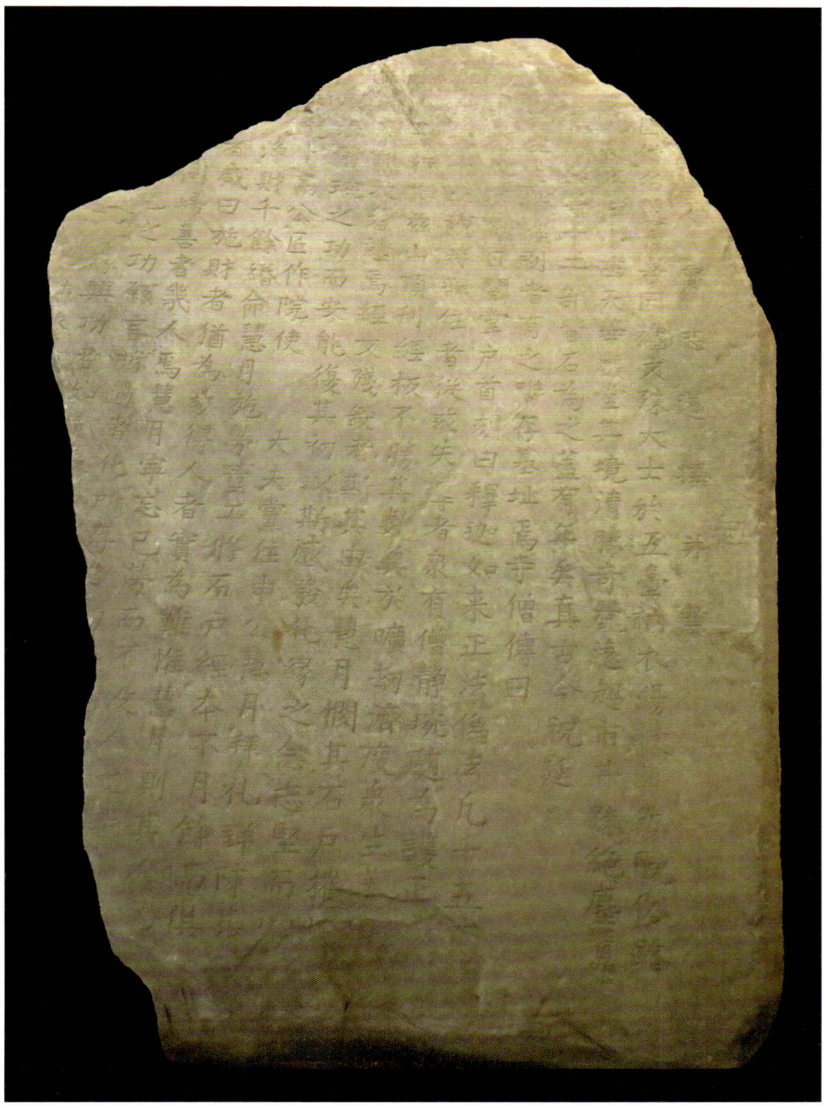

重修華嚴堂經本記（至正元年）碑體照片

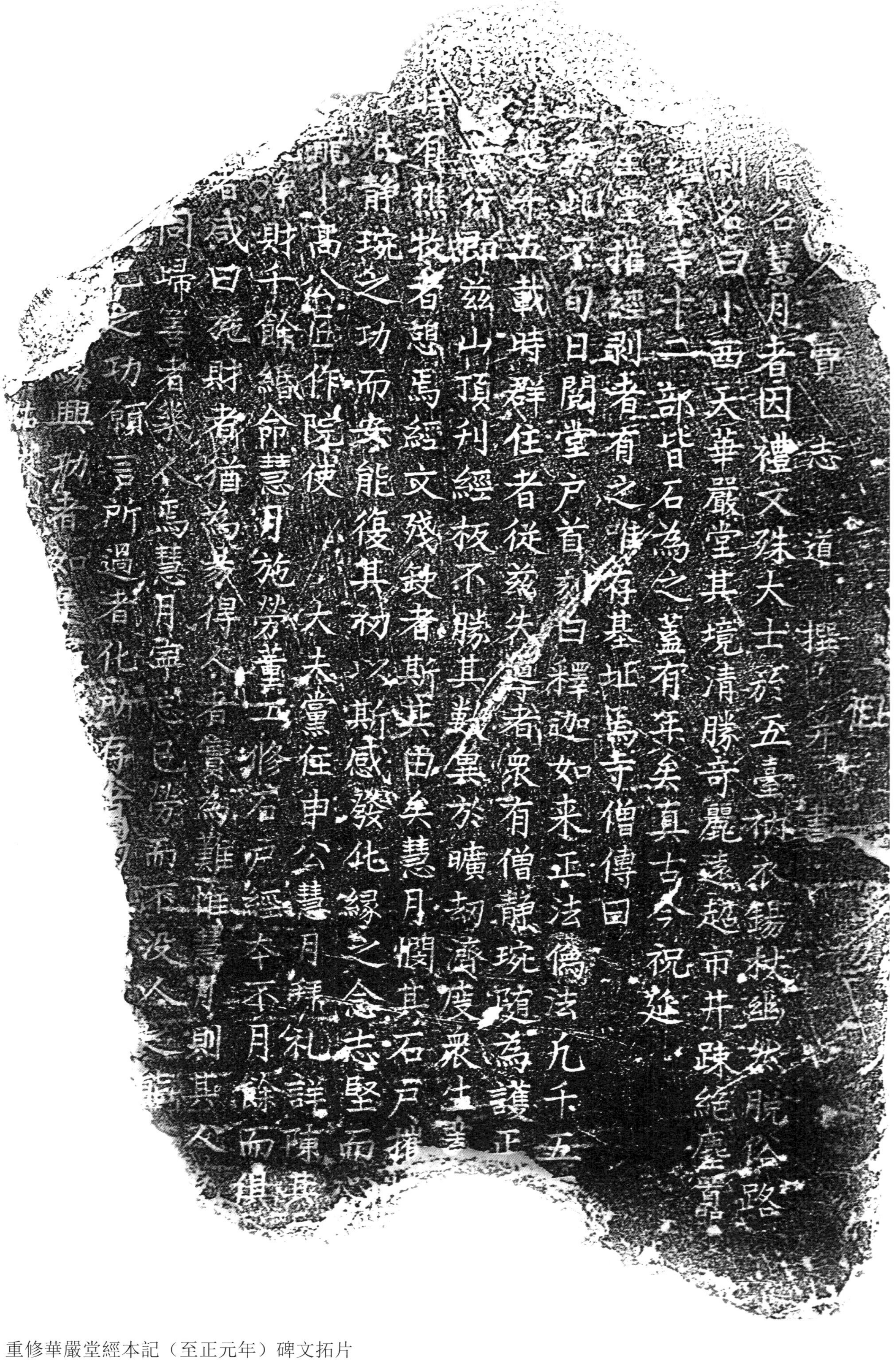

重修華嚴堂經本記（至正元年）碑文拓片

重修華嚴堂經本□乚

范陽逸人賈志道撰并書。乚

至正改元夏四月，有高麗國僧名慧月者，因禮文殊大士於五臺，衲衣錫杖，幽然脱俗。路乚經房山縣西鄉里東峰古梵刹名曰「小西天華嚴堂」。其境清勝奇麗，遠超市井，踈絶塵囂，乚唯有志者居焉。其堂并華嚴經本等十二部皆石爲之，蓋有年矣，真古今祝延乚聖壽之域。窮歲月綿延，住僧雲至，堂摧經剥者有之，唯存基址焉。寺僧傳曰：乚三藏，經宿之處也。慧月留止於此，不旬日，閲堂户首刻曰：「釋迦如來正法、像法，凡千五百乚餘歲，迄貞觀二□□浸末法七十五載（一）。時羣住者從茲失導者衆。有僧靜琬，隨爲護正法，乚率諸弟謹化德越，□結良緣苦行（二），即茲山頂刊經板，不勝其數，冀於曠劫濟度衆生。」蓋靜乚琬肇起于此□（三）。□境瀟條（四），時有樵牧者憩焉。經文殘缺者，斯其由矣。慧月憫其石户摧圮，乚經本□□（五），□□惜其將來浸泯靜琬之功（六），而安能復其初。以斯感發化緣之念，志堅而心乚篤。幸遇□□院使（七）、資德大夫龍卜高公，匠作院使、大夫黨住申公，慧月拜禮詳陳其乚事。□□允其言（八），興大功德，布施淨財千餘緡，命慧月施勞董工，修石户經本。不月餘，而俱乚□□□布施（九），一毫不私於己。聞者咸曰：「施財者猶爲易，得人者實爲難，惟慧月則其人也。」乚□□酒（一〇），不茹葷，儉衣食而絶物慾，同歸善者幾人焉？慧月寧忘己勞而不没人之能，今立乚石以紀功德，揚人之善，豈慕勤劬著己之功？願言所過者化，所存者功。嘗謂人曰：事落成，乚□□適他矣（一一）。豈久淹於此哉！若值經廢之緣，興功者如是，處佛門無愧矣！同金玉局提領乚□持狀詳其事刻諸石來謁（一二）。其辭予不獲已，姑依命摭其實録一二云爾。乚

大功德主：高龍卜院使　中黨住院使　山主斯滿乚

同緣功德主：也先不花太卿　不花怗木兒總管　李總管　五閫古提點　禿滿達乚

同緣功德主：中政院使伯帖木兒　王丹夫人　同願僧：西域　智諦　達而寶乚

旹至正改元夏五月初八日，高麗國比丘慧月立石。乚補寫經板高麗國天台宗沙門達牧，金玉局提領李得全、李得、程仲玉刊。乚

校勘記

〔一〕迄貞觀二□□浸末法七十五載　原碑「二」後殘二字，《房山石經題記彙編》作「年已」。
〔二〕□結良緣苦行　原碑「結」前殘一字，《房山石經題記彙編》作「共」。
〔三〕蓋靜琬肇起于此□　原碑「此」後殘一字，《房山石經題記彙編》作「矣」。
〔四〕□境瀟條　原碑「境」前殘一字，《房山石經題記彙編》作「其」。
〔五〕經本□□　原碑「本」後殘二字，《房山石經題記彙編》作「殘缺」。
〔六〕□□惜其將來浸泯靜琬之功　原碑「惜」前殘二字，《房山石經題記彙編》作「□然」。
〔七〕幸遇□□院使　原碑「遇」後殘二字，《房山石經題記彙編》作「□政」。
〔八〕□□允其言　原碑「允」前殘二字，《房山石經題記彙編》作「公等」。
〔九〕□□□布施　原碑「布」前殘三字，《房山石經題記彙編》作「□□得」。
〔一〇〕□□酒　原碑「酒」前殘二字，《房山石經題記彙編》作「不□酒」。
〔一一〕□□適他矣　原碑「適」前殘二字，《房山石經題記彙編》作「而吾」。
〔一二〕□持狀詳其事刻諸石來謁　原碑「持」前殘一字，《房山石經題記彙編》作「李」。

九八　慧月補刻雷音洞石經　至正元年

《慧月補刻雷音洞石經》，至正元年（一三四一）刻。現存北京市房山區雲居寺雷音洞。漢白玉石質，其中四塊大小相同，長八五釐米，寬五八釐米。另一塊高四〇釐米，寬四釐米。經文楷書。五塊刻石行數分别爲二六、二六、三七、三八、二，滿行字數分别爲四〇、三九、二六、二六、二八。高麗衲達牧書。

《房山石經題記匯編》（書目文獻出版社，一九八七年）、《北京元代史迹圖志》（北京燕山出版社，二〇〇九年）、《北京遼金元拓片集》（北京燕山出版社，二〇一二年）著録。今據北京考古遺址博物館（金中都水關遺址）藏拓片録文。

慧月刻經爲《維摩詰所説經》第一卷《佛國品》、第二卷《方便品》《佛説觀彌勒菩薩上生兜率陀天經》部分内容等。刻石拓片（一）爲慧月所刻《維摩詰所説經》第一卷《佛國品》、第二卷《方便品》部分，上下接續。刻石拓片（二）爲《佛説觀彌勒菩薩上生兜率陀天經》部分，文字完整，可以接續。刻石拓片（三）爲《勝鬘師子吼一乘大方便大方廣經》局部兩行。

慧月補刻雷音洞石經（至正元年）刻石拓片（一上）

[illegible]第一捨諸世間所有[illegible]
[illegible]無畏十八不共關閉一切諸惡趣門而生五道以現其身為大醫王善療衆病[illegible]
菩薩大嚴菩薩寶積菩薩辯積菩薩寶手菩薩寶印手菩薩常舉手菩薩常下手菩薩常慘菩薩喜[illegible]
山相擊音菩薩香象菩薩白香象菩薩常精進菩薩不休息菩薩妙生菩薩華嚴菩薩觀世音菩薩[illegible]
天下來在會坐并餘大威力諸天龍神夜叉乾闥婆阿脩羅迦樓羅緊那羅摩睺羅伽等悉來會坐諸
七寶蓋來詣佛所頭面禮足各以其蓋共供養佛佛之威神令諸寶蓋合成一蓋遍覆三千大千世界
十方諸佛諸佛說法亦現於寶蓋中尒時一切大衆覩佛神力歎未曾有合掌禮佛瞻仰尊顏目不暫[illegible]
能善分別諸法相　於第一義而不動　已於諸法得自在　是故稽首此法王　說法不有亦不無　以因緣故諸法生
度老病死大醫王　當禮法海德无邊　毀譽不動如須弥　於善不善等以慈　心行平等如虛空　孰聞人寶不敬承
佛以一音演說法　衆生隨類各得解　皆謂世尊同其語　斯則神力不共法　佛以一音演說法　衆生各各隨所解
稽首能度諸世間　稽首永離生死道　悉知衆生來去相　善於諸法得解脫　不著世間如蓮華　常善入於空寂[illegible]
薩問於如來淨土之行諦聽諦聽善思念之當為汝說於是寶積及五百長者子受教而聽佛言寶積
衆生故譬如有人欲於空地造立宮室隨意無礙若於虛空終不能成菩薩如是為成就衆生故願取
是菩薩淨土菩薩成佛時一切能捨衆生來生其國持戒是菩薩淨土菩薩成佛時行十善道滿願衆
土菩薩成佛時正定衆生來生其國四無量心是菩薩淨土菩薩成佛時成就慈悲喜捨衆生來生其
迴向心是菩薩淨土菩薩成佛時得一切具足功德國土說除八難是菩薩淨土菩薩成佛時國土無
其國如是寶積菩薩隨其直心則能發行隨其發行則得深心隨其深心則意調伏隨其調伏則如說
淨其心隨其心淨則佛土淨　尒時舍利弗承佛威神作是念若菩薩心淨則佛土淨者我世尊本為
見尒時螺髻梵王語舍利弗勿作是念謂此佛土以為不淨所以者何我見釋迦牟尼佛土清淨譬如
是佛以足指按地即時三千大千世界若干百千珍寶嚴飾譬如寶莊嚴佛無量功德寶莊嚴土一切
如諸天共寶器食隨其福德飯色有異如是舍利弗若人心淨便見此土功德莊嚴當佛現此國土嚴
漏盡意解　方便品第二　尒時毗耶離大城中有長者名維摩詰已曾供養無量諸佛深殖善本得
如海諸佛咨嗟弟子釋梵世主所敬欲度人故以善方便居毗耶離資財無量攝諸貧民奉戒清淨攝
雖復飲食而以禪悅為味若至博弈戲處輙以度人受諸異道不毀正信雖明世典常樂佛法一切見
者中尊為說勝法若在居士居士中尊斷其貪著若在刹利刹利中尊教以忍辱若在婆羅門[illegible]

慧月補刻雷音洞石經（至正元年）刻石拓片（一下）

慧月補刻雷音洞石經（至正元年）刻石拓片（二）

而生三有如是无明住地緣无漏業因生阿羅漢辟支佛大力菩
數四住地不與无明住地業同无明住地異離四住地佛地所斷佛

慧月補刻雷音洞石經（至正元年）刻石拓片（三）

一

前闕丘衆八千人俱，菩薩三萬二千，衆所知識，大智本行，皆悉成就。諸佛威神之所建立，爲護法城，受持□□。能師子吼，名聞十方。衆人不請，友ㄴ□，不起法忍。已能隨順，轉不退輪。善解法相，知衆生根。蓋諸大衆，得無所畏。功德智慧，以脩其心。相好□□，色像第一，捨諸世間所有飾好。名稱高遠，踰於須彌；深信堅固，猶若金剛。法寶普照，而雨甘露。於處ㄴ已過量，集衆法寶，如海導師，了達諸法深妙之義。善知衆生往來所趣，及心所行。近無等等，佛自在□、□□、無畏、十八不共。關閉一切諸惡趣門，而生五道以現其身。爲大醫王，善療衆病，應病與藥，令得服行。ㄴ其名曰：等觀菩薩、不等觀菩薩、等不等觀菩薩、定自在王菩薩、法自在王菩薩、法相菩薩、光相菩薩、光菩薩、大嚴菩薩、寶積菩薩、辯積菩薩、寶手菩薩、寶印手菩薩、常舉手菩薩、常下手菩薩、常慘菩薩、喜根ㄴ慧積菩薩、寶勝菩薩、天王菩薩、壞魔菩薩、電德菩薩、自在王菩薩、功德相嚴菩薩、師子吼菩薩、雷音菩□、山相擊音菩薩、香象菩薩、白香象菩薩、常精進菩薩、不休息菩薩、妙生菩薩、華嚴菩薩、觀世音菩薩、得ㄴ如是等三萬二千人。復有萬梵天王尸棄等，從餘四天下，來詣佛所而聽法。復有萬二千天帝，亦從餘□天下，來在會坐。并餘大威力諸天、龍神、夜叉、乾闥婆、阿脩羅、迦樓羅、緊那羅、摩睺羅迦等，悉來會坐。諸ㄴ大海，安處衆寶師子之坐，蔽於一切諸來大衆。尒時毗耶離城有長者子，名曰寶積，與五百長者子俱持七寶蓋，來詣佛所，頭面禮足，各以其蓋共供養佛。佛之威神，令諸寶蓋合成一蓋，遍覆三千大千世界，ㄴ山、金山、黑山、鐵圍山、大鐵圍山、大海江河、川流泉源，及日月星辰，天宮、龍宮諸尊神宮，悉現於寶蓋中。又十方諸佛，諸佛説法，亦現於寶蓋中。尒時一切大衆，覩佛神力，歎未曾有。合掌禮佛，瞻仰尊顔，目不暫ㄴ既見大聖以神變，普現十方無量土。其中諸佛演説法，於是一切悉見聞。法王法力超羣生，常以法財施一切。能善分別諸法相，於第一義而不動。已於諸法得自在，是故稽首此法王。説法不有亦不無，以因緣故諸法生。ㄴ三轉法輪於大千，其輪本來常清淨。天人得道此爲證，三寶於是現世間。以斯妙法濟羣生，一受不退常寂然。度老病死大醫王，當禮法海德無邊。毁譽不動如須彌，於善不善等以慈。心行平等如虚空，孰聞人寶不敬承。ㄴ衆覩希有皆嘆佛，今我稽首三界尊。大聖法王衆所歸，淨心觀佛靡不欣。各見世尊在其前，斯則神力不共法。佛以一音演説法，衆生隨類各得解。皆謂世尊同其語，斯則神力不共法。佛以一音演説法，衆生各各隨所解。ㄴ稽首十力大精進，稽首已得無所畏。稽首住於不共法，稽首一切大導師。稽首能斷衆結縛，稽首已到於彼垢。稽首能度諸世間，稽首永離生死道，悉知衆生來去相，善於諸法得解脱。不著世間如蓮華，常善入於空寂行。ㄴ耨多羅三藐三菩提心，願聞得佛國土清淨，唯願世尊説諸菩薩淨土之行。佛言：「善哉！寶積乃能爲諸菩□，問於如來淨土之行。諦聽！諦聽！善思念之。當爲汝説。於是寶積及五百長者子受教而聽。佛言：「寶積！ㄴ國入佛智慧而取佛土，隨諸衆生應以何國起菩薩根而取佛土。所以者何？菩薩取於淨國，皆爲饒益□衆生故，譬如有人欲於空地造立宮室，隨意無礙，若於虛空，終不能成。菩薩如是，爲成就衆生故，願取ㄴ土，菩薩成佛時，具足功德衆生來生其國。發菩提心是菩薩淨土，菩薩成佛時，大乘衆生來生其國。佈施是菩薩淨土，菩薩成佛時，一切能捨衆生來生其國。持戒是菩薩淨土，菩薩成佛時，行十善道滿願衆ㄴ懃脩一切功德衆生來生其國。禪定是菩薩淨土，菩薩成佛時，攝心不亂衆生來生其國。智慧是菩薩淨土，菩薩成佛時，正定衆生來生其國。四無量心是菩薩淨土，菩薩成佛時，成就慈悲喜捨衆生來生其ㄴ便無㝵衆生來生其國。三十七道品是菩薩淨土，菩薩成佛時，念處正懃神足根力覺道衆生來生其國。迴向心是菩薩淨土，菩薩成佛時，得一切具足功德國土。説除八難是菩薩淨土，菩薩成佛時，國土無ㄴ佛時，命不中夭，大富梵行，所言誠諦。常以濡語，眷屬不離，善和諍訟。言必饒益，不嫉不恚，正見衆生來生其國。如是寶積菩薩隨其直心，則能發行。隨其發行，則得深心。隨其深心，則意調伏。隨其調伏，則如説ㄴ法淨。隨説法淨，則智慧淨。隨智慧淨，則其心淨。隨其心淨，則一切功德淨。是故寶積若菩薩欲得淨土，□ㄴ也。世尊！是盲者，過，非日月咎。舍利弗！衆生罪故，不見如來佛國嚴淨，非如來咎。舍利弗！我此土淨而汝不淨其心。隨其心淨，則佛土淨。尒時舍利弗承佛威神作是念：若菩薩心淨，則佛土淨者，我世尊本爲ㄴ慧，故見此土爲不淨耳。舍利弗！菩薩於一切衆生，悉皆平等，深心清淨，依佛智慧，則能見此佛土清淨。」於見。尒時螺髻梵王語舍利：「弗勿作是念。謂此佛土以爲不淨，所以者何？我見釋迦牟尼佛土清淨，譬如ㄴ不聞，今佛國土嚴淨悉現。」佛語舍利弗：「我佛國土，常淨若此，爲欲度斯下劣人故，示是衆惡不淨土耳！譬是佛以足指按地，即時三千大千世界，若干百千珍寶嚴飾，譬如寶莊嚴佛，無量功德寶莊嚴土，一切ㄴ界，還復如故。求聲聞乘，三萬二千天及人，知有爲法，皆悉無常，遠塵離垢，得法眼淨。八千比丘，不受諸法如諸天，共寶器食，隨其福德，飯色有異。如是舍利弗若人心淨，便見此土功德莊嚴。當佛現此國土嚴ㄴ衆生心之所趣，又能分別諸根利鈍，久於佛道，心已純淑，決定大乘。諸有所作，能善思量，住佛威儀，心大漏盡意解。方便品第二。尒時毗耶離大城中，有長者名維摩詰，已曾供養無量諸佛，深殖善本，得ㄴ沙門清淨律行，雖處居家，不儲三界。示有妻子，常脩梵行。現有眷屬，常樂遠離。雖服寶飾，而以相好嚴□雖復飲食，而以禪悦爲味。若至博弈戲處，輒以度人。受諸異道，不毀正信。雖明世典，常樂佛法。一切見ㄴ護一切。入講論處，導以大乘，入諸學堂，誘開童蒙。入諸淫舍，示欲之過，入諸酒肆，能立其志。若在長者，□者中尊，爲説勝法。若在居士，居士中尊，斷其貪著。若在刹利，刹利中尊，教以忍辱。若在婆羅門，婆羅門∟

二

□説觀彌勒菩薩上生兜率陀天經。高麗衲達牧書。如是我聞：∟□時，佛在舍衛國祇樹給孤獨園。尒時，世尊於初夜分舉身放光，其∟□金色，遶祇陀園周通七匝，照須達舍亦作金色。有金色光，猶如段∟□。遍舍衛國處處皆雨金色蓮華，其光明中有無量百千諸大化佛，∟□唱是言：今於此中有千菩薩，最初成佛名拘留孫，最后成佛名曰∟□至。説是語已，尊者阿若憍陳如即從禪起，與其眷屬二百五十人∟□，尊者摩訶迦葉與其眷屬二百五十人俱。尊者大目揵連與其眷∟□二百五十人俱。尊者舍利弗與其眷屬二百五十人俱。摩訶波闍∟□提比丘尼與其眷屬千比丘尼俱。須達長者與三千優婆塞俱。毗∟□佉母與二千優婆夷俱。復有菩薩摩訶薩，名跋陀婆羅，與其眷屬∟□六菩薩俱。文殊師利法王子與其眷屬五百菩薩俱。天龍夜叉乾∟□婆等一切大衆，覩佛光明皆悉雲集。尒時世尊出廣長舌相，放千∟□□，一一光明各有千色。一一色中有無量化佛。是諸化佛異口同∟□，皆説清淨諸大菩薩甚深不可思議諸陀羅尼法。所謂阿難陀目∟□陀羅尼、空慧陀羅尼、無閡性陀羅尼、大解脱無相陀羅尼。爾時世∟□以一音聲，説百億陀羅尼門，説此陀羅尼已。尒時會中有一菩薩∟□曰彌勒，聞佛所説，應時即得百萬億陀羅尼門，即從座起，整衣服，∟□手合掌，住立佛前。尒時優波離亦從座起，頭面作禮，而白佛言：「世∟□！世尊往昔於毗尼中及諸經藏説阿逸多次當作佛。此阿逸多具∟□夫身，未斷諸漏，此人命終當生何處，其人今者雖復出家，不修禪∟□，不斷煩惱，佛記此人成佛無疑，此人命終生何國土？」佛告優波離：∟□聽！諦聽！善思念之。如來應正遍知。今於此衆説彌勒菩薩摩訶薩∟□耨多羅三藐三菩提，記此人從今十二年後命終，必得往生兜率∟□上。尒時兜率陀天上有五百億天子，一一天子皆修甚深檀波羅∟□，爲供養一生補處菩薩故，以天福力造作宫殿，各各脱身栴檀摩∟□寶冠，長跪合掌，發是願言：我今持是無價寶珠及以天冠，爲供養∟□心衆生故。此人來世不久當成阿耨多羅三藐三菩提，我於彼佛∟□嚴國界得受記者，令我寶冠化成供具。如是諸天子等各各長□，∟□弘誓願，亦復如是。時諸天子作是願已，是諸寶冠化作五百萬∟□∟□宫，一一寶宫有七重垣，一一垣七寶所成，一一寶出五百億光明，∟□一光明中有五百億蓮華，一一蓮華化作五百億七寶行樹，□□∟树葉有五百億寶色，一一寶色有五百億閻浮檀金光，一一閻浮□∟金光中出五百億諸天寶女，一一寶女住立樹下，執百億寶無數瓔∟□，出妙音樂，時樂音中，演説不退轉地法輪之行。其樹生果如頗梨∟□，一切衆色入頗梨色中，是諸光明右旋宛轉，流出衆音，衆音演□∟大慈大悲法，一一垣牆高六十二由旬，厚十四由旬。五百億龍□□乚□此垣，一一龍王雨五百億七寶行樹，莊嚴垣上，自然有風，□□□乚樹，樹相振觸，演說苦、空、無常、無我諸波羅蜜。尒時，此宮有一大神，名乚□度跋提，即從座起，遍禮十方佛，發弘誓願：若我福德應爲彌勒菩乚□造善法堂，令我額上自然出珠。既發願已，額上自然出百億寶珠，乚□璃、頗梨，一切衆色無不具足，如紫紺摩尼，表裏映徹。此摩尼珠迴乚□空中，化爲四十九重微妙寶宮，一一欄楯萬億梵摩尼寶所共合乚□，諸欄楯間自然化生九億天子、百億天女。一一天子手中化生乚□量億萬七寶蓮華。一一蓮華上有無量億光，其光明中具諸樂器，乚□是天樂不鼓自鳴。此聲出時，諸女自然執衆樂器競起歌舞，所詠乚□音，演說十善、四弘誓願，諸天聞者皆發無上道心。時諸園中有八乚□瑠璃渠。一一渠有五百億寶珠而用合成。一一渠中有八味水，八乚□具足。其水上涌，遶梁楝間，於四門外化生四華，水出華中，如寶華乚□。一一華上有二十四天女，身色微妙，如諸菩薩莊嚴身相，手中自乚□化五百億寶器。一一器中天諸甘露自然盈滿，左肩荷佩無量瓔乚□，右肩復負無量樂器，如雲住空，從水而出，讚歎菩薩六波羅蜜，若乚有往生兜率天上，自然得此天女侍御。亦有七寶大師子座，高四由乚旬，閻浮檀金無量衆寶以爲莊嚴，座四角頭生四蓮華。一一蓮華百乚□所成。一一寶出百億光明，其光微妙，化爲五百億衆寶雜華莊嚴乚□帳。時十方面百千梵王各各持一梵天妙寶以爲寶鈴，懸寶帳上。乚□小梵王持天衆寶以爲羅網彌覆帳上。尒時百千無數天子、天女乚、□屬各持寶華以布座上，是諸蓮華自然皆出五百億寶女，手執□乚□侍立帳內，持宮四角有四寶柱。一一寶柱有百千樓閣，梵摩尼珠乚□爲交珞。時諸閣間，有百千天女色妙無比，手執樂器，其樂音中演乚□苦、空、無常、無我諸波羅蜜。如是天宮，有百億萬無量寶色。一一諸乚□亦同寶色。尒時，十方無量諸天，命終皆願生兜率天宮。時兜率天乚□有五大神，第一大神名曰寶幢，身雨七寶散宮牆內，一一寶珠化乚成無量樂器，懸處空中，不鼓自鳴，有無量音，適衆生意。第二大神名乚曰華德，身雨衆華彌覆宮牆，化成華蓋。一一華蓋百千幢旛以爲導乚引。第三大神名曰香音，身毛孔中雨出微妙海此岸栴檀香，其香如乚雲作百寶色，遶宮七匝。第四大神名曰喜樂，雨如意珠。一一寶珠自乚□住在幢旛之上，顯說無量歸佛、歸法、歸比丘僧，及說五戒、無量善乚□、諸波羅蜜，饒益勸助菩提音者。第五大神名曰正音聲，身諸毛孔乚流出衆水。一一水上有五百億華。一一華上有二十五玉女。一一玉乚女身諸毛孔出一切音聲，勝天魔后所有音樂。」佛告優波離：「此名兜乚□陀天十善報應勝妙福處，若我住世一小劫中廣說一生補處菩乚□報應及十善果者，不能窮盡。今爲汝等略而解說。」佛告優波離：「若乚有比丘及一切大衆不猒生死樂生天者，愛敬無上菩提心者，欲□乚彌勒作弟子者，當作是觀。作是觀者應持五戒、八齋，具足戒，身心精乚□，不求斷結，修十善法。一一思惟兜率陀天上上妙快樂，作是觀□乚

三

而生三有，如是無明住地緣無漏業，因生阿羅漢辟支佛大力菩薩□□∟

數四住地，不與無明住地業同，無明住地異離四住地，佛地所斷，佛□□∟

九九　重修昭惠靈顯真君廟碑　至正二年

《重修昭惠靈顯真君廟碑》，至正二年（一三四二）六月立。碑現存於北京市密雲區冶仙塔碑林。碑青石質，上部殘。碑殘高一〇五釐米，寬七六釐米，厚一八釐米。碑陽額題篆書「修昭惠靈顯真君廟」四行八字，正文楷書，二〇行，滿行二四字。碑陰楷書，一九行，行字不等。鄭天振撰、書丹并篆額，齊文簡等立石。

《北京元代史迹圖志》（北京燕山出版社，二〇〇九年）、《北京遼金元拓片集》（北京燕山出版社，二〇一二年）著録。今據北京考古遺址博物館（金中都水關遺址）藏照片、拓片録文。

碑陽記重修昭惠靈顯真君廟始末。碑陰爲廟産四至與題名。

重修昭惠靈顯真君廟碑（至正二年）碑體照片

重修昭惠靈顯真君廟碑（至正二年）碑陽拓片

重修昭惠靈顯真君廟碑（至正二年）碑陰拓片

録文

碑陽

修昭ㄴ惠靈ㄴ顯真ㄴ君廟（額）ㄴ

重修昭惠靈顯真君廟碑　三山鄭天振撰并書篆額ㄴ

夫人生於世，可以爲百世師，可以爲天下法，故雖去愈遠，亦□ㄴ奉祀而敬畏之，然非雄豪英烈之士豈能如是乎？州之南十ㄴ許有昭惠靈顯真君廟一座，興自ㄴ金季泰和年間，鄉民立焉。後風雨摧敗，瓦礫傾頽，復爲修理。□ㄴ有元中統二年，鄉閭善士又爲鼎建。至大德年間，耆舊□秀□ㄴ和等再興土木之工，復其連瓦之美，及棟梁欀桷莫□□□ㄴ之營之，不日成之，粲然□新，至今□偉□麗，廟貌威□，□敬□ㄴ畏。凡民間懇禱吉凶禍福，莫不昭然響應，凛凛乎如有生氣。□ㄴ其視之而弗見，聽之而弗聞，生明洞徹，惠義昭著，如嚴霜□□ㄴ泰然□畏而仰之，豈非昭惠靈顯之稱歟？故鄉人求余以爲□ㄴ□□□之，又系爲之詞，曰：ㄴ

□哉真君，魏魏英名。猛若雷霆，炳如□□。ㄴ生既爲人，剛毅忠貞。死又爲神，□惠□□。ㄴ英風烈氣，金玉之精。紀功勒石，□分□□。ㄴ

從仕郎、大都路檀州判官鄭天祐▯ㄴ忠顯校尉、大都路同知檀州事哈剌章。ㄴ奉直大夫、大都路檀州知州邢天瑞。ㄴ奉政大夫、大都路檀州達魯花赤□里不花。ㄴ

至正二年六月既望，鄉人齊文簡等立，匠人朱繼先▯ㄴ

碑陰

▯州大▯路檀州▯遠▯都□ㄴ□所壘行重▯又□至▯中▯ㄴ耆老文▯表□以立石▯ㄴ隳廢之，蹤▯之□灼盡□□□之緻▯ㄴ廟地南北長叁拾叁▯後東西闊壹拾陸步及耆□□□ㄴ▯忠▯李總管　李進忠　□□□　王欽□　ㄴ▯齊百户

齊良　□□珍　劉社長　ㄴ▯　李▯仲華　耿慶良　▯長　□□□　ㄴ▯許德童　李百户　▯　ㄴ▯禮卿袁□良　▯　ㄴ

▯秀▯　∟▯　姚□義　▯∟▯楊▯興▯劉汝明　▯　∟▯　張成▯慶▯　姚若堅　▯　∟　▯義　曹

▯　范▯　∟▯義▯天　趙祥卿　▯∟坊□□和之　司吏張文禮▯袁□實　裴▯　∟齊家莊　趙聚　□同知　何淺　李□

卿　劉志信　∟大都田提領田祥　田總把　劉□□　楊秀　楊得玉∟

一〇〇　龍門山清水禪寺記　至正四年

《龍門山清水禪寺記》，至正四年（一三四四）八月立。碑出土於北京市門頭溝區龍泉鎮崇化寺。中國國家圖書館藏拓片額高二九釐米，寬三二釐米。碑身高一二八釐米，寬七〇釐米。額題篆書「清水禪寺記」三行五字。碑身楷書，一七行，滿行二八字。圓映立石。

《新日下訪碑録·石景山卷、門頭溝卷》（北京燕山出版社，二〇一五年）著録。今據中國國家圖書館提供拓片（北京六八四三）録文。

碑記載圓映對佛法之認識。

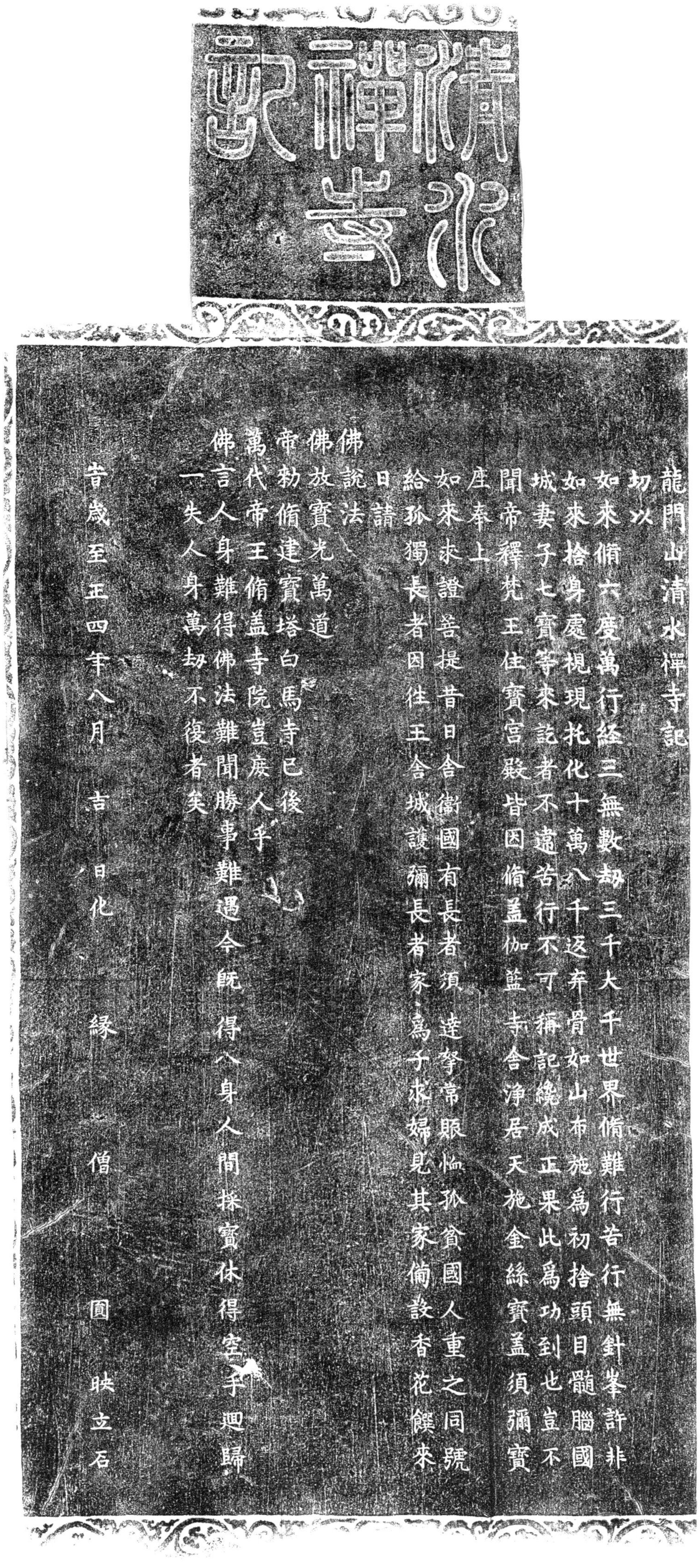

清水禪寺記

龍門山清水禪寺記
切以
如來脩六度萬行經三無數刧三千大千世界脩難行苦行無針峯許非
如來捨身處棖現托化十萬八千返弃骨如山布施爲初捨頭目髓腦國
城妻子七寶等來說者不遠苦行不可稱記纔成正果此爲功到也豈不
聞帝釋梵王住寶宮殿皆因脩蓋伽藍寺舍淨居天施金絲寶蓋須彌寶
座奉上
如來求證菩提昔日舍衛國有長者須達拏常賑恤孤貧國人重之同號
給孤獨長者因往王舍城護彌長者家爲子求婦見其家備設香花饌來
日請
佛說法
佛放寶光萬道
帝勅脩建寶塔白馬寺已後
萬代帝王脩蓋寺院豈庶人乎
佛言人身難得佛法難聞勝事難遇今既得人身人間採寶休得空手廻歸
一失人身萬刧不復者矣
旹歲至正四年八月　吉日化緣僧圓映立石

龍門山清水禪寺記（至正四年）碑文拓片

録文

清水⌐禪寺⌐記（額）⌐

龍門山清水禪寺記⌐

切以⌐如來脩六度萬行，經三無數刼，三千大千世界，脩難行苦行，無針峰許，非⌐如來捨身處視現托化十萬八千返弃骨如山，布施爲初，捨頭目、髓腦、國⌐城、妻子、七寶等來訖者，不違苦行，不可稱記，纔成正果。此爲功到也。豈不⌐聞帝釋梵王住寶宫殿，皆因脩蓋伽藍寺舍淨居天，施金絲寶蓋、須彌寶⌐座，奉上⌐如來，求證菩提。昔日舍衛國有長者須達拏，常賑恤孤貧，國人重之，同號⌐給孤獨長者。因往王舍城護彌長者家爲子求婦，見其家備設香花饌，來⌐日請⌐佛説法。⌐佛放寶光萬道，⌐帝勑脩建寶塔、白馬寺，已後⌐萬代帝王脩蓋寺院，豈庶人乎？⌐佛言：人身難得，佛法難聞，勝事難遇。今既得入身人間採寶，休得空手迴歸，⌐一失人身，萬刼不復者矣。⌐

旹歲至正四年八月吉日，化緣僧圓映立石。⌐

一〇一 居庸關雲臺佛頂放無垢光明入普門觀察一切如來心三摩耶陀羅尼經 至正五年

《居庸關雲臺佛頂放無垢光明入普門觀察一切如來心三摩耶陀羅尼經》，至正五年（一三四五）九月刻。位於北京市昌平區居庸關雲臺。雲臺建於至正二年至至正五年，原爲過街塔座，漢白玉石構築。面闊二六點八米，進深一七點六米。正中有一抹角券式門洞，寬六點三二米，高七點二七米，門洞券面上正中雕刻大鵬金翅鳥、龍子、異獸等。券門內及頂部按照佛教儀範刻有五曼陀羅、十方佛和四大天王等浮雕。其間有梵文、漢文、西夏文、藏文、八思巴文、畏兀體蒙文等六種文字刻寫的陀羅尼經咒和五種文字鐫刻的《建塔功德記》。

清周家楣等《（光緒）順天府志》著録，題作「石臺佛經」。今據中國國家圖書館提供拓片（北京三四九七）録漢文，其他文字從略。

居庸關雲臺實景照片

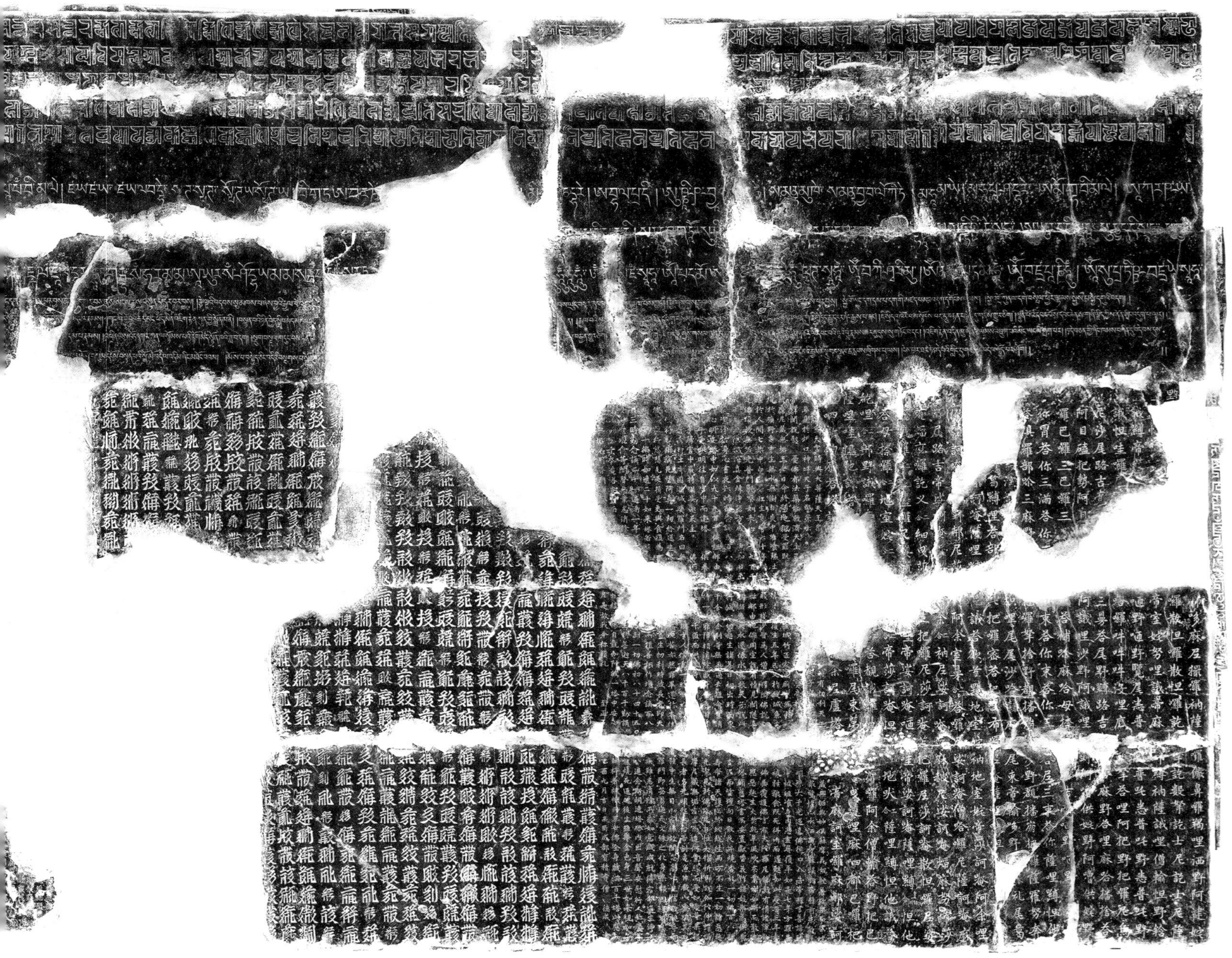

居庸關雲臺佛頂放無垢光明入普門觀察一切如來心三摩耶陀羅尼經（至正五年）刻石拓片

録　文

一

前闕ㄴ[ ]仰哆麻尼撮囉衲薩□囉儼鼻囉羯哩洒野阿建姹ㄴ野[ ]囉散怛囉散怛囉訖□拏訖數拏訖士尼訖士尼薩ㄴ[ ]帝室姹努哩誐帝麻□□嚩衲薩誐哩僧輸怛野軨ㄴ□誐嚩帝薩[ ]哂野哂野覽尾悉普□□普吒悉普吒野悉普吒野ㄴ□誐怛哇囉[ ]咯囉吽吽吽没哩底□□拏荅哩阿把野把囉尼烏ㄴ□尼沙尾路吉帝[ ]三曼荅尾野覽路吉□□□麻野荅哩麻哈播捨荅ㄴ□阿目磕把勢阿目[ ]阿誐哩沙野阿誐哩□野阿嚕供姹野阿嚕供姹野ㄴ□囉巴囉三巴囉三[ ]荅補吩麻哈母捺□□□吉帝哂野哂野悉□□ㄴ□你冒荅你三滿荅你[ ]束荅你束荅你三□荅尼三束荅你薩哩嚩怛他ㄴ□荅俱羅部吩三麻野[ ]扎囉拏捨野覩播崩□少野覩播崩把羅薩羅努奔ㄴ[ ]枳哩尾尾沙哈隸麻□尾束帝輸哆野□□禮尾葛ㄴ[ ]葛嚩哩荅部[ ]七把囉密荅把□布囉尼唵薩哩□怛□□□□ㄴ[ ]訶唵薩哩嚩□□誐荅欲兮野地室姹衲地室姹帝莎訶唵阿余哩ㄴ□帝莎訶唵□□野邨尼莎□□阿余室曼(二合)荅囉尼娑訶唵僧哈囉尼薩訶唵麻ㄴ□□尼路吉帝娑訶唵[ ]余(二合)衲尼娑訶唵焰麻赦尼娑訶唵焰麻努帝莎ㄴ□唵焰麻囉訖乂(二合)細曳莎[ ]三把囉尼莎訶唵苦把囉尼莎訶唵散怛囉尼娑ㄴ□唵把囉(二合)□□囉尼娑訶[ ]哇帝娑訶唵哂□哇帝娑訶唵薩哩嚩(二合)怛他ㄴ□荅母捺囉(二合)地室姹(二合)[ ](二合)帝莎訶唵怛□□地吠(二合)薩哩嚩怛他誐荅ㄴ紇哩(二合)邨野誐囉[ ](二□)荅覩誐囉曼□□賀囉阿余僧輸荅野把巴ㄴ薩哩哇怛他誐荅[ ]囉尾束第□□唵曳達哩麻嗢都巴囉杷ㄴ□嗢□的扇荅塔[ ]余尼盧塔□□□帝麻訶室囉麻邨娑訶ㄴ

二

□□□□天宮時，與大菩薩、天王衆[ ]俯□時，有忉利天王，□□□□□藏無垢與妙俱蘇，摩花妃耽著欲樂而昏昧。ㄴ夜夢見於炬口神呼天子名，警榮云：汝[ ]天子寤，妃□光□□□仆地。衆驚惶，以水洒面，方蘇惺，詣帝釋前求救護。ㄴ帝釋聞説，慰憂佛有法藥能救濟，天主[ ]受，帝釋[ ]光明照大千。光還，遶佛從口入。告帝釋。言：善諦聽ㄴ彼摩尼藏無垢王七日。命終墮地獄受罪，既[ ]城竹匠家溷厠□爲猪[ ]不淨，被蛆餐，身肉悉盡。尋復平。如是七年，方罪畢。ㄴ復於曠野黿中生，無水無樹，日炎中唯餐熱土，爲[ ]復生五年已。又於彼城魚[ ]恒被豺狼食，既死，得雨而還甦，如此受苦三年盡。ㄴ繼於人間七族中白夜暑狂生盲□，六十年滿，□□賤形殘，少智爲人增。帝釋聞佛説□新佛垂覆護。佛言有大陀羅尼能救有情諸障難，ㄴ是佛頂放無垢光普門觀察如來心□千九百千□胝那由他佛同宣説。有情見聞隨喜□罪應惡趣生，火焚乾草，風吹灰，業亦如斯而散滅。ㄴ入□□□除穢滓，真金煉淨器，方成業淨。如日出超明，猶魚失水，還依水爲救。天子説此明□新塔，脩舊塔，書寫安置，獻香花、作諸妓樂爲供養。ㄴ□復潔淨於身心。晝夜六時，勤念誦，或百八已旋，其行滅一切惡，生諸善。日初出時，面東□香泥而塗壇，向日散花，并燒香禮一切佛，百八拜ㄴ□□心明安塔中，如以九十九百千俱胝那由也。一千全□舍利等無異，過去短命業消除□增壽命。諸天護臨，終蛇蜕往西方，不生一切諸惡趣ㄴ□□□子受此，明往自宫中而建塔，供養□□持，一□罪障頓消除，感身金色，目□之光潔見於佛。及見自性大懽忻，即説伽陀伸讚嘆ㄴ□□□□歸宫中，嚴持供具，邀天主佛所□□□□□千匝，而供養時□摩尼藏無垢宿生爲造何業緣，而受如是等果報，ㄴ仰□□昔南印土廣圓滿城婆羅門名曰無□辯才，人信重一時。爲人説□有長者名光明，起惡念，客割龜魚片，截以糞填其口ㄴ與心，使得口癩病死，墮阿鼻一劫，終還生□繩苦亦然，罪畢，還於本住□盲種中，生無目，以宿緣故，聞苾蒭心生信敬親，尋覓ㄴ而彼□□行慈悲，見來揹受，更與食，復爲□蓋生忉利時，彼長者即天□婆羅門，即苾蒭，迺是文殊之化身，果報因緣，不思議ㄴ□明□□一徧時如遶二十如來塔，若誦此□佛所植善根，作壇念誦百八□疾難悉消除，所求如意咸成就，得宿命通生淨方，ㄴ□日三時勤念誦二十一遍，滿一年，護□方刹一切佛初八十四十五，口□八遍，念斯明遶塔，塔内出音聲，安慰行人，稱慶善ㄴ□女□生飛禽等聞聲，惡業悉消除，□生於善逝天八千百千，勤誦□能燒死返魄，後生極樂，金色身，三世如來視如子ㄴ□□□明百千本，造塔安置，而莊□地經中佛自説伽陀彼一塔中安心□輪橕著標幟，同三世佛全身藏滿百千塔，此應知ㄴ□□放無垢光明普門觀察□尼，是故我今稱讚禮。至正五年□次乙酉九月吉日，西蜀成都寶積寺僧德成書。ㄴ

一〇二　大元敕賜靈巖寺碑　至正七年

《大元敕賜靈巖寺碑》，至正七年（一三四七）三月立。碑現存北京市房山區青龍湖鎮北車營村靈鷲禪寺穀積山院。碑漢白玉石質，螭首，圭額，龜趺。碑通高二九〇釐米，寬九三釐米，厚二四釐米。額題篆書「大元敕賜靈巖寺碑」二行八字。碑文楷書，二九行，滿行五五字。李好文撰，許有壬書，張起巖篆額。

《北京元代史迹圖志》（北京燕山出版社，二〇〇九年）、佟洵等《北京佛教石刻》（宗教文化出版社，二〇一二年）、《新日下訪碑録・房山卷》（北京燕山出版社，二〇一三年）均有著録。今據北京考古遺址博物館（金中都水關遺址）藏拓片録文。

碑記靈巖禪寺始末及敕封事宜。

大元敕賜靈巖寺碑（至正七年）碑體照片

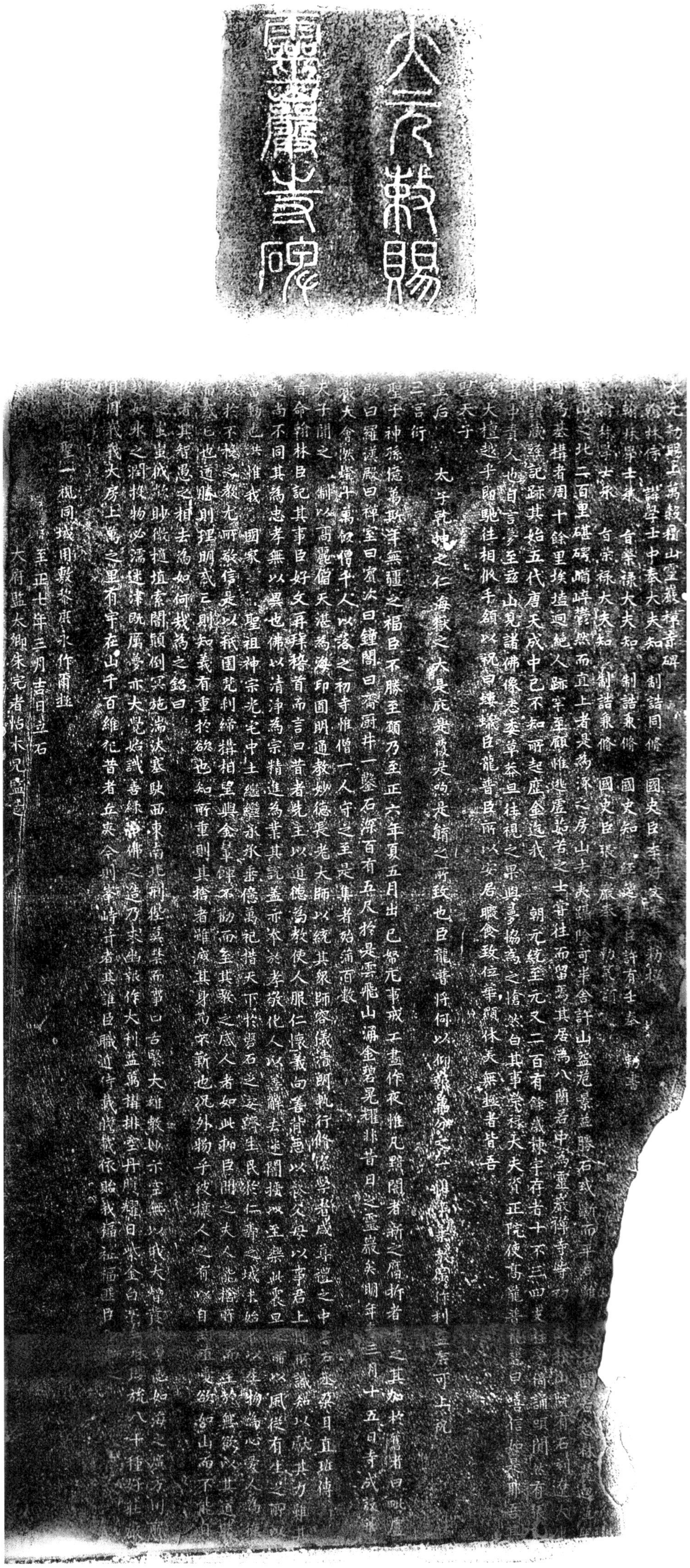

大元敕賜靈巖寺碑（至正七年）碑文拓片

録文

大元敕賜⌊靈巖寺碑（額）⌊

大元勑賜上萬穀積山靈巖禪寺碑⌊

翰林侍講學士、中奉大夫、知制誥、同脩國史臣李好文奉勑撰。⌊

翰林學士承旨、榮禄大夫、知制誥、兼脩國史、知經筵事臣許有壬奉勑書。⌊

翰林學士承旨、榮禄大夫、知制誥、兼脩國史臣張起巖奉勑篆額。⌊

恒山之北二百里碪碍崷崪，鬱然而直上者，是爲涿之房山。去夷躡險，可半舍許，山益危，景益勝，石或斷而平，若離若合，若鬪若怒，林麓迴薄，度⌊可爲基構者周十餘里，埃壒迴絶，人跡罕至。顧惟逃虚茹苦之士，嘗往而留焉。其居爲八蘭若，中爲靈巖禪寺。寺初爲穀積山院，有石刻遼大康⌊中讀藏經記跡。其始五代唐天成中，已不知所起。歷金迄我朝元統、至元，又二百有餘歲。棟宇存者十不三四，支柱旁倚，誦唄闃然。有張□⌊者，中貴人也，自言夢至兹山，見諸佛像悉委草莽，旦往視之，果與夢協，爲之愴然。白其事榮禄大夫、資正院使高龍普。龍普曰：「嘻，信如是耶，吾其⌊爲大檀越乎！」即馳往相攸，手額以祝曰：「螻蟻臣龍普，臣所以安居暇食、致位華顯、休美無極者，皆吾⌊聖天子、⌊皇后、太子乾坤之仁，海嶽之大，是庇是覆，是煦是毓之所致也。臣龍普將何以仰報萬分之一？惟□乘教，廣作利益，庶可上祝⌊三宫，衍⌊聖子神孫億萬斯年無疆之福。臣不勝至願。」乃至正六年夏五月出己帑庀事，戒工晝作夜，惟凡黯闇者新之，腐折者易之。其加於舊者曰毗盧⌊殿、曰羅漢殿、曰禪室、曰賓次、曰鐘閣、曰齋廚，井一，鑿石深百有五尺。於是雲飛山涌，金碧晃耀，非昔日之靈巖矣。明年春三月十五日，寺成，設華⌊嚴大會，燃燈十萬，飯僧千人以落之。初，寺惟僧一人守之，至是集者殆滿百數。⌊天子聞之，制以高麗僧天湛爲海印圓明通教妙德長老大師以統其衆。師容儀清朗，軌行脩潔，學者咸尊禮之。中書右丞朵耳直班傳⌊旨，命翰林臣記其事。臣好文再拜稽首而言曰：「昔者先王以道德爲教，使人服仁懷義，向善背惡，以養父母，以事君上，隨所識知以獻其力。雖其⌊趣尚不同，其爲忠孝無以異也。佛以清淨爲宗，精進爲業，其説蓋亦本於孝敬，化人以善，解去迷闇，授以至樂，此震旦之所以風從，有生之所以⌊雷動也。」洪惟我國家聖祖神宗光宅中土，繼繼承承，垂億萬祀，措天下於磐石之安，躋生民於仁壽之域，未始不以生物爲心，愛人爲德，⌊故於不殺之教尤所敬信，是以秖園梵刹締構相望，輿金輦餌，不勸而至，其教之感人者如此。抑臣聞之，夫人能捨所欲而至於無欲，以其道勝⌋而惑亡也。道勝則理明，惑亡則知義有重於欲也。知所重，則其捨者雖滅其身而不靳也，況外物乎？彼攘人之有以自封殖愛欲如山而不能自⌋拔者，其智愚之相去爲如何哉！爲之銘曰：⌋

人之蚩蚩，狘欻眇微。擿埴索闇，顛倒冥施。湍決塞駃，西東南北。刑狌莫禁，而事口舌。緊大雄教，妙示空無。以我大智，發彼羣愚。如海之廣，方川所⌋趍。如水之潤，投物必濡。迷津既厲，夢亦大覺。始識善緣，中佛之造。乃求幽報，作大利益。萬構排空，丹雘耀日。紫金白毫，垂珠瓔旒。八十種好，莊嚴⌋其周。峨峨大房，上萬之里。有宇在山，千百維祀。昔者丘夷，今則峰峙。葺者其誰？臣職近侍。載瞻載依，貽我福祉。福匪臣私，歸之⌋天子。⌋天子仁聖，一視同域。用敷黎庶，永作爾極。⌋

至正七年三月吉日立石。⌋大府監太卿朱完者怗木兒監造。⌋

一〇三　元故儉齋賈先生（壤）墓碣銘

至正七年

《元故儉齋賈先生（壤）墓碣銘》，至正七年（一三四七）十月立。現存北京市房山區北白岱村。中國國家圖書館藏拓片通高一六二釐米，寬八一釐米。碑文殘泐嚴重，額題篆書「元故儉齋賈先生墓碣銘」五行一〇字，碑文楷書，二二行，滿行四五字。蘇天爵撰，吕思誠書，孔思立篆額，許仁等刻石。

《北京圖書館藏中國歷代石刻拓本匯編》（書目文獻出版社，一九九四年）著録該碑，題作「處士賈君墓表」。元蘇天爵《滋溪文稿》載《處士賈君墓表》，《新日下訪碑録·房山卷》（北京燕山出版社，二〇一三年）、楊亦武《房山碑刻通志》卷五（學苑出版社，二〇二〇年）收録全文。今據中國國家圖書館提供拓片（北京四三二九）録文。

墓碣銘記賈壤生平事迹及世系傳承。

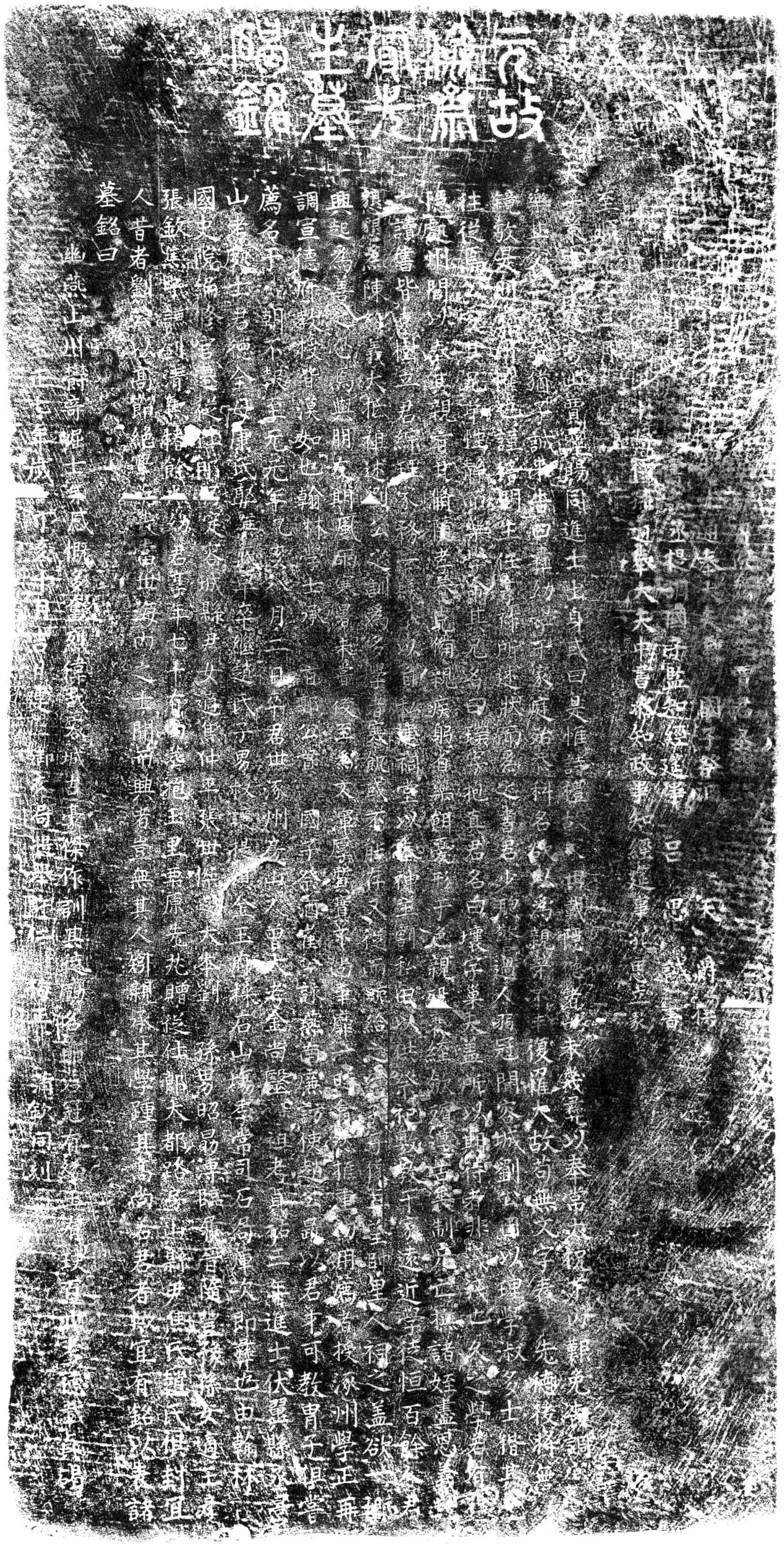

元故儉齋賈先生（壤）墓碣銘（至正七年）碑文拓片

録文

元故∟儉齋∟賈先∟生墓∟碣銘（額）∟

□儉齋先生賈君墓碣銘∟

□通奉大夫、國子祭酒蘇天爵撰。∟

□丞、提調國子監、知經筵事吕思誠書。∟

□通奉大夫、中書參知政事、知經筵事孔思立篆。∟

至順元年三月，∟天子策士於庭。房山賈彝賜同進士出身。或曰：「是惟詩禮故家，世載隱德者也。」未幾，彝以奉常太祝丁内艱。免喪，調官□∟欒〔一〕。其父卒，乃命猶子誠來告曰：「彝幼學于家庭，殆忝科名，欲以爲親榮。不幸復罹大故，苟無文字表章先德，後將無□∟鏡攷〔二〕，是則彝所懼也。謹稽門生任亨祚所述狀而爲之書。」君少聰警過人。弱冠，聞容城劉公因以理學淑多士，偕其□∟往從焉〔三〕。公愛其兄弟性靜而樂學，命其兄名曰璞，字抱真，君名曰壤，字巢夫，蓋所以期待者非淺淺也。久之，學若有得，∟隱處州閭，以奉其親，旨甘脩瀡，孝養克備。親疾，躬省藥餌，憂形于色；親殁，衰絰斂殯，遵古喪制；兄亡，撫諸姪盡恩義，教∟之讀書，皆克樹立。君綜理家務，一髮不以自私。建祠堂以奉神主，割私田以供祭祀，敷教于家，遠近學徒恒百餘人。君∟懇懇爲陳經義，大抵祖述劉公之訓爲多。學者寒飢，或不能存，又從而賑給之。繪孔子像，旦望帥里人祠之，蓋欲一鄉∟興起爲善之心焉。與朋友期，風雨寒暑未嘗後至。爲文渾厚質實，不尚華靡。一時翕然推重。初，用薦者授涿州學正，再∟調宣德府教授，皆漠如也。翰林學士承旨郭公貫、國子祭酒崔公詠、燕南廉訪使趙公晸以君才可教胄子〔四〕，俱嘗∟薦名于朝，不報。至元元年乙亥八月二日卒。君世涿州房山人。曾大考金尚醫某，祖考貞祐三年進士、伏翼縣丞景∟山，考處士君德全。母康氏。娶焦氏，早卒，繼趙氏。子男：叔讓，提領金玉府採石山場；季常，司石局庫；次即彝也，由翰林∟國史院編修官遷從仕郎、保定容城縣尹〔五〕。女適焦仲平、張世傑、趙大本、劉。孫男昭、勗、溥、臨、履、晋、隨、豐、豫〔六〕。孫女適王彦、∟張欽、焦子謙、劉清、焦椿，餘尚幼〔七〕。君享年七十有四，葬抱玉里栗原先兆〔八〕。贈從仕郎、大都路房山縣尹，焦氏、趙氏俱封宜∟人〔九〕。昔者劉公以高節絶學師表當世，海内之士聞而興者，豈無其人？矧親承其學，踵其高尚，若君者歟！宜有銘以表諸∟墓。銘曰：∟

幽燕山川鬱奇崛，士氣感慨多奮烈。偉哉容城古豪傑，作訓其徒勵名節。若冠有緌玉有玦，百世考德載貞碣。

至正七年歲次丁亥十月吉日建。御衣局提舉許仁、梅正、蒲欽同刻。」

校勘記

〔一〕調官□樂　原碑「官」後殘一字，《滋溪文稿》卷一九《處士賈君墓表》作「新」。

〔二〕後將無□鏡孜　原碑「無」後殘一字，《滋溪文稿》卷一九《處士賈君墓表》作「以」。

〔三〕偕其□往從焉　原碑「其」後殘一字，《滋溪文稿》卷一九《處士賈君墓表》作「兄」。

〔四〕燕南廉訪使趙公晸以君才可教冑子　「趙公晸」，《滋溪文稿》卷一九《處士賈君墓表》作「趙公晟」。

〔五〕由翰林國史院編修官遷從仕郎保定容城縣尹　《滋溪文稿》卷一九《處士賈君墓表》作「今翰林國史館編修官」。

〔六〕孫男昭勗溥臨履晉隨豐豫　《滋溪文稿》卷一九《處士賈君墓表》無孫男名字，僅作「某」。

〔七〕孫女適王彥張欽焦子謙劉清焦椿餘尚幼　《滋溪文稿》卷一九《處士賈君墓表》無此文字。

〔八〕葬抱玉里栗原先兆　「抱玉里」，《滋溪文稿》卷一九《處士賈君墓表》作「抱玉鄉」。

〔九〕贈從仕郎大都路房山縣尹焦氏趙氏俱封宜人　《滋溪文稿》卷一九《處士賈君墓表》無此文字。

一〇四　同知都漕運司事趙公（温）去思碑　至正八年

《同知都漕運司事趙公（温）去思碑》，至正八年（一三四八）正月立石。現存北京市通州區文化委員會院内。碑青石質，圭額，螭首，下部斷裂，有殘闕。碑殘高二一〇釐米，寬九〇釐米，厚三〇釐米。碑陽額題篆書「同知都漕運司事趙公去思碑」三行一二字。碑陽正文楷書，二二行，滿行字數不明。碑陰楷書，二五行，滿行字數不明。武元亨撰，王鈞篆額，張允恭書丹，郭聚、郭資刊石。

《北京元代史迹圖志》（北京燕山出版社，二〇〇九年）、《新日下訪碑録·大興卷、通州卷、順義卷》（北京燕山出版社，二〇一六年）著録。今據北京考古遺址博物館（金中都水關遺址）藏拓片録文。

碑陽記趙温生平以及任職同知都漕運司事時之事迹。碑陰爲立碑者題名。

同知都漕運司事趙公（温）去思碑（至正八年）碑體照片

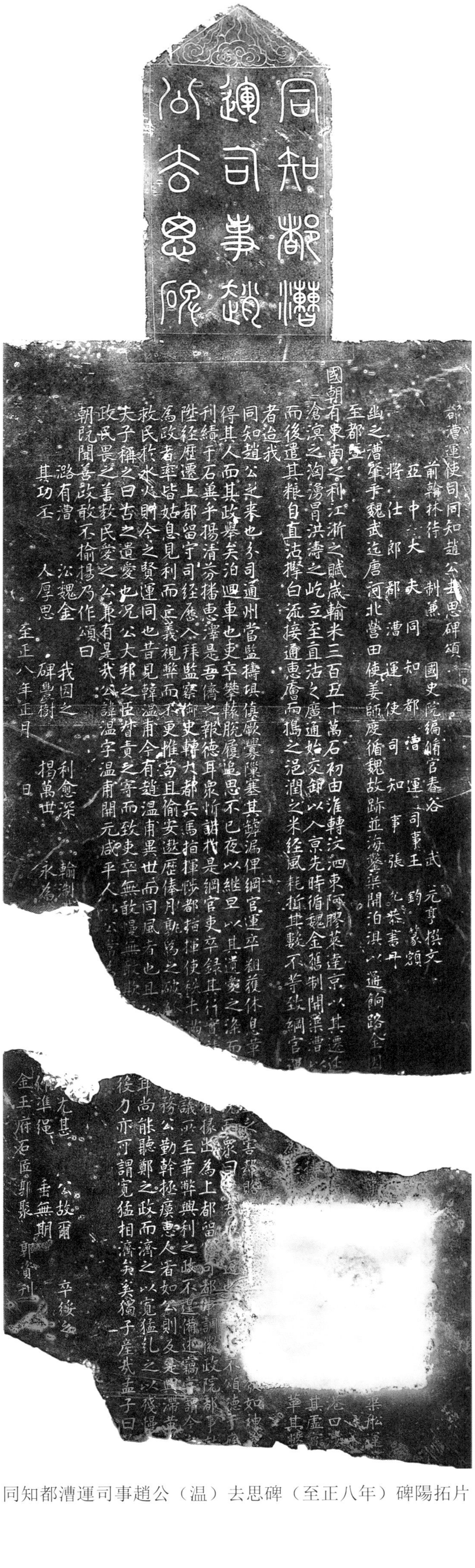

同知都漕運司事趙公（温）去思碑（至正八年）碑陽拓片

同知都漕運司事趙公（温）去思碑（至正八年）碑陰拓片

碑陽

同知都漕ㄴ運司事趙ㄴ公去思碑（額）ㄴ

都漕運使司同知趙公去思碑頌ㄴ

前翰林待制兼國史院編脩官春谷武元亨撰文。ㄴ

亞中大夫、同知都漕運司事王鈞篆額。ㄴ

將仕郎、都漕運使司知事張允恭書丹。ㄴ

幽之漕肇乎魏武，迄唐，河北營田使姜師度循魏故跡並海鑿渠，開泊淯以通餉路。金因□事□渠舩運ㄴ至都，暨ㄴ國朝有東南之利，江浙之賦歲輸米三百五十萬石，初由淮轉汶、泗、東阿、膠萊達京，以其遷延□港口，涉ㄴ滄溟之洶湧，冒洪濤之屹立，至直沽之廣通，始交卸以入京。先時循魏金舊制，開渠漕以□擣□其虛實，ㄴ而後遣其粮自直沽撑白流接通惠，膺而搗之。浥潤之米經風耗折，其數不等，致綱官運□爲忠□革其弊ㄴ者。迨我ㄴ同知趙公之來也，分司通州，當監擣填，偵厥釁隙，塞其罅漏，俾綱官運卒粗獲休息，革□之害，却賂□之□發如神，□ㄴ得其人，而其政舉矣。洎迴車也，吏卒攀轅脱履，追思不已，夜以繼旦，以其遺愛之深而□，既而衆曰「□君□□返也。□□□不頌德于庭，ㄴ刊績于石，冀乎揚清芬，播惠澤，是吾儕之報德耳。」衆忻諾。於是綱官吏卒録其行實，請□省掾，出爲上都留守司都事，調徽政院都事□ㄴ陞經歷，遷上都留守司經歷，入拜監察御史，轉大都兵馬指揮，陟都指揮使，秩未滿，□議。所至革弊興利之政，不遑備述。竊嘗謂今之ㄴ爲政者率皆姑息，見利而亡義，視弊而不更，惟苟且偷安，遨歷俸月，孰爲之破觚□務公勤幹，拯瘼惠人者如公，則及是興滯革□，ㄴ救民於水火，則今之賢運同也。昔見韓温甫，今有趙温甫，異世而同風者也。且公□耳。尚能聽鄭之政而濟之以寬猛，糺之以殘慢□ㄴ夫子稱之曰「古之遺愛也」。况公大邦之臣，督責之寄，而致吏卒無敢慢、無敢欺，□役力，亦可謂寬猛相濟矣。奚獨子産哉！孟子曰「□ㄴ政，民畏之；善教，民愛之」。公兼有是哉！公諱温，字温甫，開元咸平人，以公常爲□ㄴ朝既聞善政，敢不揄揚，乃作頌曰：ㄴ

潞有漕，沿魏金。我因之，利愈深。輸潲□，□□□。□尤甚，公故爾。卒綏之，□□□。∟其功丕，人厚思。碑豐樹，揭萬世。永爲諭，□□□。作準繩，垂無期。∟

至正八年正月日，金玉府石匠郭聚、郭資刊。∟

碑陰

一

亞中大夫、都漕運使司同知王。∟朝散大夫、都漕運使司副使納納失里。∟承德郎、都漕運使司判官忽都怙木兒。∟奉議大夫、都漕運使司判官董。∟將仕郎、都漕運使司知事張。∟將仕郎、都漕運使司照磨吴。∟

二

本司令史：趙文傑　張儼　□寶　∟楊德明　徐文拯　趙□　∟知印：七世　∟奏差：張山　薛元欽　李思美　李□　∟奏差：馬遠　劉榮立石　∟典吏：盧鎔　陳榮祖∟

三

武强綱權綱官黑斯　霸州綱頭目楊祥　憲州綱□　∟安陽綱官申元　汝寧綱頭目王順　衛輝綱□　∟開封綱官劉禎　濟源綱官張執中　滏陽綱□　∟修武綱官王得興　淇川綱官榮顯祖　膠西綱□　∟白馬綱官亦不剌今　沂莒綱官成居敬　蒲臺綱□　∟儀封綱官賀閏　濬州綱官榮恒　∟南宫綱官彭仲仁　河内綱官任用　∟鹽山綱官王從　東昌綱官孫德山　∟東明綱官時來　滎陽綱官王仲祖　∟獲嘉綱官馬□　武安綱官王德明　∟鄒平綱官李□　膠水綱官宋文政　∟德州綱官韓成　中牟綱頭目畢明德　∟□州綱官王得成　曹□綱頭目吴得海∟

四

大王成　崔得成　∟劉閏　劉仲温　∟賈興　王德興　∟張山　小王成　∟□□程　曹得成　馬元　∟□□前　王聚　馬驥　∟張得林孫成　∟王中　王成　∟段得成　侯得玉　∟郝敬　杜成　∟李德成　∟郭成　路得成　趙得　∟孫顯　段義　邢得玉∟

一〇五　特賜宣授洞奧興福開山祖師講主迴光信公靈塔銘　至正八年

《特賜宣授洞奧興福開山祖師講主迴光信公靈塔銘》，至正八年（一三四八）四月刻。原塔一九八三年六月出土於北京市順義區南彩鎮北彩村，現藏於順義區文物管理所。塔爲八直角棱幢式，漢白玉石質。僅存幢身。幢身高一二二釐米，直徑二二釐米，大棱寬一六釐米，小棱寬一二釐米。幢身上邊框刻纏枝蓮花紋，下邊框刻纏枝卷草紋。拓片爲幢身八面圍拓，高一二〇釐米，寬一三二釐米。第一面爲塔題，滿行十字，楷書，下鐫門、香爐和須彌座。第二面鐫《佛説觀自在菩薩施甘露咒真言》和《滿願真言》。三行，滿行三五字，楷書。第三至七面爲銘文，第八面爲題名和年款，共二四行，滿行三五字，楷書。智涪撰并書丹。

《新中國出土墓誌·北京（壹）》（文物出版社，二〇〇三年）、《北京元代史迹圖志》（北京燕山出版社，二〇〇九年）、《北京石刻藝術博物館藏石刻拓片編目提要》（學苑出版社，二〇一四年）、《新日下訪碑録·大興卷、通州卷、順義卷》（北京燕山出版社，二〇一六年）著録。今據北京考古遺址博物館（金中都水關遺址）藏拓片録文。

塔銘記元代大廣濟寺開山祖師迴光和尚之生平事迹。

特賜宣授洞奧興福開山祖師講主迴光信公靈塔銘（至正八年）實景照片

特賜宣授洞奥興福開山祖師講主迴光信公靈塔銘（至正八年）銘文拓片

第一面

特賜宣授洞奥興福開山ㄴ祖師講主迴光信公靈塔ㄴ

第二面

《佛説觀自在菩薩施甘露咒真言》曰：ㄴ曩謨囉怛娜，怛羅夜野。曩莫阿哩也，嚩魯枳帝，濕嚩羅野。冒地薩怛嚩野，摩賀薩怛嚩野，摩ㄴ賀迦嚕抳迦野，怛你也。他唵，度顐，度顐，迦度顐，娑嚩賀。《滿願真言》曰：唵阿盧迦薩嚩賀。ㄴ

第三—七面

旹大元宣授洞奥興福大師講三學傳戒沙門大廣濟寺開山祖師迴光之靈塔銘ㄴ

□圓通通辯大師、保定路易州在城大興□寺住持、講三學沙門翠□智涪譔并書丹□□。ㄴ

蓋聞天列星辰而著象，地生萬物而滋榮。三教化道，惟異契真未□□也。古聖人尚然，如□ㄴ後代門徒軒新拈出。故我祖師信公者，乃順州温陽郡河瀕鄉奉伯村藺温之子也。母曰楊ㄴ氏。生而聰敏，容皃秀麗。始於齠齔之歲，不與童戲，語出超羣。父母觀瞻似寶，六親視之如珠。ㄴ耆艾喟然嗟之，嘆曰：「俗業無緣，空門有分。」隨迺禮到通州淨安寺開山住持傳法祖師萬松ㄴ和尚爲師，落髮披緇，訓諱從信。每日侍内洒掃，朝暮習誦經文。弱冠，三教盡窮通，授具。羣書ㄴ皆備覽。遍講肆參倣明師。道業成，隆安嗣法，開演奥指，雅尚性宗之造；闡揚論文，優通治要ㄴ之精。度徒具於萬指，飯僧素億百千。霧靈修道，開人天之正路。隆安葺閣，湧珍寶，神鬼通語ㄴ五臺。手内焚香，纖毫無損。所住名藍遍刹，傾心僧俗求戒於當時。道風遠布于ㄴ元國。睿知□□，特賜法號曰「宣授洞奥興福大師」，道號迴光。金字戒本，錦襴法衣。自爾戒光ㄴ不墜，持□□□師力也。□□□□七，僧臘不惑餘。迄于至元二十三年九月中，示其微疾，ㄴ辭衆曰：「吾□□□風燭難停，幻化色身，豈能久矣。」言訖，命□謝。尒時徒衆香華祭旛列四衢，ㄴ舁棺舉函盈滿路，荼毗氤氲流舍利，瑞綵飄飖布煙霞。門徒分骨于六處，時常放光于圖ㄴ側。示迹頗多，塵□舌弗□。爰有法孫祥瑞巖受衣在意前座下勤策，向廣濟寺内，佛像殿堂ㄴ悉摧殘，繪綵粧鑾皆完備。師既德厚，不可不彰。□非玉珉，高行泯匿。立石摽題，今古流芳。□ㄴ余無折中之才，有慚愽達之恥。恭命難違，故以陋詞而云

乎哉。∟

聖人治世，教殊同源。洞奥仁師，特賜錦襴。隆安葺閣，監壇助緣。淨安廣濟，∟凡事周圓。霧靈墀路，大道通焉。手内焚香，志在臺山。度徒萬指，火裏生蓮。∟六旬有七，辭衆涅槃。六處建塔，舍利光鮮。唯有法身，寂寂玄玄。∟

第八面

特賜宣授普明淨慧大師、講經律論沙門、大都大崇國寺住持孤峰學吉祥。∟

特賜宣授圓通妙辯大師、講經沙門、通州大淨安寺住持煉霞明吉祥　法派提舉思福　提點思澄　副寺惟珍　惟通　惟道　尚在　惟果　惟定∟

大都路順州河瀕鄉北采大廣濟寺住持、講經沙門瑞巖祥吉祥　法派提點惟裕　惟榮　寺主惟詮　外庫惟聰　惟洪　惟元　前寺主福倆∟

至正八年歲次戊子丁巳月乙酉日，法孫瑞巖、王綱同立石。石匠張仲仁鎸。∟

一〇六　元故楊生（弘善）墓表　至正九年

《元故楊生（弘善）墓表》，至正九年（一三四九）三月立。出土於北京市房山區南尚樂惠南花村。中國國家圖書館藏拓片高一三六釐米，寬九二釐米。碑額横題篆書「元故楊生墓表」六字。墓表正文楷書，一八行，滿行三一字。賈彝述，王惟麟書，賈誠篆額，楊振立石，楊擇刊石。

清繆荃孫《藝風堂金石文字目》、清黄立猷《石刻名彙》、陳亞洲《房山墓誌》（北京市房山區文物管理所，二〇〇六年）、楊亦武《房山碑刻通志》卷一（社會科學文獻出版社，二〇一八年）均有著録。今據中國國家圖書館提供拓片（北京四二五六）録文。

墓表記楊弘善生平事迹。

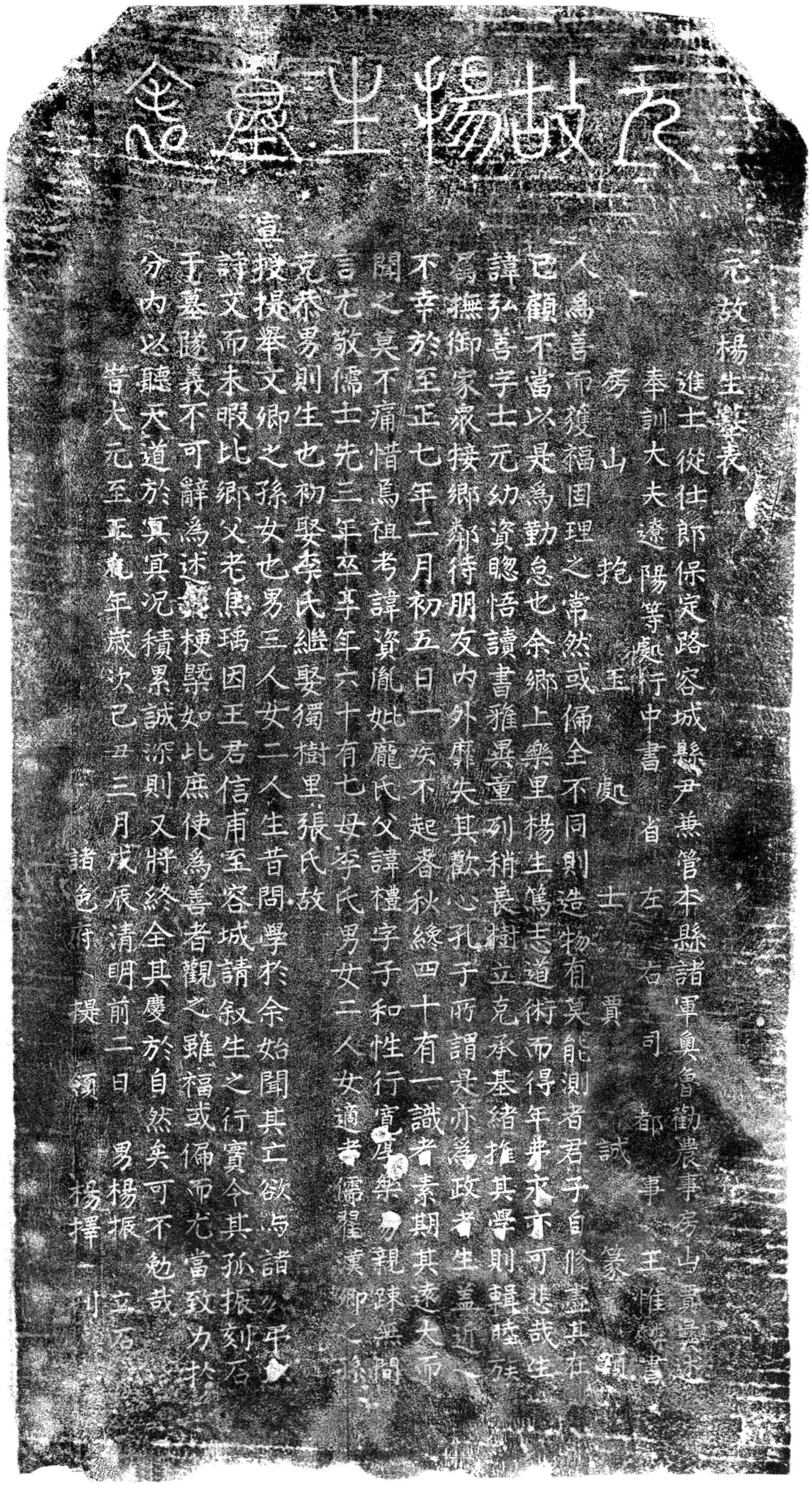

元故楊生（弘善）墓表（至正九年）碑文拓片

元故楊生墓表（額）∟

元故楊生墓表∟

進士、從仕郎、保定路容城縣尹兼管本縣諸軍奥魯勸農事房山賈彝述。∟

奉訓大夫、遼陽等處行中書省左右司都事王惟麟書。∟

房山抱玉處士賈誠篆額。∟

人爲善而獲福，固理之常，然或偏全不同，則造物有莫能測者。君子自修，盡其在∟己，顧不當以是爲勤怠也。余鄉上樂里楊生，篤志道術而得年弗永，亦可悲哉！生∟諱弘善，字士元，幼資聰悟，讀書雅異童列。稍長樹立，克承基緒，推其學則輯睦族∟屬，撫御家衆，接鄉鄰，待朋友，内外靡失其歡心。孔子所謂是亦爲政者，生蓋近之。∟不幸於至正七年二月初五日一疾不起，春秋纔四十有一。識者素期其遠大，而∟聞之莫不痛惜焉。祖考諱資胤，妣龐氏。父諱禮，字子和，性行寬厚樂易，親疎無間∟言，尤敬儒士。先三年卒，享年六十有七。母李氏。男、女二人。女適耆儒翟漢卿之孫∟克恭。男則生也。初娶李氏，繼娶獨樹里張氏，故∟宣授提舉文卿之孫女也。男三人，女二人。生昔問學於余，始聞其亡，欲與諸公弔以∟詩文而未暇。比鄉父老焦瑀因王君信甫至容城，請敍生之行實，令其孤振刻石∟于墓隧。義不可辭，爲述□梗概。如此，庶使爲善者觀之，雖福或偏，而尤當致力於∟分内，以聽天道於冥冥。況積累誠深，則又將終全其慶於自然矣。可不勉哉！∟

旹大元至正九年歲次己丑三月戊辰清明前二日，男楊振立石。∟諸色府提領楊擇刊。∟

一〇七　重修廟學碑記　至正九年

《重修廟學碑記》，至正九年（一三四九）閏七月立。現存北京市順義博物館。碑青石質，螭首。碑通高二七二釐米，寬九二釐米，厚二七釐米。碑陽楷書，一八行，滿行三七字。碑陰楷書，一九行，行字不等。碑漫漶較爲嚴重。

《北京元代史迹圖志》（北京燕山出版社，二〇〇九年）、《新日下訪碑録·大興卷、通州卷、順義卷》（北京燕山出版社，二〇一六年）著録。今據北京考古遺址博物館（金中都水關遺址）藏照片、拓片録文。

碑陽記至正時重修廟學始末。碑陰爲重修廟學之官吏、廟學生員、地方人士及工匠題名。

重修廟學碑記（至正九年）碑體照片

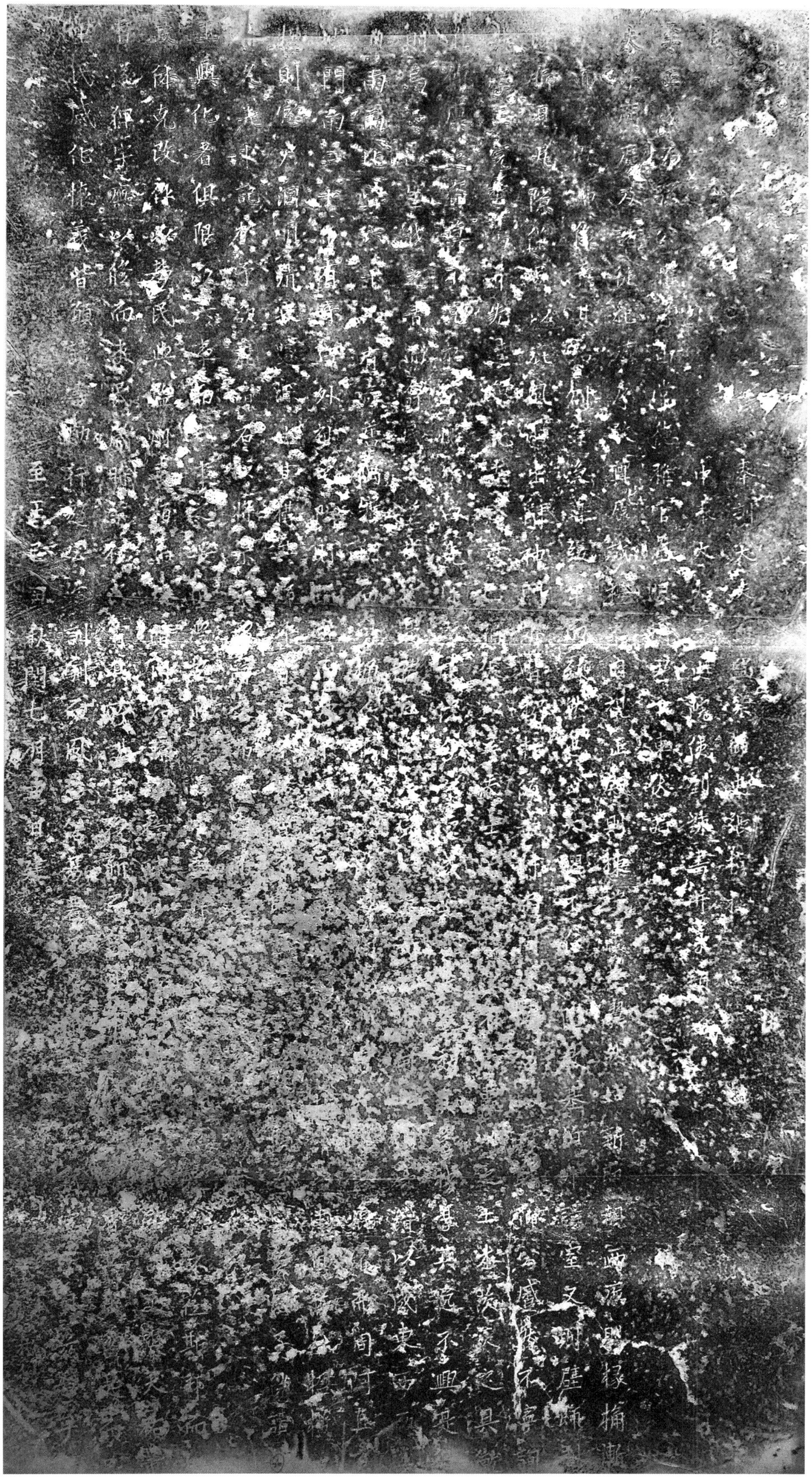

重修廟學碑記（至正九年）碑陽拓片

重修廟學碑記（至正九年）碑陰拓片

碑陽

奉訓大夫、監察御史張楨撰。乚

中奉大夫、太史院使劉琡書并篆額。乚

至正戊辰，孫公惟孝由常德推官爲順州尹，下車伏謁乚夫子廟庭，及諸徒祀庠序致奠，展誠□衆，因覩正殿則棟宇□□，翼然如新。即覩兩廡，則椽桷漸乚大而美。欽□□露其□創□急薄□□而致然也。□大懼不□□□故基□□□室，又則壁飾□乚明，仰見瓦隙□□以庇風雨，出辭神門，□皆□□傾□□□□□□□□□公蹙然不寧，詢乚太學正完哲篤□先達魯花赤□童已□依以□夫士□□□□□□之土木，□□之具就乚直餼廩之資莫不充裕，□□然曰：先□□□□□□□□□□□□□□□我享其逸，不興是□，乚則烏之□豈我之責，而翕民□□哉！豈是□□□□□□□□□□□□□□□以成東西兩□乚□南□比皆六十□有奇，唐□□刻石□桷□□□□□□□□□□□□□□□而周□直□乚□門南二十□有奇，□外神之門則□□□□□□□□□□□□□□□□□□□楹横□乚楹則窗户洞明，清寂邃深也。其構也□□□□□□□□□□□□□□□□□□□□□子□讀□乚□久走求記於予，欲□諸石，以將示永也。□□弗□乚玉興化者俱限以六事，而六事之要□學也。□□□□而□□□□□□□不莅斯邦而□乚政體克改作以勞民，與監州事柏□□□□□□□禱□□□□□□□□□□□□□天祐□乚督。遂俾宇廡以修，而□民歲時□□□□其□□□□所之□□新之□□□□□□□□□乚聖民感化懷義，皆願讀書勵行，□□遺訓，刻石風□□易，農□□□□□□宣□□兹□乎？乚

至正己丑秋閏七月吉日建。□彬刊。乚

碑陰

官吏：乚奉訓大夫、大都路順州達魯花赤兼管本州諸軍奥魯勸農事喜柏篤珠　乚奉議大夫、大都路順州知州兼管本州諸軍奥魯勸農事孫惟孝　乚忠翊校尉、大都路同知順州事孫約　乚承事郎、大都路同知順州事禱珠砂　乚敦武校尉、大都路順州判官許讓　乚吏目李適　三清

觀住持法師李天陽∟儒學正完哲篤　蒙古字學正宋弘道　▯務提領伯▯惟▯攢司□彬∟司吏：趙義　邢居仁　王思政　魏忠　杜桂　周德良　▯　韓□□∟貼書：徐敬祖　張恭　婁敬祖　馬思　解仲禮　鄭琰　▯∟坊市士庶：敦武校尉、左八作司提舉郭慶壽□□□前▯照磨咬住　王明∟大都路左警巡院儒學教諭蕭克恭　▯　張慎　羅昭　李傑∟房正禮　李國用　蘆仲仁　王欽　賈德興▯義　王德成　乃顔普∟王瑶　夏英　石郁　郝珍　洛子□　王超□　▯　韓□　▯國寶　張伯□∟廟學生員：坊市高舍兒邢家灘李德　向陽張□友　劉家莊□□山　▯　孫□都赤∟沙浮裏楊□家兒　城子王車兒　義□楊守禮　▯∟坊市社長：李俊　宋德裕　▯　楊守道　□居□　▯　□德壽　▯∟監造：司吏張天祐　首領房成　王德成　梁□　▯　彭▯∟木匠蔣伯達　李成　塈匠張仲仁　□得湘　鐵匠韓長□　石匠王義∟

一〇八　保安觀殿宇碑　至正九年

《保安觀殿宇碑》，至正九年（一三四九）八月立。現存北京市房山區南尚樂石窩交莊。中國國家圖書館藏拓片額高四七釐米，寬二八釐米，碑身高一五八釐米，寬七八釐米。額題篆書「保安觀殿宇碑」，二行六字。碑身文字楷書，二四行，滿行四九字。蒲良書，王彦禮篆，吕新等刊。

今據中國國家圖書館提供拓片（北京三九四九）録文。

碑記至正時保安觀重修殿宇之始末。

保安觀殿宇碑（至正九年）碑文拓片

録文

保安觀ㄴ殿宇碑（額）ㄴ

保安觀重修殿宇記ㄴ

提舉右八作司吏目蒲良書。ㄴ

進士、從仕郎、保定路雄州容城縣知縣兼管本縣諸軍奥魯勸農事□ㄴ

承務郎、□事官經歷王彥禮篆。ㄴ

□□□□□下其深邃□□自老年立志□□□□□□□□傳誦而不絶，世無□□□□而皆能知其□□□□□其大□□□ㄴ□□□□存所弗爲。切及是曰：世述□惑□哉！車□□□□保安觀肇基。歲月久□可致由□□大師□□□□有自守定□德ㄴ□□□立德凡繼承慈□各竭其力之所及，以□故宇□□□□風雨。今住持張道從慨然以興□□□位□心□躬稼穡，日積不ㄴ□，□□整飭。於是右八作司吏目蒲良□皆州南嘉□□□義捐俸以董其役。君鄉里名族，ㄴ□師素治與情而道能若是，□□同志□事□志不圜□□□焉。欲致无木諸材咸豐善，而無□□一切需用，既待其備匠良工，故ㄴ各售所長，乃刱□□玄元□□，更立聖像宏敞成重□□丹留，翬飛鳥革。曾不數月，煥然一新。過而見者嘆其勤，聞而議者服其ㄴ能，非禮於柱史之傳，而欲爲遊教之志。□時可得也。落成未□ㄴ□□極舉詩仁□訪余於金陵，爲請□□□末，義不□辭，因告之曰：□□天下之事爲無難，顧人之立志闕如耳。故業儒而不立志，ㄴ則格物不經於□□誠□不至於□□義師臨□不立志，則必聾於五聲八音，學必輸而不立志，則必聾於準繩規矩。□不立志，ㄴ則發□□。□不立志，則文章□。甚則家無立志之主，則必覆其宗族。國無立志之君，則必墜其□□。道從遊方之外者也，反能有ㄴ志所守而功光前人，切可爲世教之□勸，非但矜式其徒而已。矧贊義者亦本乎天理之良心，推□以往遵詩禮之範，服仁讓之化，相觀ㄴ□責而各知致其身，使人人父子親、長幼序、夫婦別、朋友信，供賦税給公上，而率士之分益以明。則所以崇道德而勵風俗者，又ㄴ將自我而得之矣。老子曰：以身觀身，以家觀家，以鄉觀鄉，以國觀國，以天下觀天下。孔子曰：見賢思齊焉，見不賢而内自訟者也。ㄴ敢敬誦之，以俟趨向之甯□可有命哉，可不勉哉！銘曰：ㄴ

□□□□，□□□□。□百□□，□□□□。故予傾欹，像儀卑損。有徒道從，目瞻心憫。ㄴ□□□□，□□□□。□□□□，

□□□□。瓦木既儲，時需且備。載□公輸，郡□□□。└□□□□，□□不二。□□□□，□禪□□。□□自强，聞見同與。克守初□，

乃□□□。└□□或惰，來惜□□。世教□□，宜世□林。□慚之石，爰磙爰礪。大朝□詩，永徵我類。└

至正九年八月六日，弘教□和通順大師住持張道從立石。└石匠吕新、吕節刊。└

一〇九　大元重脩崇國寺碑　至正十一年

《大元重脩崇國寺碑》，至正十一年（一三五一）四月立石。現存北京市西城區護國寺街。中國國家圖書館藏拓片高二〇二釐米，寬九〇釐米，額高四〇釐米，寬二六釐米。碑陽額題篆書「大元重脩崇國寺碑」二行八字。碑身正文楷書，三二行，滿行七〇字。雪澗法禎撰，葛禋書丹，許居直篆額，法主智宮等立石。碑陰額題楷書「祖師隆安傳嗣之圖」二行八字。碑身正文楷書。集賢直學士潘迪題額。

明劉侗、于奕正《帝京景物略》，清于敏中《日下舊聞考》，清孫星衍《京畿金石考》，清繆荃孫《藝風堂金石文字目》等皆有著録。今據中國國家圖書館提供拓片（北京三四一）録文。

碑陽記元代重修崇國寺之始末，碑陰記隆安傳嗣之法脈圖。

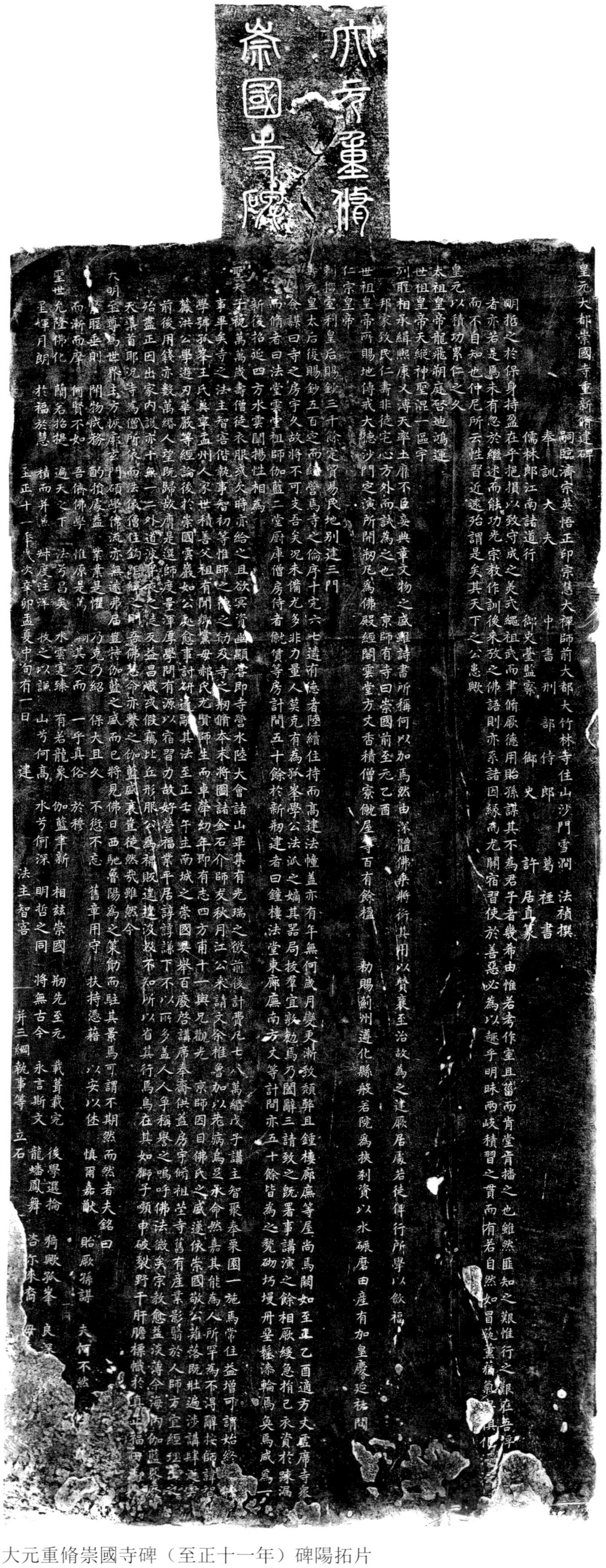

大元重脩崇國寺碑（至正十一年）碑陽拓片

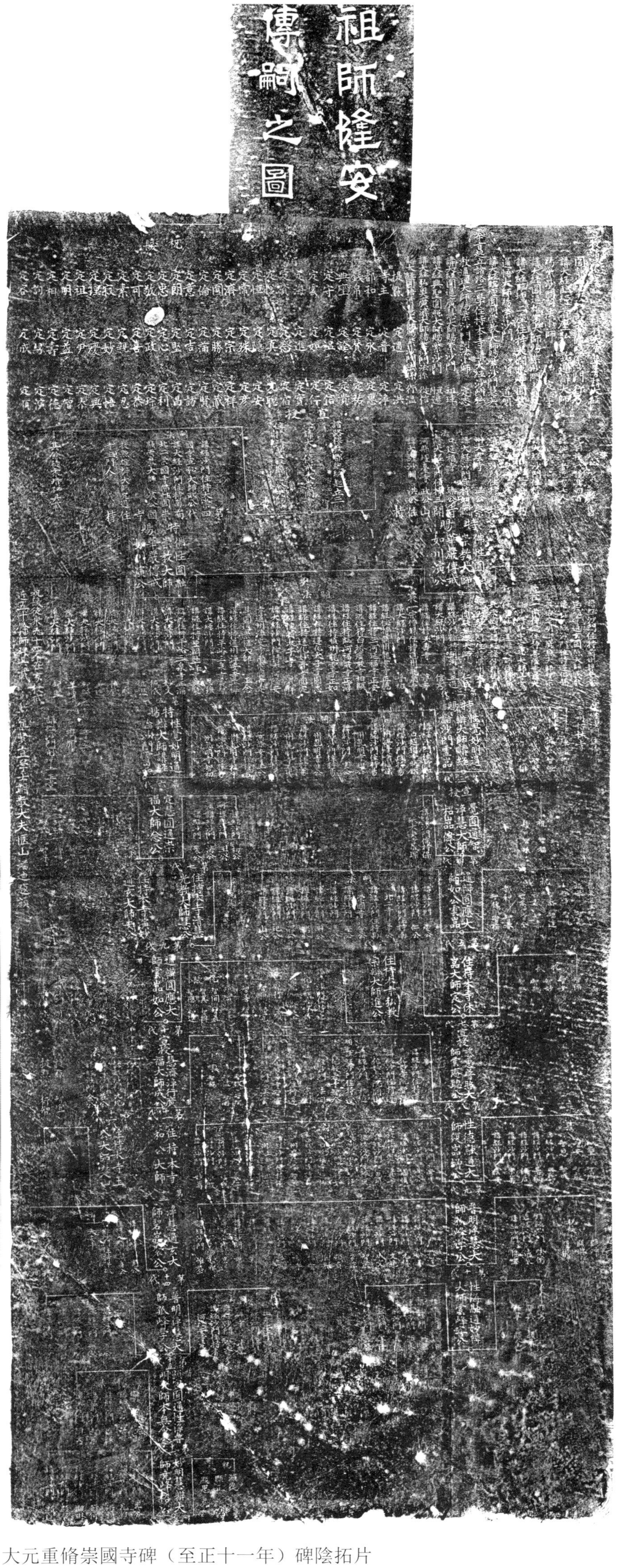

大元重脩崇國寺碑（至正十一年）碑陰拓片

録文

碑陽

大元重脩⌞崇國寺碑（額）⌞

皇元大都崇國寺重新脩建碑⌞

嗣臨濟宗英悟正印宗慧大禪師、前大都大竹林寺住山沙門雪澗法禎撰。⌞

奉訓大夫、中書刑部侍郎葛禋書。⌞

儒林郎、江南諸道行御史臺監察御史許居直篆。⌞

明哲之於保身，持盈在乎挹損，以致守成之美，式繩祖武，而聿脩厥德，用貽孫謀。其不爲君子者幾希由。惟若考作室且菑而肯堂肯播之也。雖然，匪知之艱，惟行之艱。在吾浮□□□⌞者亦若是焉。未有忽於繼述而能功光宗教、作訓後來。攷之佛語，則亦系諸因緣而尤關宿習。使於善惡必爲以趣乎明昧兩岐積習之貫，而有若自然。如冒蓻薰蕕，氣與俱化，浸浸焉⌞而不自知也。仲尼所云「性習近遠」殆謂是矣。其天下之公患歟。⌞皇元以積功累仁之久。⌞太祖皇帝龍飛朔庭，啓迪鴻運。⌞世祖皇帝天縱神聖，混一區宇。⌞列聖相承，緝熙康乂，溥天率土靡不臣妾，典章文物之盛，雖《詩》《書》所稱，何以加焉！然由深體佛乘，將衍其用以贊襄至治，故爲之建厥居處，若徒俾行所學以斂福，⌞邦家致民仁壽，非徒宅心方外而試爲之也。京師有寺曰崇國，前至元乙酉，⌞世祖皇帝所賜地，傳戒大德沙門定演所開刱。凡爲佛殿、經閣、雲堂、方丈、香積、僧寮、僦屋等百有餘楹。勑賜薊州遵化縣般若院爲挾剎，資以水碾磨、田産有加。皇慶、延祐間，⌞仁宗皇帝⌞剌拶室利皇后賜鈔三千餘定，貿易民地，别建三門，⌞壽元皇太后復賜鈔五百定而經營焉。寺之倫序十完六七，遴有德者陸續住持，而高建法幢，蓋亦有年。無何，歲月變更，漸致頹弊，且鍾樓廊廡等屋尚焉闕如。至正乙酉，適方丈虚席，寺衆⌞僉謀曰：「寺之房宇久故，將不可支吾矣。況未備尤多，非力量人，莫克有爲。孤峰學公，法派之嫡，其器局拔羣，宜敦勉焉。」乃闔辭三請致之。既署事，講演之餘，相厥緩急，捐己衣資於疎漏⌞而脩者，曰法堂、雲堂、祖師伽藍二堂、廚庫、僧房、侍者僦賃等房，計間五十餘。於新刱建者曰鐘樓、法堂東廊廡、南方丈等，計間亦五十餘。皆爲之甃砌圬墁。丹堊髹漆，輪焉奐焉，咸爲一⌞新。復招延四方水雲，闡揚性相，爲⌞聖天子祝萬萬歲壽。僧徒衣服，或欠時，亦給之。且欲冥資幽顯，嘗即寺營水陸大會，諸山畢集，有光瑞之徵，前後計費凡七八萬緡。戊子，講主智聚奉栗園一施焉。常住益增，可謂始終□能∟事畢矣。寺之法主智宮偕執事智初等，惟師之德之勛及寺之剏脩本末將圖諸金石，介師友秋月江公來請文。余椎魯加以老病，烏足承命？然嘉其能爲人所罕爲，不得辭。按師諱智∟學，號孤峰，王氏，冀寧盂州人。家世積善，父祖有聞鄉黨。母郝氏尤賢。師生而卓犖，幼年即有志四方。甫十一與兄觀光京師，因目佛氏之盛，遂依崇國敬公薙落。既壯，遍涉講肆，從雲∟麓洪公學，遊刃華嚴等經論。後於崇國雲巖如公處愈事討研，遂嗣其法。至正壬午，主南城之崇國，興舉百廢，啓講席，奉齋供，葺房宇，脩祖塋。寺舊有産業影翳於人，師方宜經理出之，∟前後用錢亦數萬緡。人望既歸，故膺是選。師度量渾厚，學問有源，以宿習力故，好營福業。平居諄諄謙下，不以所多，蓋人人爭稱譽之。嗚呼！佛法微矣。宗教愈益淡薄，今海内伽藍隳廢∟殆盡，正因出家内護亦十無一二，外道波卑衣之徒反益昌熾，或假竊比丘形服，公爲裨販，遑遑汲汲，不知所以省其行焉。烏在其如獅子嚬申，破裂野干肝膽，標幟於真正福田焉。□∟天導首耶！況寺爲僧所依，而法依僧住，鉤距繹之，則吾佛慧命，亦繫之伽藍盛衰。豈徒然哉！雖然，今∟大明至尊爲世界主，方恢廓玄門，碩學偉流，亦無遠弗屆，豈特伽藍之盛而已。將見佛日西馳，魯陽爲之策勛，而駐其景焉，可謂不期然而然者夫。銘曰：∟

緊聖垂則，開物成務。酌損處益，業業是懼。乃克乃紹。保大且久。不愆不忘，舊章用守。扶持憑藉，以安以休。慎爾嘉猷，貽厥孫謀。夫何不然，性□□□。∟而漸而摩，何賢不如。吾儕佛學，惟原是篤。翩其反而，一乎真俗。於穆∟聖世，允隆佛化。蘭若招提，遍天之下。法兮昌矣，水雲寔臻。有若龍象，伽藍聿新。相兹崇國，剏先至元。載葺載完，後學遥掄。猗歟孤峰，良深□□。□□□□，∟星輝月朗。於福於慧，積而并兼。叔度汪洋，牧之以謙。山兮何高，水兮何深。明哲之同，將無古今。永言斯文，龍蟠鳳舞。咨爾來裔，毋□□□。∟

至正十一季歲次辛卯孟夏中旬有一日建，法主智宮并三綱執事等立石。∟

碑陰

祖師隆安傳嗣之圖

宣授諸路總統□□□住持大寶集寺講大經
圓融□□□□大師賜紫沙門行秀
講大經臨壇首座弘教通辯大師
賜紫沙門嗣法小師定學
講大經圓通雄辯大師賜紫沙門□□
講大經臨壇二座住持大憫忠寺圓教
通悟大師賜紫沙門道明
講大經臨壇圓明崇教大師賜紫沙門慧英
奉旨起立諸路三學住持本寺講大經沙門弘
教通理大師賜紫沙門嗣法小師定志

法嗣

講大經圓通廣慧大師賜紫沙門祖璋
講大經興聖圓照大師賜紫沙門恒遷
講大經弘奥廣濟大師賜紫沙門法孫從信
講大經圓悟清慧大師賜紫沙門法孫行温

祝髮

提點定遇　定洪
寺主定普　定淨
都和定永　定惠
錢帛定贊　定祐
典座定詮　定貴
定守　定温　定信
定雲　定如　定行
定海　定進　定實
定資　定念　定宿
定悦　定真　定聰
定恒　定隱　定安
定常　定殊　定彦
定濟　定宗　定祥
定圓　定勝　定藏
定倫　定滿　定賢
定意　定吉　定訪
定朗　定堅　定昌
定忠　定心　定利
定敬　定政　定琮
定可　定喜　定恭
定素　定親　定忍
定寂　定妙　定悟
定理　定慶　定興
定祖　定尹　定泰
定明　定益　定智
定相　定壽　定德
定詢　定緣　定演
定容　定成　定順

勑建北崇國寺開山住持

□□□戒謹具四百
□□侍者□有七人

法嗣

講大經沙門住持□
□□□□□隆安寺
□□□安□□□公
講大經沙門住持順
州大雲寺温公
講大經沙門住持如
□延福寺臻公
講大經沙門住持三
河縣壇臺寺政公
講大經沙門洪公

宣授

諸路釋教都總統起立三
學講大經傳戒大崇國寺
住持清慧寂照志公大師

第四代南崇國寺住持

法嗣

講經沙門住持大崇
國寺宣秘大師政公
講大經沙門住持南
北二崇國寺佛性圓
融崇教大師演公
提點雄辯大師定遇
寺主門人茂昌
其餘徒衆墳碑具載

特賜

佛性圓融
崇教大師
華嚴傳戒
如川演公

特賜

佛性圓融
崇教大師
華嚴傳戒
如川演公

講經沙門住持薊州靜安寺
延福寺通玄圓照大師義敬
講大經沙門住持遵化縣
般若寺明辯廣照大師智宗
宣授一宗僧録住持菩薩寺講大
經沙門弘宇□□大師□玄
特賜□□妙明通辯大師住持南
北崇國寺譯經論沙門德寧
講大經沙門住持順州大雲
寺圓融無礙大師仁成
講經沙門住持朝河寺正遇
講大經沙門信秀
講經住持天壽寺淨壽
宣授一宗僧録住持通州龍泉寺
講大經沙門普祐
講經住持順州龍雲寺正德
講經住持三河延福寺正安
講經住持白塔廣嚴寺相顯
講經住持臨河福嚴寺正淳
講經住持順州龍雲寺正如
講經住持遵化太子寺圓惠
講經住持遵化妙覺寺圓定
講經住持太子寺義祥
講大經沙門住持香河隆安
寺通州淨安寺南崇國寺定
慧圓通崇福大師正念
講經住持通州淨安寺正偉
講經住持平峪三泉寺義智
講大經沙門思强
講經住持豐潤翠峰寺興聚
講經住持平峪三泉寺正滿
講大經沙門妙文
講大經沙門德成
講大經沙門祖忍
講大經沙門□□
講大經沙門□□
講大經沙門□□
講大經沙門智□
講大經沙門善□
講大經沙門智照
祝髮徒衆九十四人在家校戒
近五十餘師碑俱載

第二代

特賜

性覺妙明通
辯大師講經
論沙門雪嵓

祝髮

講經沙門住持
易州柏林寺
庫主智初
提點智燈
智賢
智辯
智□
智恩

法嗣

講經沙門住持如
□延福寺明欽
講經沙門住持易
州興慶寺福諒
講經沙門住持易
州乾明寺耀公
講經沙門雲公
講經沙門住持易
州乾明寺能公
講經沙門住持易
州乾明寺□公
講經沙門住持三
河隆安寺玉公
講經沙門住持易
州乾明寺福丁
講經沙門住持易
州乾明寺智初

第五代

特賜

性覺妙明通
辯大師講經
論沙門雪嵓

寺主智聰
維那□□
講經沙門前寺主玉堂

第三代

宣授

覺圓通智
淨慧大師
松嵓偉公

祝髮

智福
智殊

講經沙門住持保
砥大安寺成琛

第六代

定慧圓通崇
福大師念公

法嗣

講經沙門初公
講經沙門玉公
講經沙門清公
講經沙門裝公

祝髮

智□　□□
□□　智□
智□　智□
智□　智□
智識　智□
智□　智□
智□　智□

第四代

通辯圓應大
師如公雲嵓

祝髮

龍泉宗主智□
提舉智勉
智淨　智悦
智泰　智達
智□　智素
智本　智全
都和　智春
智住　智福

法嗣

講經沙門慶公
講經沙門仁公
講經沙門住持南
北二寺學公
講經沙門住持南
崇國寺會公
講經沙門堅公
講經沙門温公
講經沙門時公
講經沙門瑞公
講經沙門□公
講經沙門玘公
講經沙門山公

第七代

住持本寺清慧
光教大師慧公

祝髮

智興
智賢

第八代

住持本寺演妙
通玄大師安公

□成明
□

集賢直学士朝散大夫愜山潘迪題額

第五代 住持本寺休嵓大師定公
祝髮 智滿 智安 智妙 智聰 智□

第六代 住持本寺弘教宗辯大師進公
講經沙門住持遵化縣般若寺妙
祝髮 智□ 智土 智行 智碩 智順 智寬 智善 智□ 智富 智亮

第九代 通辯圓應大師雲嵓如公
祝髮 智開 智益 智真 智辯 智應 智進
法嗣 講經沙門住持□ □□寺□公 講經沙門□南 □□寺裕公 講經沙門□公 講經沙門□公 講經沙門□公

第七代 宣授慈惠普照大師雲庵聽公
法嗣 講經沙門住持遵化妙覺院智滿 講經沙門住持遵化妙覺院圓山 講經沙門□□ 講經沙門住持遵化般若寺智全 講經沙門法開 講經沙門宗□ 講經沙門住持遵化般若寺智□ 講經沙門法玄

第十代 宣授慧濟淨行廣福大師成公
祝髮 智□ 智開 智溫 智□ 智□
法嗣 講經沙門□□ 講經沙門元玘 講經沙門在公 講經沙門全公
提點智宜 提點行智

第八代 性德融通大師復嵓增公
祝髮 □聖 智□ 智安 智嚴 智恩 智成 講經沙門□□ 講經沙門慧敬 講經沙門德□ 講經沙門宗萬 講經沙門成安
講經沙門崇□ 講經沙門□公 講經沙門□順 宣授住持通州淨安寺講經沙門思明 講經沙門住持順州□悲寺智淨 講經沙門住持如□延福寺德仙 講經沙門住持□州□□寺智□ 講經沙門住持順州上□□北□寺祖□ 講經沙門惠□ 講經沙門義仁 講經沙門福成 講經沙門惟放 講經沙門妙萬

第十一代 住持本寺和公大師

第十二代 住持本寺玉公大師楚山
□經□□公 □□

第九代 普明淨慧大師孤峰學公
祝髮 顯冲 顯琳 顯彬 講經沙門法□ 講經沙門□□ 講經沙門□□
法嗣 講經沙門□遷 講經沙門如□ 講經沙門元禧 講經沙門文□ 講經沙門成文 講經沙門智嚴 講經沙門□諒 講經沙門顯貞 講經沙門惟□ 講經沙門福安 講經沙門福行 講經沙門□□ 講經沙門□□ 講經沙門雲□ 講經沙門福□ 講經沙門思通 講經沙門智祥 講經沙門惟□

第十三代 淨慧通玄大師碧嵓裝公
法嗣 講經沙門寬公 講經沙門真公 講經沙門住持保砥 大安寺智□ 講經沙門□□ 講經沙門□□ 講經沙門□興 講經沙門□□

第十代 性海融通妙辯大師雲峰宮公
顯秀 □□ 顯興 顯永 顯寧 顯全
講經沙門□□ 講經沙門□□ □講經沙門顯永 □講經沙門貞德 講經沙門善清 講經沙門正□

第十四代 普明淨慧大師孤峰學公
法嗣 講經沙門住持大山永安寺□□ 講經沙門住持寶峰寺法整 講經沙門□壽 講經沙門住持香河隆安寺定□
法嗣 講經沙門□□ 講經沙門□□ 講經沙門□□ 講經沙門□□ 講經沙門□□

第十五代 顯密圓通性淨普明大師本無會公
法嗣 講經沙門□□ 講經沙門智□ 講經沙門□□ 講經沙門□□ 講經沙門□秀

第十六代 妙明慧辯大師堯峰裕公
祝髮 顯從 顯止 顯思
法嗣 講經沙門至濟 講經沙門元招 講經沙門洪順 講經沙門行倚 講經沙門顯琳 講經沙門顯裝 講經沙門顯道

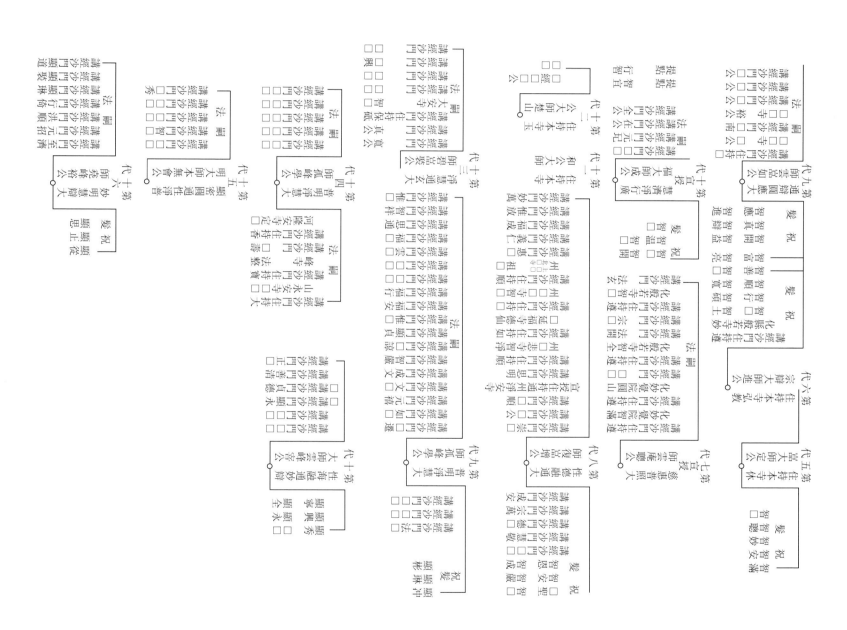

一一〇　至正十一年進士題名記　至正十一年

《至正十一年進士題名記》，至正十一年（一三五一）立石。現存北京市孔廟與國子監博物館。中國國家圖書館藏拓片高一三六釐米，寬七四釐米。碑文楷書，三二行，行字不等。國子監祭酒王思誠撰，國子監丞南正文燁篆額。

清孫星衍《寰宇訪碑録》、清繆荃孫《藝風堂金石文字目》、清吳式芬《金石彙目》、清周家楣等《（光緒）順天府志》皆著録該碑。羅振玉《金石萃編未刻稿》收録碑刻全文。蕭啟慶《元至正十一年進士題名記校補》（《食貨月刊》第十六卷第七、八期合刊，一九八七年）、邢鵬《北京國子監元代進士題名刻石調查研究——元至正十一年進士題名記刻石》（《中國歷史文物》二〇〇七年第五期）有研究。今據中國國家圖書館提供拓片（北京一三四六）録文。

碑記至正十一年會試經過以及進士題名。

至正十一年進士題名記（至正十一年）實景照片

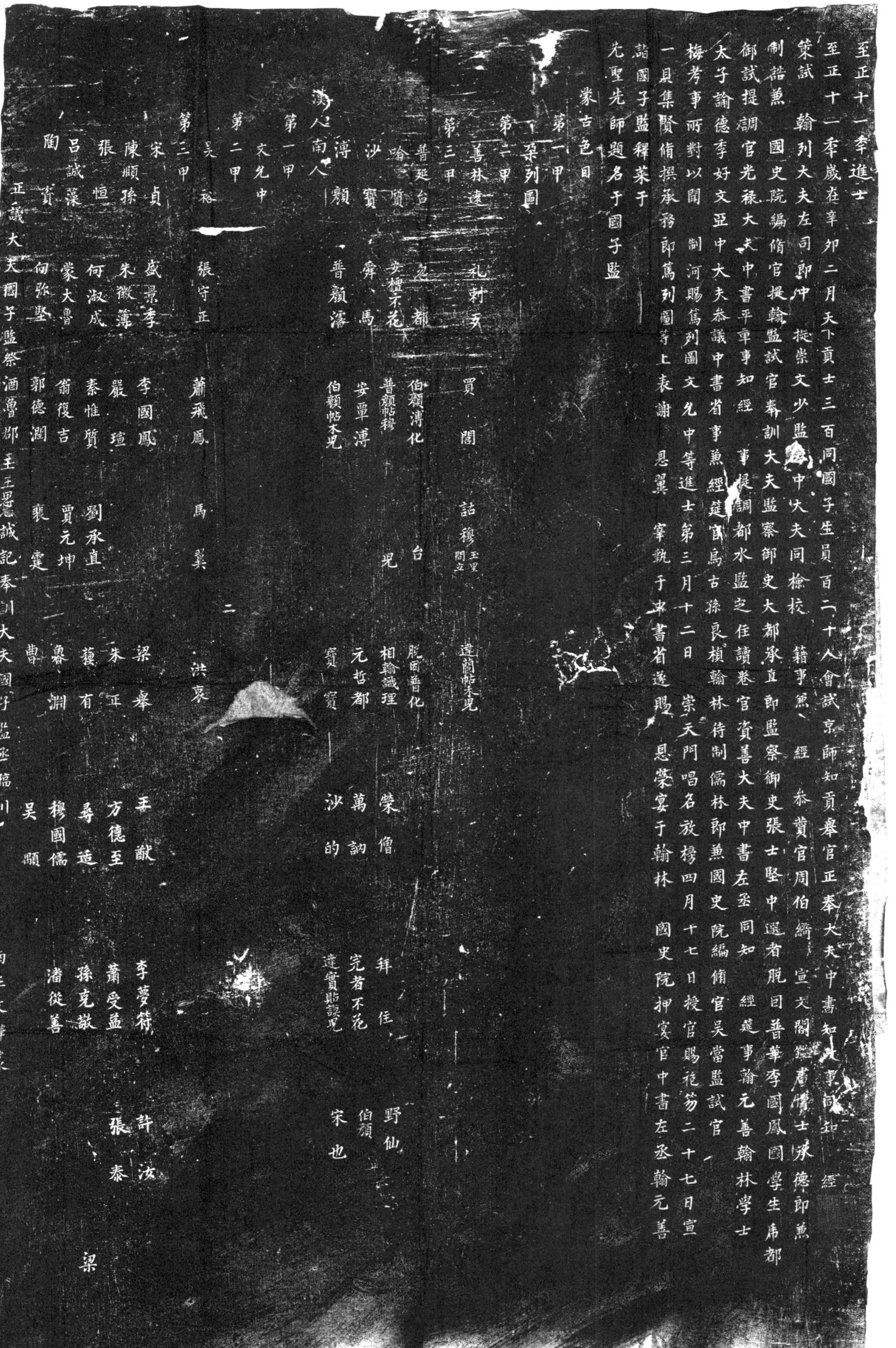

至正十一年進士題名記（至正十一年）碑文拓片

録文

至正十一季進士㇗

至正十一季歲在辛卯二月，天下貢士三百，同國子生員百二十人會試京師。知貢舉官、正奉大夫、中書知政事、同知經㇗策試，翰列大夫、左司郎中、提崇文少監□中大夫、同檢校籍事兼經參贊官周伯綺，宣文閣鑑書博士、承德郎兼㇗制誥兼國史院編脩官、提翰、監試官、奉訓大夫、監察御史、大都承直郎、監察御史張士堅，中選者脱因普華、李國鳳，國學生虎都，㇗御試提調官、光禄大夫、中書平章事、知經事、提調都水監定住，讀卷官、資善大夫、中書左丞、同知經筵事翰元善，翰林學士、㇗太子諭德秊好文，亞中大夫、參議中書省事兼經筵官烏古孫良楨，翰林待制、儒林郎兼國史院編脩官吴當，監試官㇗梅考事所對以聞，制河賜篤列圖、文允中等進士第。三月十二日崇天門唱名放榜，四月十七日授官賜袍笏。二十七日宣㇗一具集賢脩撰、承務郎篤列圖等上表謝恩，翼宰執于中書省，遂賜恩榮宴于翰林國史院。押宴官中書左丞翰元善㇗詣國子監釋菜于㇗先聖先師，題名于國子監。㇗

蒙古、色目：㇗

第一甲：㇗朶列圖㇗

第二甲：㇗善林遠　禮剌歹　買閭　喆穆（玉里閭立）　達蘭帖木兒㇗

第三甲：㇗普延台　忽都　伯顔溥化台　脱因普化　㇗哈質　安檀不花　普顔帖穆兒　相翰識理　榮僧　拜住　野仙　㇗沙寶　舜馬　安覃溥　元哲都　萬訥　完者不花　伯顔　㇗溥顔　普顔濬　伯顔帖木兒　寶寶　沙的　達實貼謨兒　宋也㇗

漢人、南人：㇗

第一甲：㇗文允中㇗

第二甲：㇗吴裕　張守正　蕭飛鳳　馬翼　洪衷㇗

第三甲：㇗宋貞　盛景季　李國鳳　梁舉　王猷　李夢符　許汝　㇗陳頤孫　朱徽溥　嚴瑄　朱正　方德至　蕭受益　張泰　㇗張

恒　何淑成　秦惟質　劉承直　蘇有　尋适　孫克敬　梁　𠃊呂誠藻　蒙大魯　翁復吉　賈元坤　魯淵　穆國儒　潘從善　𠃊陶資　向彌堅　郭德潤　裴霆　曹　吴顒𠃊

正議大夫、國子監祭酒、魯郡王王思誠記，奉訓大夫、國子監丞臨川南正文燁篆。𠃊

一一一　了公和尚行迹殘碑　至正十一年

《了公和尚行迹殘碑》，至正十一年（一三五一）十二月立（據《（光緒）順天府志》）。現存北京市西城區黄城根保安寺。碑僅存左上半部。中國國家圖書館藏拓片高一九〇釐米，寬九七釐米。額題篆書「□□權實義□之□山□□□公行跡碑」，四行一六字。正文楷書，行字不詳。

《北京圖書館藏中國歷代石刻拓本匯編》（中州古籍出版社，一九八九年）著録。今據中國國家圖書館提供拓片（北京四八三）録文。

碑記了公和尚之行迹。

了公和尚行迹殘碑（至正十一年）碑文拓片

録文

□□權實乚義□之□乚山□□□乚公行跡碑（額）乚

前闕乚

朝▯乚

儒林郎▯乚

大都□□□□寺僧曰：我侯泰安州▯乚也。人□□□慈悲善化，人呼菩薩。▯乚□□□□□之言。及長，隨叔父牧牛▯乚士曰：□□□□禮□之像二十七▯乚省親之，□□□有懷晚歲□歸于▯乚□會禪庵在彭州，則權實□縱▯乚寺與夫彭山之牛，心樂寺皆□歲▯乚□□□□妖妄咸歸正，蜀人□之▯皆師父臨壇主其事▯乚□□□□□俯顯戒者又五十▯踴躍懽忻，隨量有獲，師之▯乚□□□□□□□□，人皆翕合，歸我上地，或□券以授，輸我錢帑。或▯乚□□□□□□□□，而僧之□□之傑也。是不可以不銘，請銘曰：乚

□□□子，□于□禩。羣德同芳，□□□□。乚□□□□，□□□□。不□□知，□□□□。乚□□□□，□□□□。□□祝髮，□□□□。乚□□□□，□□□□。□□□□，□□□□。乚□□□□，□□□□。□□□□，□□□□。□□□□，□□□□。乚□□□□，□□□□。□□□□，□子日至。乚□□□□，□□□□。□□□□，其□□□。乚

▯日□□□□等立石。乚▯不花。乚後闕

一一二 帝師殿記 至正十二年

《帝師殿記》，至正十二年（一三五二）立（據《北京元代史迹圖志》）。現存於北京市密雲區冶仙塔碑林。碑漢白玉石質，圭首，座佚。碑通高一五〇釐米，寬七七釐米，厚一七釐米。額横題篆書「帝師殿記」一行四字。碑文楷書，二二行，滿行四〇字。卜居仁撰，李璹仁書丹，脱因篆額。

《北京元代史迹圖志》（北京燕山出版社，二〇〇九年）、《北京遼金元拓片集》（北京燕山出版社，二〇一二年）著録。今據北京考古遺址博物館（金中都水關遺址）藏拓片録文。

碑文記至正時大都路檀州創建帝師殿之始末。

帝師殿記（至正十二年）碑體照片

帝師殿記（至正十二年）碑文拓片

帝師殿記（額）∟

創建帝師殿記∟

大都路檀州蒙古字學正脱因篆額。∟

大都路檀州儒學正卜居仁撰，冀寧路忻州九原李璹仁書丹。∟

自古一代之興，則有一代之治。夏后氏尚忠，商人尚質，周人尚文，予故曰三代禮樂有自來矣。夫惟∟聖人之道昭然垂教於世者，不可以蔑其名而淪其政乎！方今∟元朝混一，進用蒙古文事，至正大典之條，體用明嚴，經綸切務，惜乎孟軻死而大義乖，昌黎没而正事∟忤。幸且∟國家制詔路府州縣設立蒙古學校，訓譯生徒。且夫儒醫之道由來尚矣。釋奠之禮既已成，覩蒙古之學未∟見完式。歲次辛卯孟冬月，奉直大夫、達魯花赤元德來監是州。越明年壬辰，政殊治最，百廢俱興。如是監∟郡公割俸展力，倡爲創建∟帝師殿宇。厥壝址之方，昔已官土曠閑之地，約叁畝之余，經營之際，監郡巡省農事，適之東川鄉，曰□豐，諗∟于王拜住曰：「爾之歷仕，從其何以？」拜住答曰：「蒙古伴讀受業已矣。」監郡慨然應之曰：「稱吾善事之所願也。∟我建帝師殿宇，公肯共爲成美者乎？」拜住大爲信服，即日徵工命匠，星夜襄力，厥位面陽，厥材孔宸，正∟殿壹座，神儀棲止，座次俱安，儐相有位，籩豆方列。未一歲，譯學完美。監郡議諸同僚，請益學田肆拾余畝，∟以供祭祀之所需，師生之所贍，可以歲時修其祀事，教養進其人材，迨爲∟國家懿□文明之範。帝師聖語之風，俾爲師者有□□□，生員者有所擢用。嗚呼！州人咸相謂曰：「非道德∟之監郡，豈能有尚此禮哉！且補∟聖朝參贊化育時務之當然者耶！」有日，監郡命予述記，固辭不已，斂而書之略，刻于石。∟

承務郎、大都路同知檀州事□□里不歹，大都路檀州吏目張敏，∟忠翊校尉、大都路同知檀州事普顔鐵穆爾，進義校尉、大都路檀州判官孫世英，∟奉直大夫、大都路檀州知州兼管本州諸軍奥魯勸農事石克適，∟奉直大夫、大都路檀州達魯花赤兼管本州諸軍奥魯勸農事元德。∟

一一三　重修顯靈王廟之記　至正十三年

《重修顯靈王廟之記》，至正十三年（一三五三）四月立。碑在北京市昌平區秦城。中國國家圖書館藏拓片高一〇九釐米，寬六七釐米，額高三二釐米，寬二六釐米。額題篆書「重修顯靈王廟之記」二行八字。碑文楷書，二二行，滿行三四字。高澂撰并書丹，王處謙篆額，曹悳義等刊石。

清繆荃孫《藝風堂金石文字目》、《北京圖書館藏中國歷代石刻拓本匯編》（中州古籍出版社，一九八九年）著録。今據中國國家圖書館提供拓片（北京八五四〇）録文。

碑刻記扎安赤愛馬達魯花赤火者等重修顯靈王廟以及元代褒封顯靈義勇武安英濟王等事迹。

重修顯靈王廟之記（至正十三年）碑文拓片

録文

重修顯靈∟王廟之記（額）∟

重脩顯靈王廟之記∟

共城後人、鄉舉貢士高瀓撰并書丹。∟

承務郎、大都路大興縣尹兼管本縣諸軍奥魯勸農事王處謙篆額。∟

至正癸巳孟夏日，扎安赤愛馬譯史教化的□予言曰：「昌平東一舍許，有壁粵芹城，泉甘∟土肥，風俗淳朴，信有關王廟存焉。經值年深，不蔽風雨，旹則有若∟御位下嘗領扎安赤愛馬達魯花赤火者慨然有志，協謀僚友達魯花赤六十，耆宿馬資、馬∟欽，重爲脩理，僉曰唯唯。陶人以瓦，梓人以繩，經之營之，克日成之，廟貌門墻，創建獻殿，黝∟堊丹漆，舉以爲法，然後炳炳焕焕，翬然以新。請子爲記，勒之于石，使後之視今，亦猶今之∟視昔也。」愚聞而壯之。夫關王者，昔漢蜀將雲長也。當是漢祚將殄，天下鼎沸，曹魏擁∟百萬雄兵，孫吴據江東之阻，王及涿郡張翼德爲漢之爪牙，復繼漢祚於成都。∟王牧荆州，蓋荆州東連吴越，南極瀟湘，西遏巫峽，北扼宛洛，實爲天下之衝要，蜀之喉衿∟也。得之則安，失之則亡。王稟熊虎之資，勇敵萬人，威□□夏。看《春秋左氏傳》，觀亂臣賊∟子，赫然忿懥，先儒論有國士之風。錫土惟侯，謚曰「壯穆」，由是以來，普天率土罔弗崇奉。我∟皇元崇褒追贈，∟制曰：顯靈義勇武安英濟王，而今而後，循古之典，莫盛於新，抑愈久思，而不能忘，非忠貫乎∟天地，義浹人心，寧有是耶？汗簡昭昭，小子何述焉。乃若火者公先致其誠而後見諸行事，∟故曰「以善使人而信從者衆」，其斯而已也。因爲作辭以遺之，俾歌以祀之。其辭曰：∟

昔漢皇以創業垂統兮，穆穆而容光。維繼世若昭烈兮，赫赫而儉昌。天錫以輔之翼之兮，∟掃除而秕糠。於乎美髯兮，國士而無雙。絶倫義□□，□□而興邦。名垂於竹帛兮，千古而∟流芳。廣□百世兮，儼然而洋洋。禦□捍□兮，□□□□□。□□振振兮，□□而鏗鏘。祭畢∟徹俎而天之兮，國泰而民康。∟

大元至正十三年四月　日，墅人□并施石，成遠人伯衆立石，石匠曹悳義、張義刊。∟

一一四　大元房山縣重修文廟記　至正十三年

《大元房山縣重修文廟記》，至正十三年（一三五三）五月立石。碑在北京市房山區城關街道文廟，裂爲二。中國國家圖書館藏拓片分拓兩紙，均高一三四釐米，寬四一釐米。碑額、碑陰失拓。王賢撰，魏履書丹，姚庸篆額。

清繆荃孫《藝風堂金石文字目》、《北京圖書館藏中國歷代石刻拓本匯編》（中州古籍出版社，一九八九年）、楊亦武《房山碑刻通志》卷四（社會科學文獻出版社，二〇一八年）著録。今據中國國家圖書館提供拓片（北京九〇六二）録文。

碑記記房山縣重修文廟之始末。

大元房山縣重修文廟記（至正十三年）碑文拓片（一）

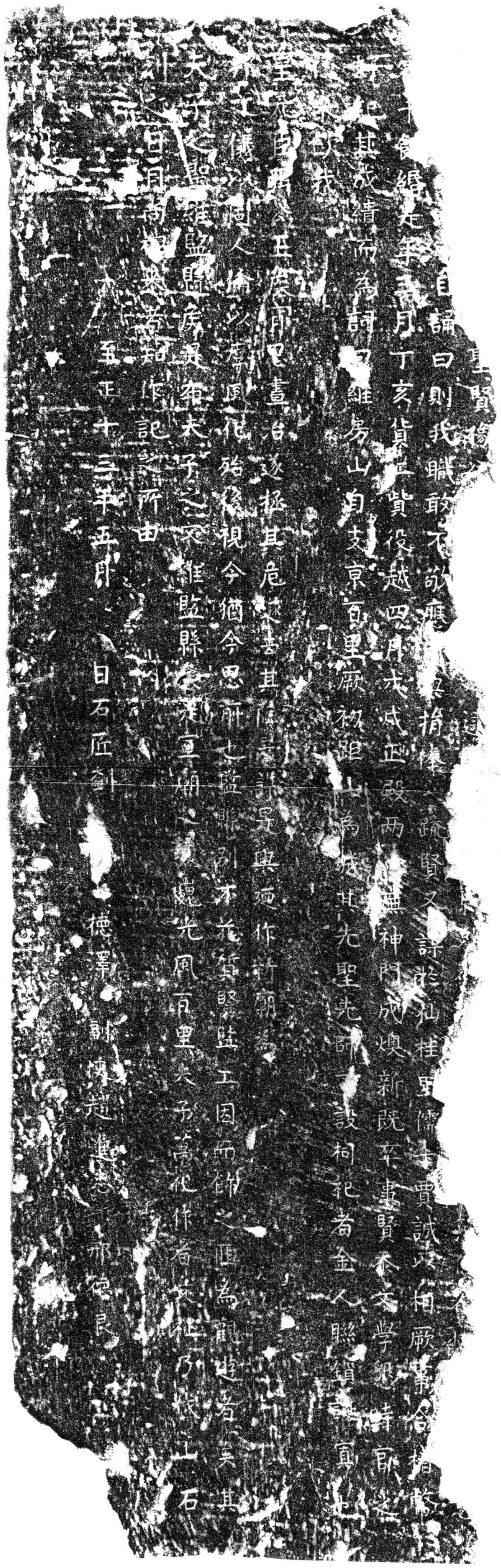

大元房山縣重修文廟記（至正十三年）碑文拓片（二）

録文

大元房山縣重修文廟記⌞

大都路房山縣儒學教諭王賢撰。⌞

嘉議大夫、樞密院判魏履書。⌞

榮禄大夫、商議中書平章政事姚庸篆。⌞

粤昔天下文章出於崇禮，崇禮文章出於孔子，合設神宫以崇禮事者，莫盛⌞皇元。惟元統一，首尊孔聖，加號⌞大成徽稱，有古無儔。房山首□畿宅載朔方距□□□里任□□□□金源六□隸名曰奉先□⌞國朝因兹改名曰房山，迄今百有余歲□至元甲午，□人中□□弭禮□⌞□□□□□出□□營正殿神□又延□主之。□無未備於前□□事從⌞□⌞□聖賢像□⌞□自誦曰則我職，敢不敬應□□捐俸入疏賢，又謀於仙桂里儒士賈誠，以相厥事。合楮幣⌞□千餘緡。是年三月丁亥，貨二貲役，越四月戊戌，正殿兩□廡神門成焕新。既卒事，賢忝文學，愬時官之⌞好，紀其成績而爲詞曰：維房山自支京百里，厥初距山爲城，其先聖先師□設祠祀者，金人聯鎖誕寘也。⌞□□欽我⌞皇元臣□公王侯宵思晝治，遂拯其危，遂去其險，是謀是興，廼作新廟，爲⌞邦□儀，以固人倫，以厚風化，殆後視今，猶今思前也。監縣别不花質賢監工，因而飾之，匪爲觀遊者矣。其⌞夫子之聖，維監縣侯是布，夫子之文，維監縣侯是宣。廟之□巍，光風百里，夫子萬祀，作者□□，乃伐山石，⌞刻之日月，尚俾來者知作記之所由。⌞

至正十三年五月　日，石匠劉德澤，副使趙進忠，邢德良。⌞

一一五　敦武校尉梁公及劉宜人墓碑　至正十四年

《敦武校尉梁公及劉宜人墓碑》，至正十四年（一三五四）五月立。碑出土於北京市東城區建國門古觀象臺東側城墻臺基下，一九八七年，由北京文物研究所移交北京石刻藝術博物館，現藏於北京石刻藝術博物館。碑青石質，方首抹角，座佚，右下角殘。碑高一三〇釐米，寬七六釐米，厚一三點五釐米。拓片高一二五釐米，寬七〇釐米。額題楷書「大元」二字。正文楷書，四行，滿行八字。碑左側竪刻楷書一行，共計一七字，爲年款及立碑人。梁君選立石。

《北京元代史迹圖志》（北京燕山出版社，二〇〇九年）、《北京石刻藝術博物館藏石刻拓片編目提要》（學苑出版社，二〇一四年）著録。今據北京石刻藝術博物館藏拓片録文。史迪威初録。

碑刻記墓主梁公、夫人劉氏之職官及立石人信息。

敦武校尉梁公及劉宜人墓碑（至正十四年）碑體照片

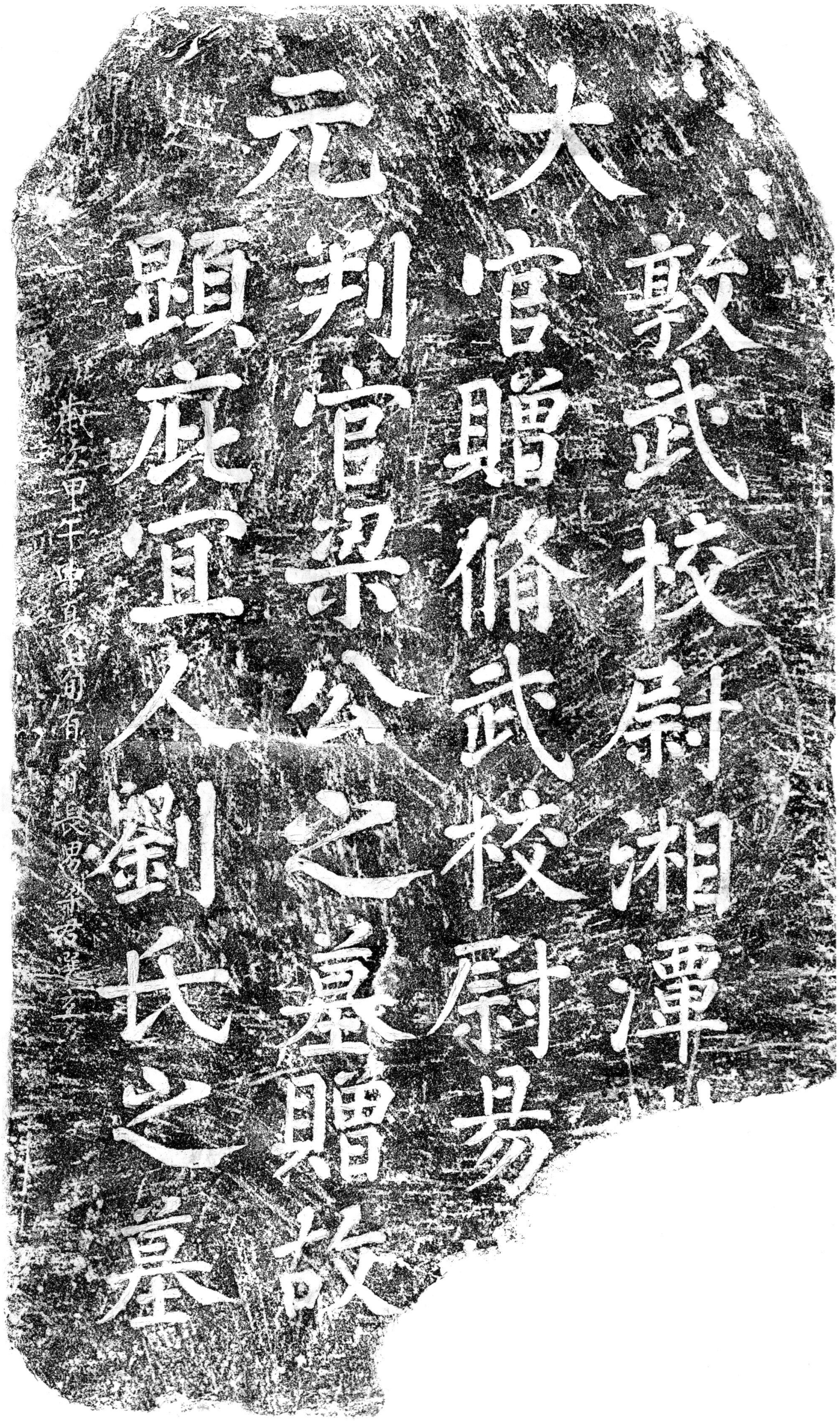
大元
敦武校尉湘潭
官贈脩武校尉易
判官梁公之墓贈故
顯庇宜人劉氏之墓

敦武校尉梁公及劉宜人墓碑（至正十四年）碑文拓片

録文

大元（額）丨

敦武校尉、湘潭州□丨官，贈脩武校尉、易□丨判官梁公之墓。贈故丨顯庇宜人劉氏之墓。丨

歲次甲午中夏上旬有六日，長男梁君選立。丨

一一六　大都崇國寺聖旨碑・大都南城崇國寺常住莊田事産記　至正十四年

《大都崇國寺聖旨碑・大都南城崇國寺常住莊田事産記》，至正十四年（一三五四）立。北京市西城區護國寺街出土。現存地不詳。據中國國家圖書館所藏拓片，碑高一八四釐米，寬八六釐米。碑陽爲《大都崇國寺聖旨碑》，碑文行書，二四行，滿行五四字。碑陰爲《大都南城崇國寺常住莊田事産記》，碑文分四截，楷書，行字不等。記文多有殘泐，撰書、刊石者皆不詳。

明沈榜《宛署雜記》，明劉侗、于奕正《帝京景物略》，清孫承澤《春明夢餘録》，清孫星衍《京畿金石考》，清于敏中《日下舊聞考》，蔡美彪《元代白話碑集録（修訂版）》（中國社會科學出版社，二〇一七年）均有著録。今據中國國家圖書館提供拓片（北京三四二二）録文。

碑陽書至正十四年七月十四日聖旨，申明崇國寺及其所屬下院之歸屬以及僧人主要職責。碑陰詳記大都南城崇國寺常住莊田事産。

大都崇國寺聖旨碑（至正十四年）碑文拓片

大都南城崇國寺常住莊田事産記（至正十四年）碑文拓片

碑陽

長生天氣力裏」
大福廕護助裏」
皇帝聖旨：軍官每根底、軍人每根底、管城子達魯花赤官人每根底、往來使臣每根底」宣諭的」聖旨：」
成吉思皇帝、」窩闊台皇帝、」薛禪皇帝、」完澤篤皇帝、」曲律皇帝、」普顔篤皇帝、」格堅皇帝、」忽都篤皇帝、」亦憐真班皇帝聖旨裏：
「和尚、也里可温、先生每，不揀甚麽差發休當，告」天祈福祝壽者。」説來。如今依在先」聖旨體例，不揀甚麽差發休當，告」天祈福祝壽者麽道。
大都裏有的南北兩崇國寺、天壽寺、香河隆安寺、三河延福寺、順州龍雲寺、遵化般若寺等寺院裏，住持佛日普明淨慧大師」孤峰講主學吉
祥衆和尚每根底爲頭，執把的」聖旨與了也。這的每寺院裏房舍，使臣休安下者。鋪馬、祗應休着者。税粮、商税休納者。但屬寺家的水土、
園林、碾磨、店鋪、解典庫、浴堂、人口、頭疋，不」揀甚麽，不揀是誰，休倚氣力奪要者。這佛日普明淨慧大師孤峰講主學吉祥爲頭和尚
每，依着在先老講主體例裏行者。別了的和尚每有」呵，遣趕出寺者。更，這學吉祥等和尚每，倚有」聖旨麽道，無體例勾當休做者。若做呵，
他每不怕那。」
聖旨。」
至正十四年七月十四日，上都有時分寫來。」

碑陰

第一截

大都南城崇國寺常住莊田事産記」
在城寺前街南庵院地壹所，東至官街，南至高家，」西至李家，北至官街。」宛平縣□□□村古□□莊子壹所，□地二十頃，東」至□家，

▯ㄥ宛平縣渾河南永安鄉碾疃村莊子一所，□地壹拾叁段，ㄥ共計叁拾頃。ㄥ香河縣隆安寺壹所，本寺常住地畝莊田事産。ㄥ壹段，四周營退□地陸頃，四至□□□渠爲▯ㄥ壹段，鞏家莊白地伍頃，東至官荒地，南至官▯ㄥ壹段，□□地□□至□，南至□家，西至□□，北至▯ㄥ壹段，□□□村兩地□□至▯ㄥ□，北至▯ㄥ香河宣□寺壹所，▯ㄥ寶坻縣在城□□寺壹所▯ㄥ寶坻縣北□□城大安寺▯ㄥ壹段，▯，南至□□，西至楊▯河▯ㄥ壹段，□至□□，南至□□□，西至□家，北至▯ㄥ壹段，壹拾□□□西至□劉家，南至▯ㄥ寶坻縣孫鄉□□寺壹所，□寺地伍畝ㄥ大都北城崇國寺，東至官街，南至官街，西至本寺□ㄥ南自己土墻，北至官街。ㄥ大都路□州遵化縣豐稔鄉□家莊ㄥ般若院常住應有莊田、事産、水碾磨等備在至元二ㄥ十一年□立碑文，上且載供給北寺□粮□。ㄥ保定路易縣上□□果園一所，東至大□水□ㄥ佃户□□家□□東□大□，西至禪慶寺□西至▯ㄥ嶺，北至洒洒砦□大分水嶺。ㄥ昌平縣□□□□□□莊□□□莊□北一段，計地ㄥ□□□□□□□□高家地，□至□西□□□地，北至道ㄥ▯地，南至□，□至道。ㄥ□地一段，計地□□畝，東至□□□，南至□，西至道，□□□ㄥ□公□墻□，西至□□□□□，北□至□□。ㄥ本寺提點圓通普□大師□州□明□□林寺□進□事□吉祥。ㄥ宣授南北兩崇國寺住持佛日普明□慧大師住▯州▯孤峰學吉祥（二）。ㄥ

第二截

順州第三鄉臨清龍慶寺一所，▯ㄥ寶坻縣西羅村寺一所，贍寺地八畝。ㄥ寶坻縣御橋村觀音院一所，贍寺地四畝。ㄥ寶坻縣扈家莊觀音院一所，贍寺地肆畝。ㄥ永清縣松垈頭澄寂院一所，寺周園地計二頃□十ㄥ□畝，東至□□□，南至趙□□，西至孫成甫，北至李□道。ㄥ南城開□坊□□寺一所，其寺東至布□王，南至徐家，西至官ㄥ□，北至官街。北城店莊子一所，ㄥ□□□□，計地□□□畝，東南二至官道，南至□掃領，西至道，北至道。ㄥ店南□□一段，計地二十七畝，東至太師家，南至官道，西至道，北至道。ㄥ□□一段，計地□十一畝，東至官道地，南至道，西至趙提領，北至□五。ㄥ□□一段，計地二十四畝，東至□，南至太師家，西至道，北至道。ㄥ□□一段，計地三十二畝，東至□，南至□家，西至道，北至周社長。ㄥ店□一段，計地一十二畝，東至李□，南至道，西至□，北至道。ㄥ□□□□□□泉水寺一所，東至▯ㄥ界，南至古道，西至分水嶺西下▯神▯水嶺。ㄥ□董莊一段，計地兩頃，東至高□□□，南至古道，西至張禄ㄥ□□，北至墳，東北至▯ㄥ□□地一段，計六十畝，東至河，南至河□，西至山，北至河。ㄥ寺□□□一段，東至□□河，南至山嶺，西至高家，北至河。ㄥ□州西北仰辛河店地寺莊□一所，ㄥ莊東一段，計地伍頃四十畝，東至道，南至河，西至自己古□出入人ㄥ行道，西北至喜鎮寺，東北□□下，南北取直爲界，北至高良河。ㄥ喜鎮寺後一段，計地一頃，東至太師家道，南至喜鎮寺北牆，□

下∟東西取□爲界，西至趙文，北至高良河。∟莊田一段，計地伍十畝，東至道▯南至道，西至人行道，∟北至喜鎮寺人行道。∟河北一段，計地一頃伍十畝，東至□□□，南至高良河，西至河岸∟陳家地，北至道□□地。∟道東一段，計地□十□畝，東至河，南至□□地頭，西至∟人行道，北至河。∟□□南一段，計地一十五▯河，南至□□道，西□至河，北∟至河。∟

第三截

三河縣加口釋迦院一所，東至□□道□□□□□□□□∟▯，西至□義，北至分水嶺□。∟南城□□坊觀音院一所，東至□□□，南至官街，西至賈平章∟地，北至自己菜園北皆田家爲□。∟楊□□外花家莊□一所，∟莊西一段，計地□十五畝，東、南、西三至虎總管，北至□□。∟莊西一段，計地二十五畝，東、北、西三至虎總管，南至□□□。∟莊西一段，計地二十五畝，東至楊家，南至官地，西至□家地□，北至□家地。∟莊東南一段，計地一十畝，東至王大，南至衆家地頭，西、北二至河□。∟莊東南一段，計地五十畝，東、南二至□□地，西至王大，北至衆家地頭。∟□□□□□□□一所，計地▯畝，東至▯∟至□□，西至□□，北至▯西張家莊。▯∟東至道，南至李家，西至□家地，北至道。∟檀州壽峰山□峰寺一所，東▯山，南至□□至▯∟西至□□□爲□□，北至州□□爲□。∟順承門西淨土寺一所，東至街，南至鐵□寺，西至□□□，北至□。∟順州南合龍泉寺一所，寺院地三十畝，□□□莊莊□一所，∟莊東一段，計地五十畝，東至□家，南至衆家地頭，西至周家，北至道。∟寺前一段，計地四十畝，東至道，南至□家滿□，西至道，北至道。∟寺前一段，計地八畝，東至□家，南至衆家地頭，西至道，北至道。∟寺東一段，計地二十五畝，東至道，南至道，西至寺，北至衆家地頭。∟寺後一段，計地□畝，東、南、西三至寺，北至□子。∟寺西一段，計地六畝，東、南二至自己，西、北二至李家。∟通州潞縣安德鄉衆家莊彌陁寺一所，寺周據地五十畝。∟寺前一段，計地二十畝，東至道，南至衆家地頭，西至衆家地頭，北至道。∟寺西一段，計地九畝，東至那海中丞，南至道，西至河，北至河。∟寺後一段，計地□十畝，東、西二至那海中丞，南至自己，北至衆家地頭。∟一段，計地六畝，東、西二至盧家，南、北二至自己。∟一段，計地五十畝，東、西二至河，南至衆家地頭，北至▯∟通州潞縣路邑鄉□萊家□□寺一所。∟寺前□地計二十畝，東至□十一，南至土□□，西至□道，北至□。∟在城積慶□□□寺一所，東至兩□土墻，南、西二至□街，北至▯∟通州在城□安寺住持□師▯∟

第四截

和義門外□□寺一所，東至官街，南至□□土□□□所達魯花赤□地□∟爲□，西至自己寺外▯爲界，北至自己寺□爲界。共計廬舍十二□□。∟順州□□縣石□店□寺一所，□園地一段，計二十五畝，東至李總領，西至∟滿七，南、北二至道。店西南一段，計一十五畝，東至道，南至自己，西至壳主，北至梅回。∟莊西南一段，計地二十畝，東、西、北三至李社長，南至衆家。∟莊西南一段，計地二十□畝，東、西二至李社長，南至衆家，北至古道。∟莊東北一段，計地五十畝，東至高八，南至□街鎮，西至完顏扎舍，北至李社長。∟莊北一段，計地四十畝，東至李社長，南至道，西至趙公，北至衆家地頭。∟莊南一段，計地二十畝，東至道，南至古道，西至梅四，北至官道。∟莊南一段，計地□十畝，東、南、西三至王二，北至馬七。∟一段，計地一十畝，東至□□，南至古道，西至□□，北至衆家地。∟一段，計地四畝，東至□□岭，南至古道，西、北二至買主地。∟莊西南一段，計地十畝，東、南二至衆家地，西至小李三，北至李社長。∟三河縣北清滿鄉如口店延福寺一所，四至道，常住地土大小共計五頃一十畝。∟本□十□□東街□院一所，東至□家，南至□□，西至立□，北至▯∟□州在城□□寺一所，□計地四十畝，東至街，南至禪福寺，西至城，北∟至□□城西南一段，計地六十□，東、南、北三至官□□，西至▯地。∟龍池□南官道東一段，計地廿七畝，東至軍涑地，南至陳家地，西至道，北至坎。∟□□□莊□□一段，計地三畝。東、北二至□家，南至自己，西至官道。∟通州西總計□□寺一所，寺周圍地五畝，寺前地七十畝，東至扈家，南至道，西至∟□□地，北至寺□□。一段，計地八十畝，東至扈家地，南至寺□道，西、北二至王姑地。∟檀州□□延通院一所，壹□地土大小八□，通州三頃三十五畝。∟又一段，東至流水□，南至□□，西至□□□，北至山。∟順州第二鄉北八□□寺一段，□□□地土大小一十七□，通計三頃二十九畝。∟▯山，東至寺▯∟▯仙▯∟▯西北▯∟金玉府石局▯∟

校勘記

（一）宣授南北兩崇國寺住持佛日普明□慧大師住▯州▯孤峰學吉祥　拓片「明」後殘一字，據碑陽記載，當爲「淨」字。

一一七　高唐州武城縣何宅寄葬李氏墓碑

至正十四年

《高唐州武城縣何宅寄葬李氏墓碑》，至正十四年（一三五四）立石。碑原址不詳，現存於北京市東城區隆安寺（文物管理所院内）。碑青石質，方首抹角，通高七〇釐米，寬三〇釐米，厚五釐米。碑文楷書，三行。

《北京元代史迹圖志》（北京燕山出版社，二〇〇九年）、《北京石刻藝術博物館藏石刻拓片編目提要》（學苑出版社，二〇一四年）著録。今據北京考古遺址博物館（金中都水關遺址）藏拓片録文。

碑文記元高唐州武城縣何宅寄葬李氏去世時間。

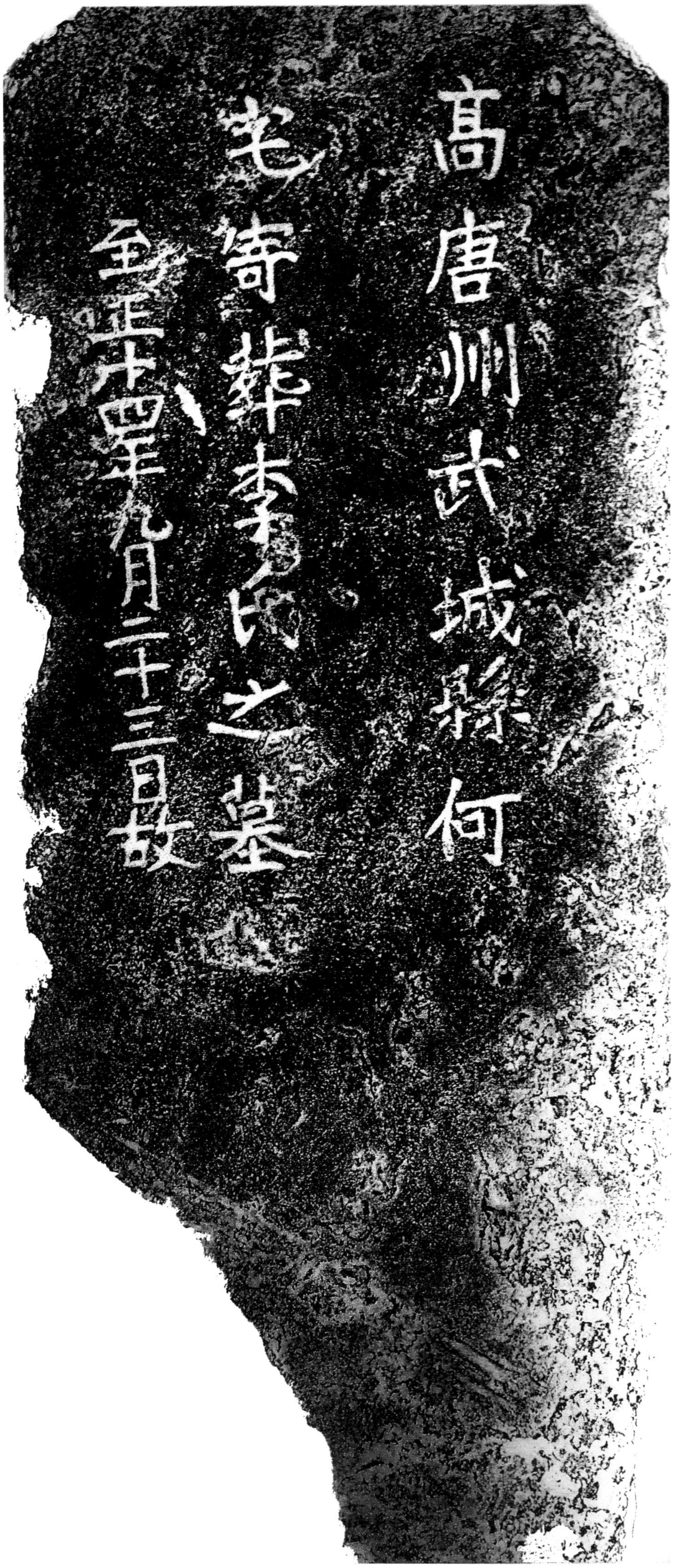

高唐州武城縣何宅寄葬李氏墓碑（至正十四年）碑文拓片

録文

高唐州武城縣何」宅寄葬李氏之墓」
至正十四年九月二十三日故。」

一一八　大都房山縣大安山創建黑龍潭廟記

至正十四年

《大都房山縣大安山創建黑龍潭廟記》，至正十四年（一三五四）十月立石。現存北京市房山區佛子莊鄉黑龍關村。碑青石質，螭首，龜趺，碑高三二六釐米，寬八六釐米，厚一五釐米。碑陽額題篆書「大都房山縣大安山刱建黑龍潭廟記」三行一五字。碑文楷書，一九行，滿行四八字。歐陽玄撰，楊德庸書，周伯琦篆額，趙義刻石。碑陰額題楷書「良鄉縣官吏道教助緣耆老」一一字。題名楷書，行字不等，文字磨泐較甚。

清陳夢雷《古今圖書集成》、廖飛鵬《（民國）房山縣志》、清繆荃孫等《（光緒）順天府志》、《北京圖書館藏中國歷代石刻拓本匯編》（中州古籍出版社，一九八九年）、《新日下訪碑録·房山卷》（北京燕山出版社，二〇一三年）、楊亦武《房山碑刻通志》卷七（學苑出版社，二〇二一年）著録。今據中國國家圖書館提供拓片（北京八三三一八）録文。

碑陽記至正十年至十四年創建黑龍潭廟之緣由始末。碑陰記捐助立碑之官吏、道教和助緣耆老等人姓名，并及廟産四至等。

大都房山縣大安山創建黑龍潭廟記（至正十四年）碑體照片

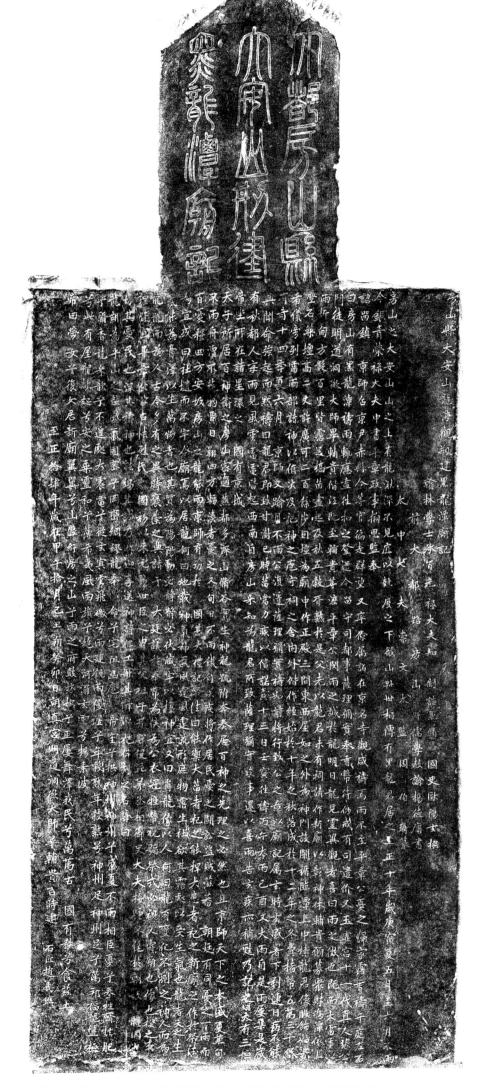

大都房山縣大安山創建黑龍潭廟記（至正十四年）碑陽拓片

大都房山縣大安山創建黑龍潭廟記（至正十四年）碑陰拓片

碑陽

大都房山縣乚大安山剏建乚黑龍潭廟記（額）乚

房山縣大安山龍海觀剏建黑龍潭廟記乚

翰林學士承旨、光祿大夫、知制誥、兼脩國史歐陽玄撰。乚

前大都路房山縣儒學教諭楊德庸書。乚

太中大夫、崇文太監周伯琦篆。乚

房山之大安山，山之上有龍湫，深不見底，以執度之，下徹山趾，世相傳有黑龍君居之。至正十年歲庚寅夏五月至六月不雨，乚今銀青榮祿大夫、中書平章政事搠思監奉乚詔留鎮京師，召京尹、赤縣令等官偏走羣望，又率僚屬詣在京名寺觀，咸禱焉。雨不至，平章公憂之。歸家露香禱于庭，左右乚曰：「房山有黑龍潭，禱雨輒應，盍往扣之？」登遣今留守司都事薩理彌實奉香幣行，仍戒有司遣价，又玉虛宮十一代真人張公乚門徒明道洞微大師畢輔貴偕往。既至，輔貴等瀝平章公閔雨之誠於龍。明日，龍見靈異。觀者喜曰：「雨之徵也。」既而大雷電以乚雨，圻甸方數百里皆霑足，槁苗盡起，及秋五穀胥熟。於是父老以龍君未有祠，請作新廟以彰神休。輔貴願募衆財，馮潭依山，乚疊石築壇，高二丈許，廣可二百餘步，因壇爲廟，中作正殿三間，東西屋如之，外爲神門，設闌楯臨潭上，中塐龍君像，服飾如貴乚者儀，旁列雷雨部諸神以侑，次及祀神之庖，守祠之舍，内外偕作。經始於十年之秋，落成於十二年之冬，費楮幣五萬三千緡乚有奇。十四季夏六月，京師又踰月不雨，公復遣薩理彌實禱如前。將行，致公之意，以廟記屬玄。時玄感暑下利，連日病不能乚興，聞命强起而默禱曰：「龍君即致甘澍，已時菑，當力疾以償諸責。」十三日壬寅往禱，丙午大雨，己酉又大雨，自是雨屢集，是歲乚有秋。都人每雨見風雲雷電皆起西南，自房山來，知爲龍君所致。薩理彌實竣事還，以喜雨告。玄疾亦稍甦，乃記之曰：「天有三垣，乚帝坐所在，諸星環之；國有京城，乚天子所居，百神衛之。房山密邇燕都，多深山脩谷，實生神龍，疏附奔奏，居百神之先，理之必然也。且京師天下之本，盛夏兼旬乚不雨，舟漕不䟦，物賈日翔，四方輻湊者憂之。又旬日不雨，饑饉、疾疫將作，居民憂之。鬬訟盜賊滋蕃，朝廷有司憂之。一雨而乚百憂釋，四方安，

故房山之龍能雨京師，有功於國甚大。《禮記·祭法》曰：能禦大菑者祀之，能捍大患者祀之。新廟之作，於祭法ㄴ爲宜。或曰：「社壝而不宇，今廟焉，以居龍何？」曰：「地載神氣，神氣風霆，風霆流形，庶物露生。社欲其露，處以受生氣也。龍者，天之生ㄴ氣，能爲膏澤以生萬物者也。其質爲陽，陽動必靜，靜必伏藏，宇以棲神，宜。」又曰：「肖龍像以人何？」曰：「龍有變化，不測之神，人而爲ㄴ龍，龍而爲人，古今多有之。異時褒崇之典請于大廷，議於奉常，爲侯爲公，衣冠牲幣，祝號祭式，必視人爵。廟也，像也，揆之事ㄴ理皆宜。」平章公，蒙古怯烈氏。國初以來元勳世臣之胄，其父祖、子孫、羣從昆弟，丞相、御史大夫接踵不絕於朝，故其體國也ㄴ切，其憂民也深，其禱神也能竭其誠。乃作迦亨送神詩，俾工歌其辭以祀，併刻之石。辭曰：ㄴ

龍胡爲乎山之鰲，風氣固密兮岡巒綢繆。龍奉命兮宅阻幽，扈帝室兮拱神州。神州兮盛夏不雨，相臣憂兮奉牲醑。牲肥ㄴ兮醑香，龍來歆兮不遑處。大震電兮從玄冥，雲飛礮兮雨建瓴。雨優渥兮年穀熟，年穀熟兮神州足。神州足兮萬邦福，龍盤桓ㄴ兮此有屋。龍欻起兮安之乘，靈和兮薄希夷。風雨旗兮絶天河，滃玄雲兮揚素波。ㄴ帝曰勞女兮復女居，新廟翼翼兮山盤紆，房之山兮雨之府，鼓坎坎兮巫屢舞。澤我民兮萬萬古，國有秩兮食兹土。ㄴ

至正拾肆年歲在甲午拾月己丑朔癸卯日，朝真宮明道洞微大師畢輔貴吉時建。石匠趙義鐫。ㄴ

碑陰

良鄉縣ㄴ官吏道教ㄴ助緣耆老（額）ㄴ

第一截

中書省□□□□太府□□朵兒只　ㄴ正奉大夫、兵部尚書宰奴丁　ㄴ中順大夫、□坊副使苗德　ㄴ汴梁路治中□舍　ㄴ□德郎、大都路良鄉縣□　ㄴ□□郎、大都路良鄉縣尹□　ㄴ進義副尉、大都路良鄉縣主簿山童　ㄴ進義校尉、大都路良鄉縣主簿李郁　ㄴ登仕佐郎、大都路良鄉縣主簿喬齡　ㄴ大都路良鄉縣尉鎖住　ㄴ大都路良鄉縣尉王也先帖木兒　ㄴ大都路良鄉縣□□河巡按□□祖　ㄴ大都路良鄉縣典史趙□　ㄴ敦武校尉、安豐路濠州□□韓也先不花　ㄴ忽丹八里局提舉邢□　ㄴ良鄉縣稅務官□曹思志　大使王欽、副使王允道　ㄴ前良鄉縣范陽□□□文□　ㄴ良鄉縣司吏高誠　張□　邢芳　ㄴ□趙□□　李□祖　關平　李思道　ㄴ□□庭□　李□□　ㄴ宣授演教大師□應大真人吴天祐　ㄴ玉虛宮宗門提點高□寶　ㄴ提點田原□　宮門□書劉從用　ㄴ大都南關長生萬壽宮王提點　馬提點　帶提舉　ㄴ大都北城祐聖宮住持王提點　關提點　商提點　∟汴梁武成宮提點張□義　王從義　∟大峪保真觀住持提點劉道元　張得□　張□□　∟劉家莊道仙觀住持提點宋得林　知觀張□□　∟白雲寺住持添講主　∟馬村智信觀住持童寺主　∟公村龍泉寺住持馬監寺　∟良鄉縣龍□市仙玄觀住持王輔義　∟宛平縣□崗劉恭□　劉恭義　劉恭讓　∟□士文　□□　□執中　董志寶　梁敬廉　∟劉延民　張□　壽中祥　韓仲和∟

第二截

良鄉縣在□耆老：孟仁　李進　李非　張□　楊彦榮　□德□　王興　李世□　王守□　李守□　□得□　張□　李長□　李□□　王明善　王居仁　□居□　辛希□　邢□道　王克□　曹成　郭伯成　邢彦□　米受益　王士明　張敬祖　吴得林　張義　∟李讓　辛義　張顯　楊彦和　吴得成　□信　王資　楊□　陳義　□明善　田成　劉□　孟居信　趙義　韓大亨　陳和義　吴義　郭士恭　翟□　翟聚　翟□祖　王四八　李唐卿　孫提領　許提領　∟□村：高讓　張智　張□祖　陳良　王甫義　楊敬祖　楊青　楊興　馬得良　張祥　劉成　梁成　劉仲義　李資成　張□義　劉士安　劉琮澤　麥聖　孫伯川　高進　高提領　陳士元　胡提領　劉青甫　張得山　曹克正　范子實　李寬甫　長舍觀里住持提點劉青　∟□村：楊顯　裴敬祖　喬榮貴　韓大彬　韓大堅　韓琪　紫草務：費慶　費仲和　費仲賢　費士中　費士明　北□定：李榮甫　劉義甫　李道寬　毛六　張實甫　永安村：楊木八刺沙　孫良　孫得義　王仲賢　郭庭玉　□明村：王成　鄧進卿　羊市角：□提舉　∟良鄉縣提領王秉□　朱從善　張成甫　司吏曹士賢　王士謙∟

第三截

□真宫宗派：霍舉師　張提點　舉師張威明　劉知觀　法□潘提舉　在宫明道洞微大師畢輔貴　提舉劉從元　提領郭從道　知宫范從通　知宫趙從善　副宫任從□　廟主曹從安　知客劉從順　法童衡從閏　□童　定童　喜童　文童　善童　畢氏宗派：祖父畢進　伯父得禄　父□成　兄畢用　姪仲温　姪仲良∟

第四截

□□□常住□土四至：∟東至□□□南頭流水小澗□□□，∟南至□坡流水小澗，∟西至小□崖嶺，∟北至李家峪。∟□柏嶺：東至□□澗，∟南至崖，∟西至小黑牛西分水嶺，∟北至分水嶺。∟廟地：∟東至樊滋鎮角，∟南至河，∟西至大黑牛口，∟北至嶺。∟

一一九　故異樣府總管張公塋碑　至正十五年

《故異樣府總管張公塋碑》，至正十五年（一三五五）二月立。北京市東城區建國門古觀象臺東側臺基下出土，一九八七年由北京文物研究所移交北京石刻藝術博物館。現存北京石刻藝術博物館。碑上部殘缺。拓片高一一五釐米，寬七八釐米。額横題楷書「大元」二字，字上部殘缺。碑文楷書，三行。李氏立石。

《北京石刻藝術博物館藏石刻拓片編目提要》（學苑出版社，二〇一四年）著録。今據北京石刻藝術博物館藏拓片録文。史迪威初録。

碑石記墓主異樣府總管張公職官及親屬信息。

故異樣府總管張公塋碑（至正十五年）實景照片

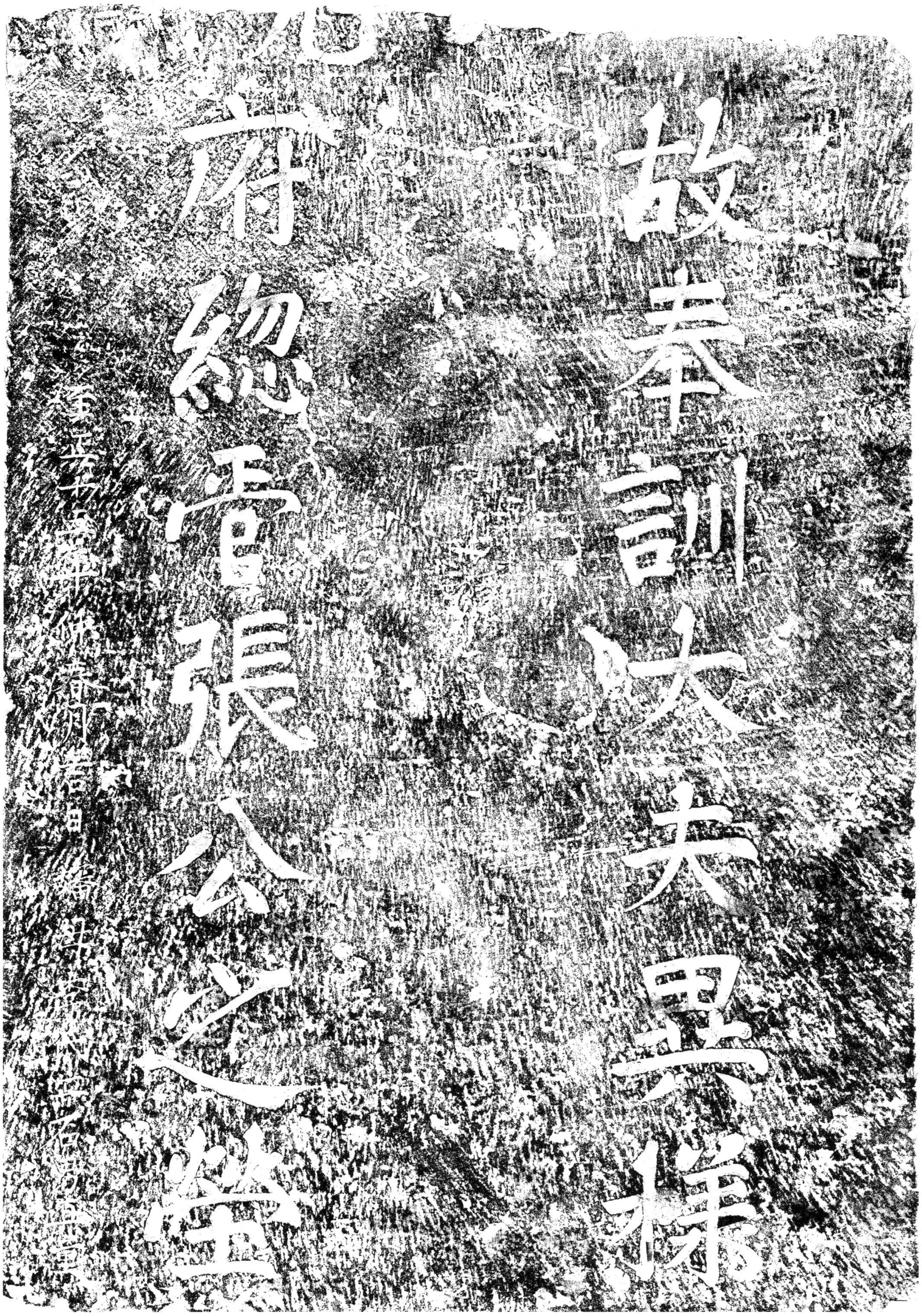

故異樣府總管張公塋碑（至正十五年）碑文拓片

録文

大元（額）∟

故奉訓大夫、異樣∟府總管張公之塋∟

至正十五年仲春月吉日，嬸母李氏立石。男真童。∟

一二〇 故峽州路同知也先怗木兒墓碑

至正十五年

《故峽州路同知也先怗木兒墓碑》，至正十五年（一三五五）三月立石。北京市東城區建國門古觀象臺東側臺基下出土，一九八七年由北京文物研究所移交北京石刻藝術博物館。現存北京石刻藝術博物館。碑青石質，方首抹角，座佚，無紋飾。碑高一二七釐米，寬七二釐米，厚一一點五釐米。額横題楷書「大元」二字。碑文楷書，三行。

《北京元代史迹圖志》（北京燕山出版社，二〇〇九年）、《北京石刻藝術博物館藏石刻拓片編目提要》（學苑出版社，二〇一四年）著録。今據北京石刻藝術博物館藏拓片録文。史迪威初録。

碑石簡記墓主也先怗木兒職官信息及立石時間。

故峽州路同知也先怗木兒墓碑（至正十五年）實景照片

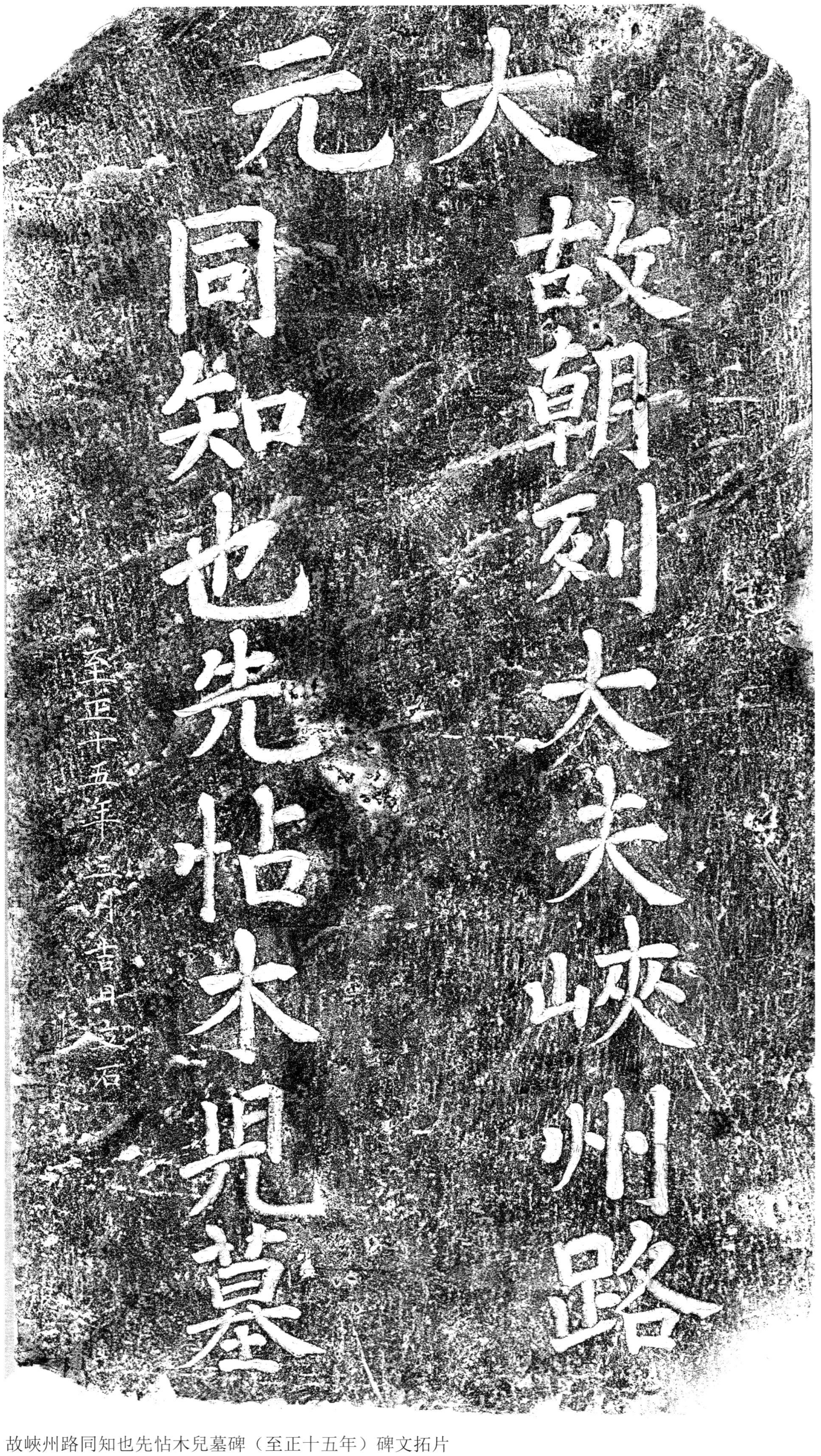
大元
故朝列大夫峽州路
同知也先怗木兒墓
至正十五年三月吉日立石

故峽州路同知也先怗木兒墓碑（至正十五年）碑文拓片

録文

大元（額）⌞

故朝列大夫、峽州路⌞同知也先怙木兒墓⌞

至正十五年三月吉日立石。⌞

一一二　加封制辭碑　至正十六年

《加封制辭碑》，至正十六年（一三五六）六月立。現存北京市孔廟和國子監博物館。據中國國家圖書館藏拓片，碑高一五〇釐米，寬八二釐米，額高三六釐米，寬三〇釐米。碑陽額題篆書「加封制辭」二行四字。碑文楷書，三一行，滿行五八字。碑陰爲國子監官員題名，碑文楷書，二〇行，行字不等。郝恭刻石。

清葉志詵《平安館藏碑目》、清繆荃孫《藝風堂金石文字目》著録。今據中國國家圖書館提供拓片（北京一三一三、北京八三六六）録文。

碑陽爲加封孔子父母、宣聖夫人、顔子、曾子、子思、孟子的制辭。碑陰爲國子監官員題名。

加封制辭碑（至正十六年）碑體照片

加封制辭碑（至正十六年）碑陽拓片

加封制辭碑（至正十六年）碑陰拓片

碑陽

加封ㄴ制辭（額）ㄴ

一

加封先聖父母制ㄴ

□□眷命，ㄴ□帝聖旨：闕里有家，系出神明之胄；尼山請禱，天啓聖人之生。朕聿觀人文，敷求往哲，惟孔氏之有作，集羣聖之大成。原道統則堯授舜，傳之周文王；論世家ㄴ則契至湯，下逮正考父。其明德也□□，故生知者出焉。有開必先，克昌厥後。如太極之生天地，如鉅海之有本原，雲仍既襲於上公之封，考妣宜睎夫素ㄴ王之爵。於戲！君子之道，考而不繆，建而不悖，于以敦典而敍倫；宗廟之禮，愛其所親，敬其所尊，于以報功而崇德。尚篤其慶，以相斯文。齊國公叔梁紇可ㄴ加封「啓聖王」，魯國太夫人顏氏可封「啓聖王夫人」。主者施行。至順元年月日。ㄴ

二

特封宣聖夫人制ㄴ

上天眷命，ㄴ皇帝聖旨：我國家惇典禮以彌文，本閨門以成教，迺睠素王之廟，尚虛元媲之封。有其舉之，斯爲盛矣。大成至聖文宣王妻亓官氏來嬪聖室，垂裕世家。籩豆ㄴ出房，因流風於殷禮；琴瑟在御，存燕樂於魯堂。功言貌若於遺聞，儀範儼乎其合德。作爾褘衣之像，稱其命鼎之銘。噫！秩秩彝倫，吾欲廣《關雎》《鵲巢》之化；ㄴ皇皇文治，天其興《河圖》鳳鳥之祥。可特封「大成至聖文宣王夫人」。主者施行。至順元年月日。ㄴ

三

加封兗國復聖公制ㄴ

上天眷命，ㄴ皇帝聖旨：朕惟登孔氏之門，入聖人之域，顏子一人而已。觀其不遷怒、不貳過，以成復禮之功；無伐善，無施勞，益著爲仁之效。蓋將不日而化矣。惜乎天不假乚之以年也。朕緬懷哲人，留心聖學，將大新於風教，故特侈於褒嘉。於戲！用之則行，舍之則藏，雖潛德一時之不顯；吾見其進，未見其止，顧聖言百世而彌乚彰。尚服寵光，丕隆文治。可加封「兗國復聖公」。主者施行。至順二年九月日。乚

四

加封郕國宗聖公制乚

上天眷命，乚皇帝聖旨：朕惟孔子之道，曾氏獨得其宗，蓋本於誠身而然也。觀其始於三省之功，卒聞一貫之妙，是以友於顔淵而無愧，授之思孟而不湮者與。朕仰慕休乚風，景行先哲，爰因舊爵，崇以新稱。於戲！聖神繼天立極以來，道統之傳遠矣；國家化民成俗之效，大學之書具焉。其□予之脩齊，兹式彰於褒顯，可加封乚「郕國宗聖公」。主者施行。至順二年九月日。乚

五

加封沂國述聖公制乚

上天眷命，乚皇帝聖旨：昔曾子得聖人之傳，而子思克承厥緒。稽夫《中庸》之一書，實開聖學於千載。朕自臨御以來，每以加惠斯文爲念，萬幾之暇，覽觀載籍，至於「致中和乚而天地位、萬物育」雅留意焉。夫爵秩之榮，既隆於叔配；原行之德，可後於褒加。於戲！有仲尼作於前，孰□世家之盛；得孟子振其後，□□斯道之傳。渥命乚其承，茂隆丕緒，可加封「沂國述聖公」。主者施行。至順二年九月日。乚

六

加封鄒國亞聖公制乚

□□眷命，乚□□聖旨：孟子，百世之師也。方戰國之縱横，異端之充塞，不有君子，孰任斯文。觀夫七篇之書，惓惓乎致君澤民之心，凛凛乎拔本塞源之論。黜霸功而行王乚□，□□□而□□□，可謂有初，聖門追配神禹者矣。朕若稽聖學，祗服格言，乃著新稱，以彰渥典。於戲！頌詩書而尚友□，懷鄒魯之盛，非仁義則不陳，期乚□□□□□□□□□□耿光，可加封「鄒國亞聖公」。主者施行。至順二年九月日。乚

碑陰

茅紹之門人蒲水郝恭刻。乚

至正十六年六月日。∟

國子掌儀臣郭鵬遠　臣吕天倫　∟廟學管句臣劉士俊　∟國子典□□朱棣萼　臣孟志道　∟國子司業臣趙植　∟國子學録臣馮彦　臣劉仲元　∟國子學正臣李思誠　臣符謙　∟國子助教臣張巖起　∟從仕郎、國子助教臣張旵寧　∟奉訓大夫、國子助教臣胡行簡　∟承事郎、國子助教、宗聖公五十六代孫臣曾堅　∟奉訓大夫、國子助教臣劉文芳　∟奉訓大夫、國子博士臣張頤　∟文林郎、國子博士臣鄭鈞　∟文林郎、國子監典簿臣李烈　∟承德郎、國子監丞臣毛元慶　∟儒林郎、國子司業臣董立　∟奉直大夫、國子司業臣薛泰　∟集賢侍講學士、中奉大夫、國子□□臣王□□∟

一一二　安卜顔帖木兒塋域碑　至正十七年

《安卜顔帖木兒塋域碑》，至正十七年（一三五七）三月立。北京市東城區建國門古觀象臺東側臺基下出土，一九八七年由北京市文物研究所移交北京石刻藝術博物館。現存北京石刻藝術博物館。碑青石質，首殘，座佚。碑高一三四釐米，寬六五釐米，厚一五釐米。碑文楷書，三行。安都都等立石。

《北京元代史迹圖志》（北京燕山出版社，二〇〇九年）、《北京石刻藝術博物館藏石刻拓片編目提要》（學苑出版社，二〇一四年）著録。今據北京石刻藝術博物館藏拓片録文。史迪威初録。

碑石記墓主東平路同知安卜顔帖木兒職官信息及立石時間、立石人等。

安卜顔帖木兒塋域碑（至正十七年）實景照片

故奉訓大夫東平路同知
安卜顏帖木兒公之塋域
至正十七歲次丁酉三月八日孝男安都都次男
女丑女等立石

安卜顏帖木兒塋域碑（至正十七年）碑文拓片

録文

故奉訓大夫、東平路同知∟安卜顔帖木兒公之塋域∟
至正十七歲次丁酉三月八日，孝男安都都、次男嚶嚶、女丑女等立石。∟

一一三　香嚴寺功德記　至正十七年

《香嚴寺功德記》，至正十七年（一三五七）立。現存於北京市密雲區冶仙塔碑林。碑青石質，通高一四〇釐米，寬七八釐米，厚一七釐米。碑陽額題楷書「香嚴寺功德記」三行六字，碑文楷書，二四行，滿行四一字。碑陰上部殘泐，下部殘存楷書一三行。

《北京元代史迹圖志》（北京燕山出版社，二〇〇九年）、《北京石刻藝術博物館藏石刻拓片編目提要》（學苑出版社，二〇一四年）著録。今據北京考古遺址博物館（金中都水關遺址）藏拓片録文。

碑陽記元代曹福明等施與香嚴寺功德之事。碑陰爲香嚴寺功德主及寺産四至。

香嚴寺功德記（至正十七年）實景照片

香嚴寺功德記（至正十七年）碑陽拓片

香嚴寺功德記（至正十七年）碑陰拓片

碑陽

香嚴乚寺功乚德記（額）乚

大元古白檀仁□□□□莊香嚴寺功德記乚

大□□□河源□流出□百彰▯乚勑□家自之山河承祚，□□四時□□□□爲之□□□□□□使▯乚□□國□萬物一體，光風□月，□□□不□□洪鐘得扣，空谷應□□□□□問□□□□祐□□□乚□□□□□風□地栽没根樹□芳經□□□外□□□，展翠成蔭，□無□燈□點國明□□□□□□□乚如靈光□□，迥□根靈全□古稱家風□唱胡笳曲□□開□王無□□用出□己宗□□祀□□不傳□乚向上宗旨□□□所□□□□明耶。不二之門，唱□□□理□□使昔皆神通妙用□人□而遠□□以□乚□□新除□，立地成佛，本來有錢□□旨者。乚聖制，既主高□達□弘其宗者，惟上根□□領德真□林□□之□流□下之□□□代□□□□乎？□□乚□不無□□余故里香嚴寺□□迄唐宋□自遼金，其□未□平昔之□□碑文□記碎□年□□上□□乚日久殘，僧不□朝夕之□□□□回廊廡俱□嶽侵堦□荊榛足瓦礫之成堆，昔經於既，感懷長嘆□不□乚□□□□□□莊王□義□□拾巖□□□慧沖一處□寺重脩二門、伽藍堂□□金州□王二□重□乚彩繪丹青十方佛功□□□毗靈尊端□□□□福清衆信士之力，惟清誠心不□□願再塑三□□村□乚容。赫赫聖德，巍巍□□，在□一一□□□如□待齋僧信心無間□清之□善不能□舉彼之□能□□使乚日新成趣，安撫下衆信行□白，晨昏鐘鼓，朝暮香燈，禮念時時，未□間然，至如往□□□接待□□□□高乚己利他□□者衆，皆當代住持法寬菴主無外傳人之高行也。或□雖重修佛宇，塑繪丹青，功德同□□叢乚需常住，宜有田産之□，未嘗見□好施也。遂感當□英賢信士曹福明昆弟見義而□，同心追念在□宗祖乚昊天之德，罔極之恩，無能忘報，□將家之□寺之良山前大段良田一百五十畝，栗林一百餘根，四□□□乚宿藏靈屬在内并無相□□兢不明□理，謹對莊中耆老、年尊，覩立重施文狀，□非明白，對佛焚香，□□□乚常住不□齋粮供佛□僧□待□水。已施□處我如山河有改，□□既移，是所願□□□□明□□□乚□□□□其行也。□即信士直言，不□□也▯之□永□□□。乚

至正丁酉十七年月日□山▯乚前代監山□□宗▯乚首德▯乚

碑陰

一

⎵男王宗林　孫男王本源　善成　兒福證源益福　⌞⎵曹文王　孫男□哥歹　⌞⎵曹十三　小曹大　小曹二　⌞⎵王福成　王德山　小王二　⌞⎵王遵道　王文德　智大□福連　⌞⎵程五　劉福海　⌞⎵王從善　李□□　劉福祥　⌞⎵呂□□　呂伯興　李福□　⌞⎵□福闊　于福□　安□□　⌞⎵李福源　陳從□　魏福□　⌞姚福祥　楊清⌞

二

⎵北至王家地□，東北至曹家。⌞⎵至王家地，西至分水嶺，北至王家地，東北至嶺頭。⌞

一二四　刑部題名第三之記碑　至正二十三年

《刑部題名第三之記碑》，至正二十三年（一三六三）閏三月立。碑石二〇〇四年九月出土於北京市東城區天安門城樓前東觀禮臺後小夾道地下一點五米處，現存於北京石刻藝術博物館。碑漢白玉質，首身一體，方首抹角，素面方座。碑出土時碑身與座分離，碑身左下角斷裂。碑陽首身均刻纏枝花紋邊框，首雕二龍戲珠，圭形額際。碑陰無邊框，無額題。碑通高二二五釐米，寬八二釐米，厚二一釐米。碑陽額題篆書「刑部題名弟三之記」二行八字，碑文楷書，分上下兩欄：上爲記文，共二七行，滿行一四字；下爲刑部官員題名，共四段，行字不等。危素撰，潘適書丹并篆額。碑陰爲刑部令、典史題名，碑文楷書，行字不等。碑陽、碑陰文字均有部分漫漶。

劉衛東《元至正年〈刑部題名第三之記〉碑與元大都中書省的位置》（《中國文物報》，二〇〇七年六月），劉衛東、王曉靜《〈刑部題名第三之記〉碑考索》（《北京歷史與文化論文集》，北京出版社，二〇〇七年）刊佈碑文。《北京石刻藝術博物館藏石刻拓片編目提要》（學苑出版社，二〇一四年）著録。劉衛東《〈刑部題名第三記碑〉考》（《北京文博文叢》，二〇一四年第三期）、陳佳臻《元代刑部研究》（中國社會科學出版社，二〇二一年）對此碑有研究，可資參考。今據北京石刻藝術博物館藏原碑、拓片録文。史迪威初録。

碑文述刑部旨要及立碑緣由，并刊刑部時任官吏題名。

刑部題名第三之記碑（至正二十三年）實景照片

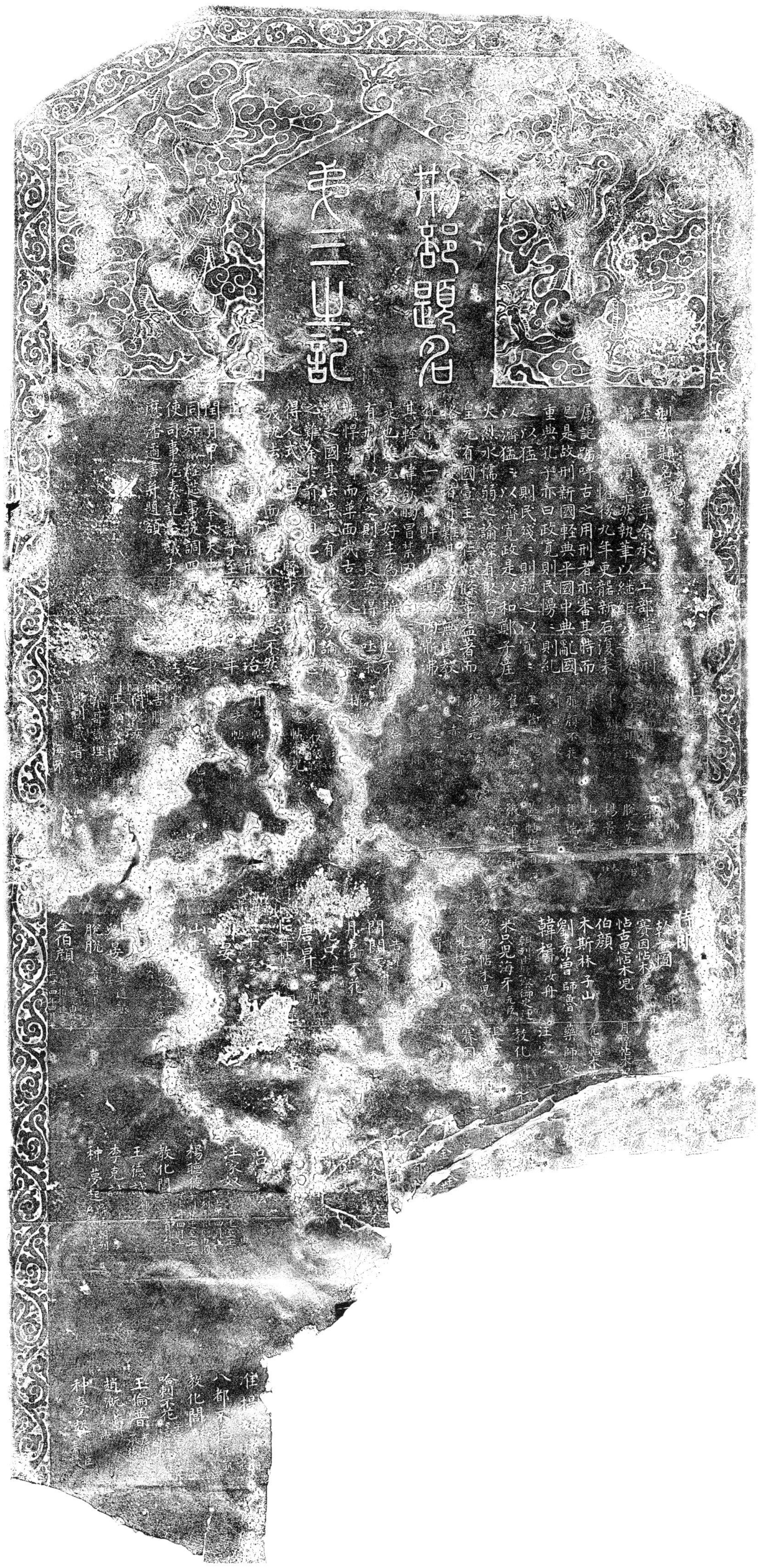

刑部題名第三之記碑（至正二十三年）碑陽拓片

刑部題名第三之記碑（至正二十三年）碑陽殘拓（一）

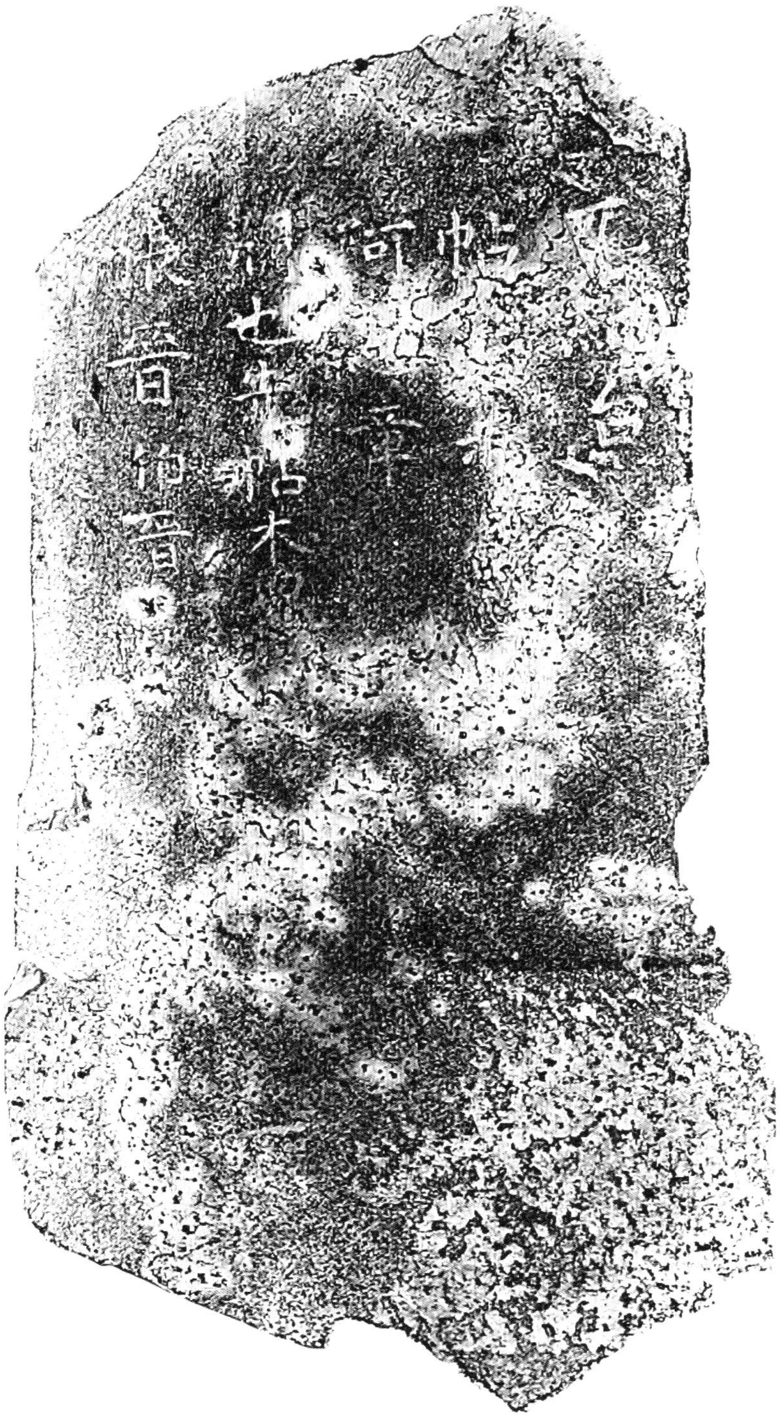

刑部題名第三之記碑（至正二十三年）碑陽殘拓（二）

刑部題名第三之記碑（至正二十三年）碑陰拓片

刑部題名第三之記碑（至正二十三年）碑陰殘拓（一）

刑部題名第三之記碑（至正二十三年）碑陰殘拓（二）

碑陽

刑部題名ㄴ弟三之記（額）ㄴ

第一截

刑部題名第三記ㄴ

至正十有五年，余承乏工部，嘗記刑ㄴ部題名，顧率然執筆，以繼鉅公之後，ㄴ方竊以爲懼。後九年，更礱新石，復來ㄴ屬記。嗚呼！古之用刑者，亦審其時而ㄴ已。是故刑新國輕典，平國中典，亂國ㄴ重典。孔子亦曰：「政寬則民慢，慢則糾ㄴ之以猛，猛則民殘，殘則施之以寬，寬ㄴ以濟猛，猛以濟寬，政是以和。」鄭子産ㄴ火烈水懦弱之論深有取焉。ㄴ皇元有國，壹主於仁恕。條章益著，而ㄴ恪守憲度者實難。其人四方無虞，教ㄴ化未洽。一旦民畔而兵興，海内鼎沸，ㄴ其輕生肆欲、觸冒禁網者，紛紛然皆ㄴ是也。雖先王以好生爲本，斯時也不ㄴ有刑罰以齊之，則善良安得而吐氣，ㄴ獷悍安得而革面哉！古之人有言「無ㄴ赦之國，其法平」，良有以也。兹乃論刑ㄴ之難，余於前記固已備述之矣。司寇ㄴ得人式敬由獄，必擇賢才而任之，庶ㄴ幾執法平允而無過不及之患。不然，ㄴ徒知用其重典而淫刑以逞，以此治ㄴ其天下，不亦愈難乎？至正二十三年ㄴ閏月甲午，通奉大夫、中書參知政事、ㄴ同知經筵事、提調四方獻言詳定ㄴ使司事危素記。奉議大夫、詹事院經ㄴ歷潘迺書并題額。ㄴ

第二截

尚書：ㄴ曲出（有誠） 薩而達温 普達明理 卜別（通奉 仁卿） 藏卜 那顔不花（安禮） 劉謙（洎牧） 王茂（伯昌） 崔孛羅帖木兒 楊鶚（大舉） 楊景元（德春） 阿八赤（元卿） 秃滿迭兒（仲明） 護都鐵穆爾（可久） 阿剌荅納（仁甫） 兀伯都剌 攝思監 桑哥識理（中奉 仲遠） 李家奴（通奉 □德） □速帖木兒 勝吉普 月魯帖木兒 完者帖木兒（□善 仲賢） □本（中□） 完者帖木兒（升爲頭） 豁爾忽達□ 吉臘碩思班 阿兒恢（奉議 彦卿） 玉演□ 桑哥識理（榮禄 再任） 沙剌藏普（資政 彦澤） 玉實爾海牙（琦温） ㄴ沙剌藏普（升爲頭） 朵兒只（元善） 脱火安（鼎臣） 楊景元（德春 再任） 山壽（子靜） 張瑞（君祐） 納嘉識理（允公） 燕帖穆爾（子實） 張章嘉訥（善卿） ㄴ

第三截

侍郎：斡亦圖（明善）　賽因怙木兒（承直德卿）　怙古思怙木兒　伯顏　木斯林（子山）　劉希曾（師魯）　韓楫（汝舟朝列，由監察御史遷）　米只兒海牙（元臣）　忽都帖木兒　撒兒
塔歹（德中）　桑哥失里　唐兀台　察告兒　闊闊歹（朝用）　月魯不花　秃只（士中）　唐昇（彦明）　忙哥帖木兒（國傑至正二十四年□）　六十（元方）　□晏（嘉議仲安）　山壽（子静）　只兒
哈忽（嘉議省□詳定副遷荅魯乃蠻）　吕謙（伯益）　劉晏（仲安，通議，復任）　脱脱（希古，中憲，濟南總管，遷昭列歹）　金伯顏（德元，由北兵馬都指揮使遷，至正廿四年四月上）∟王元□□（至□廿七年四月上）　月魯帖木□（正議，師傑，監察御史遷，至正二十□年八月上）　秃魯
帖木兒　藥師奴　汪家　教化（中大夫□□□左司員外郎遷）　張士勉（□□□侍郎□□□□遷）　賽因普化　觀音奴∟

第四截

□中〔一〕：秃滿迭兒　滿哥怙木兒　牛繼志（述善）　福安（仁壽）　黄夔（廷彦）　黑黑（仲方）　鎖南班　帖木兒脱　□都實理（彦誠）　□按攤不花　金□寶（元凱）
□都帖木兒　□野□□（奉議大夫□□□□）　藥師奴□　王元魯（希曾）　劉炳（孟文）　吕宗藝（志能）　汪家奴（由光禄寺卿遷，至正二十七年四月上）　楊聽德（朝列，字惟聰，由國子司業遷，至正二十七年四月上）　教化閭（子
敬，員外陞）　王德誠（仲芳）　李克誠　种夢起（鼎臣，朝列，户部郎中遷）∟

第五截

員外郎：護部鐵穆爾（可久）　□□（述古）　□□讓（子敬）　韓勵（之進）　久住（朝列）　完者秃　鎖鎖（文啟）□　燕只□　賈□　鎖住　六十（元方）　□□帖木兒
□木兒（仲賓）　兀雍台　帖麥赤　阿忽章　荆也先帖木兒（宗約）　張晉（伯晉）　□住（敬之）　准提奴（希顔朝散）　八都不花（元凱）　教化閭（子敬）　哈剌不花（字德芳，阿魯温氏，至正廿五年三月一日由江浙
員外遷奉訓）　王倫普（彦周承德）　趙溉（濟叔奉議）　种夢起（鼎臣奉議）∟扈者　張家奴　寶□□　木八刺沙　完者秃　李志誠　伯顏不花　王恩義　孟莘資寶□∟

校勘記

〔一〕□中　原碑「中」前殘一字，據《元史・百官志》之「刑部」條所記職官信息，當作「郎」。

碑陰

本部令□史人等題名記

提控令史　趙克己(敬禮)　劉敬(處恭)　安亨(伯謙)　陶亨(士元)　侯士巖(魯瞻)　李德庸(執中)　李守正(友仁)

令史　劉敬(處恭)　范禎(伯宣)　閆廷玉(仲理)　陳天賚(夢弼)　安亨(伯謙)　牛思祖(奉先)　劉炯(永昭)　李繼祖(孝先)　王彦廷(師賓)　李伯誼(彦忠)　楊元舉(文習)　李惟勤(禮□)

李德庸(執中)　李彦威(叔儀)　崔允恭(克讓)　王世貞(伯純)　趙克允(彦能)　蕭殼(端□)　閆思義(□□)　劉師魯(景賢)　杜榮進(文美)　劉有文(德章)　李守正(友仁)　李良弼(君□)

張繼祖(孝先)　田貞(德固)　宋居仁(嘉夫)　閆文郁(從周)　劉謙(彦□)　常志一(道寧)　韓希弼(晉卿)　唐弘毅(道□)　高良(良卿)　裴吉(元益)　薛晉(惟明)　盛茂(□□)

杜君美(子徽)　陶亨(士元)　蔡德新(復初)　柴楨(國直)　李志(道寧)　趙權(德中)　賀琬(庭琰)　楊克孝(進道)　趙彦澤(德潤)　劉謙(允讓)　滕楠(有文)　劉師顔(□□)

魏惟明(□遠)　馬正(士端)　李文勝(焕章)　趙俊德(克明)　霍守禮(遵道)　馬惟善(□珍)　胡文焕(有重)　張守貞(子正)　馮貫(貫道)　曹從德(希敏)

買住(仲德)　侯世禄(元爵)　張不花　郝徹徹禿(大本)

知印　□□□□　俺都剌法苔(彦通)　買朮丁(國□)　馬哈馬(德明)　阿哈馬(仲良)

□都▯　孛羅帖木兒(彦清)　舉迷實普華(□友)　田察罕不花(伯顔)

奏差　▯陳忠(□忠)　閆思忠　木八剌沙(伯亨)　張鳳(文儀)　哈質(仲彬)　楊狗兒(得春)　李孝宗　孫拜住　上都(彦明)　皇甫□(克烈)　哈剌不花(云□)　段完者帖▯

▯院亦憐真

□□　▯□□(□本)　李從信(允夫)　孟文(士章)　高思恭(致敬)　薛中(好問)　趙俊德(克明)　李璧(文玉)　▯

▯□□輔(唐臣)　姚權(執中)　劉德行(文用)　曹從德(希閔)　王焕(文玉)　馬正(士亨)　邢裕(士寬)　劉可宜(文義)　裴希顔　夏子宗▯　劉□(敬存)▯

謄□　▯□天禄(士良)　王焕章(炳文)　書寫　秦佑　蕭忞(士敏)　張郁(友□)　蘇仁傑(唐□)　王焕(文卿)　劉秉臣(□道)　王怡道(秉文)　和熜(仲良)　郝文焕　高▯

▯趙傑(□□)　李亨(道元)　任善(可舉)　楊昇(士能)　蘇通(達卿)　鄭國瑞(慶祥)　郭智唐(□中)　高敏(子達)　王遵道(守中)　楊▯

武儀(士威)　劉文寶(彦□)　徐登(士能)　馬公(餗鼎)　吴泰(□白)　侯邦傑(國英)　王綱(文紀)　李亨(元臣)

首領官　▯馬德(顯道)　陳德新(榮甫)　張德(大本)　王子成(士宜)　游德彬(文質)　常進(成甫)　安崇德　肖義　史德林　王聚(繼先)　成進　孫顯　劉用

面前　張▯　□子成(士臣)　游德彬(文質)　常進(成甫)　安崇德(從善)　蕭義(成甫)　史得林(君美)　姚庸　王聚　孫顯　成進　劉用(巨川)　高達(士元)　王榮(秀實)　王珍(德甫)　李居敬(行簡)　宜▯

蘇義　趙德▯

▯(繼先)　成進(君卿)　孫顯(得明)　劉用(巨川)　高達(士元)　王榮(秀實)　王珍(德甫)　▯　李居敬(行簡)　宜智中(希彦)　張成　于淵(彦深)　竇德(孝先)　孟成▯

▯　▯宜智史(希顔)　張成(汉卿)　侯欽祖(繼先)　田榮祖(繼先)　路□　蘇義(勝利)　劉▯　趙德　于得海

司獄司　司獄□□　獄丞張成　蔣梓　典吏趙傑(文英)

司藉所　提領□□(伯元)　龔敬(以敬)　高仔敬　李士遠　典吏李肅(惟恭)

提領□和

一二五　大元特賜傳戒壇主空明圓證澄慧國師隆安選公碑　至正二十四年

《大元特賜傳戒壇主空明圓證澄慧國師隆安選公碑》，至正二十四年（一三六四）九月立。現存地不詳。據中國國家圖書館所藏拓片，碑陽高二四九釐米，寬一〇二釐米，額高六〇釐米，寬三七釐米；碑陰高七二釐米，寬一〇七釐米。碑陽額題篆書「大元特賜傳戒壇主空明圓證澄慧國師隆安選公碑」三行二一字。碑文楷書，二七行，滿行七一字。碑陰楷書，三七行，行字不等。危素撰并書丹，張璟篆額，張述刻字，僧智學立石。

元危素《危太僕文續集》、清王原祁等《佩文齋書畫譜》、清錢大昕《潛研堂金石文跋尾》、清倪濤《六藝之一録》、清孫承澤《春明夢餘録》、清于敏中《日下舊聞考》、清吴式芬《攈古録》著録該碑，李修生主編《全元文》（江蘇古籍出版社，二〇〇二年）有碑陽録文，蔡美彪《元代白話碑集録（修訂版）》（中國社會科學出版社，二〇一七年）有碑陰録文，《北京圖書館藏中國歷代石刻拓本匯編》（中州古籍出版社，一九八九年）收録拓片。今據中國國家圖書館提供拓片（北京三三九）録文。

碑陽記大崇國寺壇主空明圓證大法師隆安選公特賜澄慧國師傳戒之事迹。碑陰爲至正二十三年、至正二十六年兩件宣政院劄付。蔡美彪在《元代白話碑集録（修訂版）》中指出，「澄慧國師」是至正二十六年追封。碑題當是立石人增入。

大元特賜傳戒壇主空明圓證澄慧國師隆安選公碑（至正二十四年）碑陽拓片

大元特賜傳戒壇主空明圓證澄慧國師隆安選公碑（至正二十四年）碑陰拓片

碑陽

大元特賜傳戒壇∟主空明圓證澄慧∟國師隆安選公碑（額）∟

大元勑賜大崇國寺壇主空明圓證大法師隆安選公特賜澄慧□師傳戒碑有序〔一〕∟

資政大夫、中書參知政事、同□經筵事、提調四方獻言詳定使司事臣危素奉勑撰文并書丹。∟

集賢大學士、光祿大夫、滕國公臣張瑧奉勑篆額。∟

大雄氏設教，所詮三學，以戒爲首。昔西天祇園比丘樓至，請佛立壇，爲比丘受戒。漢建寧元年，北天竺五沙門支法領等，在長安譯《四分戒本》兼羯磨，與大僧受戒。唐□□□鐵索羅等十∟人至自天竺，爲尼受戒，此震旦受戒之始也。宋元嘉七年，天竺僧求那跋摩即廣陵南林寺竹園立戒壇，此震旦立壇之始也。錢唐律師元照，定南山道宣而止爲九祖：初祖曇無德尊者，∟二祖曇摩迦羅尊者，三祖北臺法聰，四祖雲中道覆，五祖大覺慧光，六祖高齊道雲，七祖河北道洪，八祖弘福智道。蓋律者慧基，非智不奉。若初繇經論，必輕戒網。輕戒網，則喪壞法身，淪∟溺慧命，其患可勝言哉！至若萬行具足，已成佛道，尤當以戒爲本。學者卓然自立，確然自信，尊敬奉持，無須臾之戒離，則身口意業可以調伏，佛之學庶乎其可幾矣。至遼道宗，以金泥親∟書《菩薩三聚戒本》。耶律淳卒，羣臣立其妻蕭氏，改元德興，以《三聚戒本》畀馬鞍山惠聚寺悟纏。後廿有九年，金貞元元年，弘祐寺圓怡掌之。又後六年，正隆三年，開悟寺行坰掌之。又後六∟季，大定三季，遵恒掌之。又後九年，延洪寺善謙掌之。又後五年，善鑑掌之。又後十有七年，明昌二年，善興掌之。又後七年，承安三年，惠應掌之。明年，性該掌之。又卅有六年而金亡。∟元興，寶集寺佑聖國師志玄奉持尤謹。∟太宗皇帝癸卯歲詔啓圓戒大會，《戒本》傳於閔忠寺圓融宣密大師祥杲，杲以傳於崇國寺空明圓證大法師善選。由是知律學之淵原尚矣。至正二十三年十月，∟今皇帝御明仁殿，宣政使帖古思不華等請賜傳戒之碑於崇國寺，以著善選師之美，而章示於後來。乃命中書參知政事臣素撰文書丹，張瑧□額〔二〕，特賜善選澄慧國師。按善選師姓劉∟氏，世居香河會僊鄉馬家里，母于〔三〕。師生於金大定十五季四月，將誕之夕有異光，父母奇之。稍長，出家於里中隆安寺，禮真覺爲師，博通華嚴□旨〔四〕。聞燕京永慶寺正法藏大師 素通∟清涼國師義疏，迺造習焉。它日，燕坐佛前，聞雲版聲，頓然開悟，遂以「空明」自號，究《瓔珞經》《瑜伽論》，知四不壞性，明三聖戒法。會我師伐金，師□轉徙平灤軍中，日無足食。將士或餽葷饌，終ㄴ卻不受。人知其清潔，不復縻縶，僅得還燕。閔忠、崇國二寺，已俱爲兵毀。丞相厦里等奉朝命，徒各寺人匠。中書令耶律楚材署疏，請主閔忠寺。尋主崇國寺，則丞相厦里之請也。師告施者，ㄴ經營締構，悉復舊觀。行臺石抹明安聘主寶集寺，大弘圓宗弘法。寺藏經有版，經亂之後，師亦被命較勘，補其闕遺。□臺劉仲禄尤加□禮（五）。時薊之甘泉寺本無禪師，志玄建大戒壇，聘師ㄴ爲教授師。己丑歲，真定邸、王二師繼啓資戒會，師皆爲羯磨傳戒宗主。復授《戒本》於寶集寺釋教都壇主行秀，度門徒二百餘人，其知名者：通辨大師定學、雄辨大師義定（六）、通理大師道明、ㄴ崇教大師慧英、寂照大師定志、廣慧大師祖璋、圓照大師恒遷。歲壬子五月庚子，演説八關淨戒。詰旦，謂衆曰：「今日上得見汝等一度。」又明日，留偈而逝。世壽七十有六，僧臘五十有六。會ㄴ歲旱暑熾，至是陰雲布濩者三日，涼飇颯然。送者三萬餘人，梵僧之寓京無弗至者。龕置所焚之臺，倏爾動摇。及闍維，又動。五色雲氣，結爲瑞光，中出白氣，直射西方。曹氏童男女見師乘ㄴ雲騰空。或收其頂骨，夜光盈室。其應感若此，安得不起信於人哉！是年七月庚子，瘞諸宛平縣玉河鄉魯郭里之祖塋，又樹塔於隆安寺。師示寂既久，行秀傳《戒本》於崇國定志，志傳昊天ㄴ顯淨，淨傳崇國定演，演傳原教法聞，俱戒行精嚴，人天師表，僥幸妄求者不得與於斯矣。後之繼承相授，可不思以續佛慧□也耶（七）？臣素欽承明命，采摭始終，發明傳戒之原本，且銘其ㄴ碑，以授今大崇國寺住持普明淨慧大師臣僧智學，俾刻諸石，庸論著我朝崇尚佛法之本旨也。銘曰：ㄴ

□性之靈（八），先諸空刼。由有幻軀，身口意業。貪夫徇財，烈士徇名。夜旦牽纏，稄稄營營。淪精幽沈，陽明終遠。赤曦當空，雲□霧卷。盧舍那佛，閔彼蚩蚩。爰示方便，是爲毗尼。制戒孔嚴，大啓羣ㄴ衆。流傳震旦，靡不尊奉。迨澄照師，嘉遯紵麻。聲震于唐，著書滿家。芝草白泉，式現諸瑞。終南崇崇，道風弗隊。孰寶戒本，遼帝所書。刼火不壞，靈妙如如。奕世相承，奉盈執玉。必有碩師，福慧ㄴ兩足。臨壇徧觀，戒體孰完。議以空明，蚤學隆安。羯磨傳宗，克堪畀付。齋戒襲藏，天龍訶護。ㄴ聖皇御極，象教寔崇。睠彼蘭若，師有遺蹤。中勑廷臣，載稽原委。普度含生，盡未來際。邦基永固，正法光明。維億□齡，眎此刻銘。ㄴ

至正二十四年九月壬申，大崇國寺住持普明淨慧大師臣僧智學立石。清河張述刻字。ㄴ

碑陰

一

皇帝聖旨裏，宣政院：至正廿三年十月十六日，哈剌章怯薛第一日，ㄴ明仁殿裏有時分，速古兒赤也速迭兒、云都赤火里、殿中月魯ㄴ帖木兒、給事中觀音奴等有來。本院官帖古思不花院使、∟阿剌台經歷等∟奏：「大都有的大崇國寺開山住持空明圓證選公大師立傳∟戒碑石的上頭，俺與∟搠思監太保右丞相一處商量來，交中書省參政危素撰∟文并書丹，集賢大學士滕國公張璂篆額呵，怎生？」麽道。∟皇太子根底啓呵，∟上位根底奏，∟聖旨識也者，麽道。奏呵，奉∟聖旨：「那般者。」欽此，除已移咨參政危素撰文并書丹、學士張璂篆額外，∟使院合下，仰照驗欽依施行。須議劄付者。∟

右劄付大崇國寺，准此。∟

竪立碑石∟

押∟

印 押 押 押 押 押∟

二

皇帝聖旨裏，宣政院：至正廿六年二月十七日，完者帖木兒怯薛∟第二日，∟宣文閣裏有時分，速古兒赤完者不花、云都赤塔海帖木兒、殿∟中寶堅、給事中解里顔等有來。帖古思不花院使、孛羅帖∟木兒副使、八兒忽台參議、都馬經歷、忙哥帖木兒經歷等∟奏：「俺根底，釋教都壇主澄吉祥文書裏咨呈：大崇國寺空明∟圓證大師選公，釋教都總統名分裏委付了有來。他亡殁∟了有，爲他傳受金字戒本立碑的上頭，依先祖師例，封贈∟國師名分的説有。俺與∟伯撒里太師右丞相一處商量了，依著他保來的文書，釋∟教都總統澄慧國師選公名分封贈，怎生？」麽道。∟皇太子根底啓呵，∟上位根底奏，∟聖旨識也者，麽道。奏呵，奉∟聖旨：「那般者。」欽此。除欽遵外，使院合下，仰照驗就行，欽依施行。須∟議劄付者。∟

右劄付大崇國寺，准此。∟

封贈∟

押 押 押 押∟

印 押 押∟

校勘記

〔一〕大元勑賜大崇國寺壇主空明圓證大法師隆安選公特賜澄慧□師傳戒碑有序　「□師」，《危太僕文續集》卷三《大元敕賜大崇國寺壇主空明圓證大法師隆安選公特賜澄慧國師傳戒碑》作「國師」。

〔二〕張璂□額　「□額」，《危太僕文續集》卷三《大元敕賜大崇國寺壇主空明圓證大法師隆安選公特賜澄慧國師傳戒碑》作「承額」。

〔三〕母于　《危太僕文續集》卷三《大元敕賜大崇國寺壇主空明圓證大法師隆安選公特賜澄慧國師傳戒碑》作「母于氏」。

〔四〕博通華嚴□旨　「□旨」，《危太僕文續集》卷三《大元敕賜大崇國寺壇主空明圓證大法師隆安選公特賜澄慧國師傳戒碑》作「經旨」。

〔五〕□臺劉仲禄尤加□禮　「□臺」，《危太僕文續集》卷三《大元敕賜大崇國寺壇主空明圓證大法師隆安選公特賜澄慧國師傳戒碑》作「行臺」；「□禮」，《危太僕文續集》卷三《大元敕賜大崇國寺壇主空明圓證大法師隆安選公特賜澄慧國師傳戒碑》作「敬禮」。

〔六〕雄辨大師義定　「義定」，《危太僕文續集》卷三《大元敕賜大崇國寺壇主空明圓證大法師隆安選公特賜澄慧國師傳戒碑》作「定義」。

〔七〕可不思以續佛慧□也耶　「慧□」，《危太僕文續集》卷三《大元敕賜大崇國寺壇主空明圓證大法師隆安選公特賜澄慧國師傳戒碑》作「慧鐙」。

〔八〕□性之靈　「□性」，《危太僕文續集》卷三《大元敕賜大崇國寺壇主空明圓證大法師隆安選公特賜澄慧國師傳戒碑》作「本性」。

一二六　敕賜十字寺碑記　至正二十五年

《敕賜十字寺碑記》，至正二十五年（一三六五）正月立。現存於北京市房山區周口店鎮車廠村西北十字寺遺址。碑漢白玉石質，螭首，圭額，龜趺座。碑陽額題篆書「敕賜十字寺碑記」，一行七字。碑文楷書，二三行，滿行五二字。黄溍撰，李好文書，趙期頤篆額，住持淨善等立石。

清繆荃孫《藝風堂金石文字目》、《（民國）房山縣志》、《北京元代史迹圖志》（北京燕山出版社，二〇〇九年）、《北京遼金元拓片集》（北京燕山出版社，二〇一二年）、《新日下訪碑録·房山卷》（北京燕山出版社，二〇一三年）、楊亦武《房山碑刻通志》卷四（社會科學文獻出版社，二〇一八年）著録。碑末題「大功德主：錦衣衛指揮高榮□□□左氏，男高儒、夫人張氏，鐫字石匠甯永福」，蓋爲後人補刻，亦或後人重立石時增入。徐蘋芳等對此均表示懷疑。今據北京考古遺址博物館（金中都水關遺址）藏照片、拓片録文。

碑記至正時鐵木兒不花、趙伯顔不花、慶童等奏請敕賜十字寺始末。

敕賜十字寺碑記（至正二十五年）實景照片

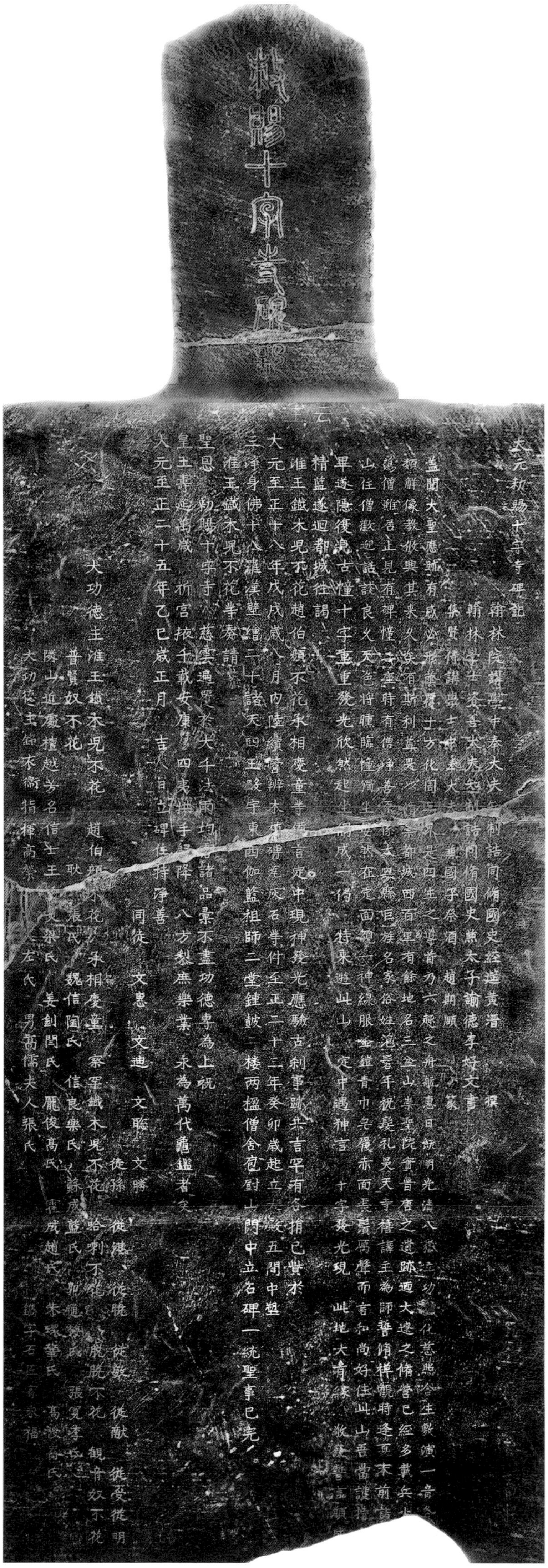

敕賜十字寺碑記（至正二十五年）碑文拓片

敕賜十字寺碑記（額）乚

大元勑賜十字寺碑記乚

翰林院講學、中奉大夫、知制誥、同脩國史、經筵黄溍撰。乚

翰林學士、資善大夫、知制誥、同脩國史兼太子諭德李好文書。乚

集賢侍講學士、中奉大夫兼國子祭酒趙期頤篆。乚

蓋聞大聖應跡，有感必形，蔭覆十方，化周三界。是四生之導首，乃六趣之舟航。惠日既明，光清八嶽，立功□化，慈照含生，敷演一音，各□乚類解，像教攸興，其來久矣。有斯利益，是以脩宗。都城西百里有餘，地名三盆山，崇聖院實晉唐之遺跡，迺大遼之脩營，已經多載，兵火□乚蕩，僧難居止，見有碑幢一座。時有僧淨善，原係大興縣巨族名家，俗姓范，髫年祝髮，禮昊天寺禧講主爲師，誓脩禪觀。時逢夏末，前詣□乚山，住僧歡迎。話談良久，天色將曛，臨幢獨坐，安然在定，面覩一神，緑服金鎧、青巾皂履、赤面長鬚，厲聲而言：「和尚好住此山，吾當護持。」□乚畢遂隱，復見古幢十字重重發光，欣然起坐，偶成一偈：「特來遊此山，定中遇神言。十字發光現，此地大有緣。」敬發誓言，願成乚精藍，遂迴都城，往謁乚淮王鐵木兒不花、趙伯顏不花、承相慶童等，備言定中現神發光應驗古刹事跡，共言罕有，各捐己貲，於乚大元至正十八年戊戌歲八月内陸續營辦木植、磚瓦、灰石等件，至正二十三年癸卯歲起立大殿五間，中塑乚三淨身佛、十八羅漢，壁繪二十諸天四王，殿宇東西伽藍祖師二堂、鍾鼓二樓兩楹，僧舍庖廚，山門中立石碑一統。聖事已完，乚淮王鐵木兒不花等奏請乚聖恩勑賜十字寺，慈雲遍覆於大千，法雨均霑諸品彙，不盡功德，專爲上祝乚皇王壽延萬歲，祈宫掖千載安康，四夷拱手歸降，八方黎庶樂業，永爲萬代龜鑑者矣。乚

大元至正二十五年乙巳歲正月吉日立碑。住持淨善　乚同徒：文惠　文迪　文聰　文勝　乚徒孫：從湛　從曉　從敏　從獻　從受　從明乚

大功德主：淮王鐵木兒不花　趙伯顏不花　承相慶童　察罕鐵木兒不花　哈喇不花　脱脱不花　觀音奴不花　乚普賢奴不花　耿□張氏

魏信陶氏　信良樂氏　蘇成藍氏　郭通梅氏　張寬李氏　乚鄰山近處檀越芳名信士：王□美梁氏　姜釗閆氏　龐俊高氏　霍成趙氏　朱環鞏氏

高禐喬氏乚

大功德主：錦衣衛指揮高榮□□□左氏　男高儒夫人張氏　鐫字石匠甯永福乚

一二七　至正丙午國子監公試題名記　至正二十六年

《至正丙午國子監公試題名記》，至正二十六年（一三六六）立石。現存北京市孔廟和國子監博物館。中國國家圖書館藏拓片額高三〇釐米，寬四〇釐米，碑文拓高一六六釐米，寬八四釐米。額題篆書「至正丙午國子監公試題名記」，四行一二字。碑文楷書，二五行，滿行五九字。不著書篆人。

清孫星衍《寰宇訪碑録》、清繆荃孫《藝風堂金石文字目》、《（光緒）順天府志》著録。邢鵬《北京國子監元代「國子監貢試題名記」刻石考》（首都博物館《北京歷史與文化論文集》，北京出版社，二〇〇七年）有研究。今據中國國家圖書館提供拓片（北京一三四七）録文。

碑文記元末科舉變化，詳列至正二十六年國子中選生題名。題名者字及族別（或籍貫）書於名後。

至正丙午國子監公試題名記（至正二十六年）實景照片

至正丙午國子監公試題名記（至正二十六年）碑文拓片

録文

至正丙∟午國子∟監公試∟題名記（額）∟

至正二十六年國子中選生題名記∟

初，其藝蒙古、色目、漢人凡三色，各取中式百二人。及科舉復行，合爲一試，異其考，以∟廷對即其出身，蒙古從六品，色目七品，漢人從七品，亦可謂厚。至正二十五年冬，∟上猶閔學者之久滯，∟詔優異之。廷議以蒙古秩正六，色目秩從七，漢人秩正七，文在所取而限於額數者爲副牓，副牓三色，亦以次而升。∟奏上，∟報可。明年春大比，拔其尤以充貢者，悉如舊制，授官有差。既而諸君子相謂曰：「每試必題名于石，石必有文以記之。」以余嘗列胄子之末，乃來請文。遂諗之曰：∟「國家當擾攘倥偬之際，留心文教，推恩多士，其願治之意至矣。豈非以文教之興，而倫□繫；多士之勸，人材所自出乎！孝父忠君，此爲學之本，豈徒曰禄位∟而已哉！諸君子發軔於斯，必進而行其所學，勒功於鼎彝，流聲於竹帛，指其入而考其實，則今日之題名特爲它日之張本耳，尚懋勉哉！」既以是語之，而又∟爲之記。是歲提調貢舉則中書平章政事七十、知貢舉則中書左丞王時，同知貢舉則禮部尚書徐昺，考試官翰林學士陳祖仁、翰林直學士張昌寧、禮部∟侍郎劉獻、御史臺知事岳信，監試官監察御史王倫普、蘇天民，因併記之。∟

正牓∟

蒙古：賜正六品出身，授承直郎。∟

哈剌燕只哥 字有臨 怯烈　普化帖木兒 字行簡 朶兒別台氏　八魯台 字□ □　完哲虎畐 字得中 瓮吉剌氏　鼎鑄 字元吉 乃蠻氏　六十六 字□ □　兀納罕 字視□ 伯也歹氏 ∟

色目：賜從六品出身，授承務郎。∟

宋嘉閭 字隆起 唐兀氏　福同 字雲翔 畏兀氏　海達兒 字□　鎖南班 字文清 畏兀氏 ∟添喜 字彦嘉 唐兀氏　康康 字希孟 木速魯蠻氏 ∟

漢人：賜正七品出身，授承事郎。∟

蔡玄 字德升 泉州人　周寅 字尚賓 東平人　丁鐸 字□□ □□人　劉驥 字德□ 濟南人 ∟劉登 字夢升 青州人　李植 字子久 南皮人　張國麒 字元□ 白馬人 ∟

副牓∟

蒙古：∟

字元貞 哈兒吉歹　桂同 字一校 察罕塔塔兒　迺蠻台 字文德 乃蠻氏　神家奴 字天佑 乃蠻氏 ∟帖木兒 字仲章 欽察氏　翼珍溥化 字天章□ □思氏 ∟

一二八　大元温犀玳瑁局大使潘公墓碑

《大元温犀玳瑁局大使潘公墓碑》，立石時間不詳。北京市東城區建國門古觀象臺東側臺基下出土，一九八七年由北京市文物研究所移交北京石刻藝術博物館。現存北京石刻藝術博物館。碑青石質，方首抹角，座佚，無紋飾。碑下部殘闕，僅存上半部。碑殘高九二釐米，寬七六釐米，厚一三釐米。碑額横題楷書「大元」二字。碑文四行，楷書，最後一行無法辨識。

《北京元代史迹圖志》（北京燕山出版社，二〇〇九年）、《北京石刻藝術博物館藏石刻拓片編目提要》（學苑出版社，二〇一四年）著録。今據北京石刻藝術博物館藏拓片録文。史迪威初録。

碑石爲元潘公墓碑，碑文記墓主職官信息。按：據墓碑，潘公當爲金玉府所轄温犀玳瑁局大使。温犀玳瑁局，秩從八品。至元十五年置，設大使一員。

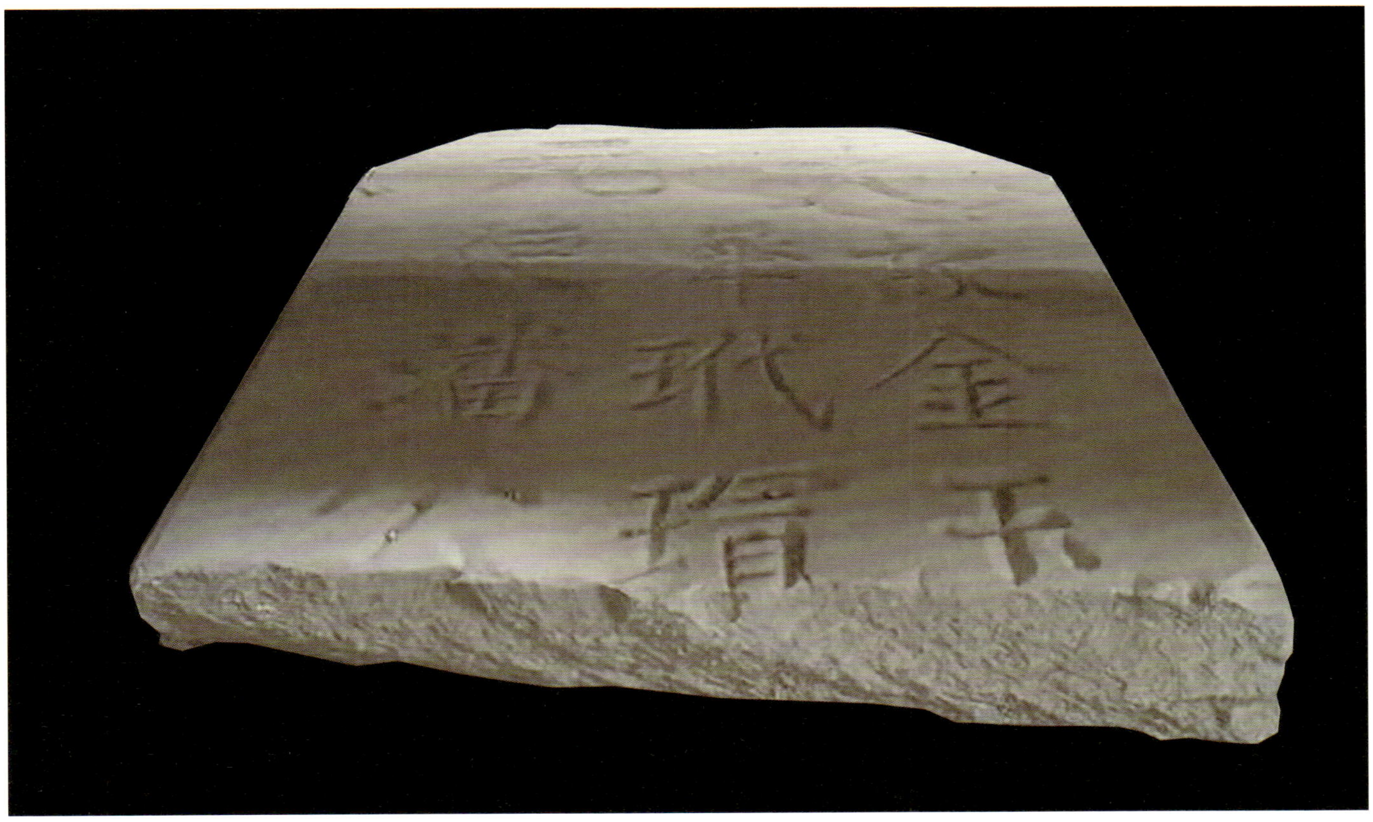

大元温犀玳瑁局大使潘公墓碑碑體照片

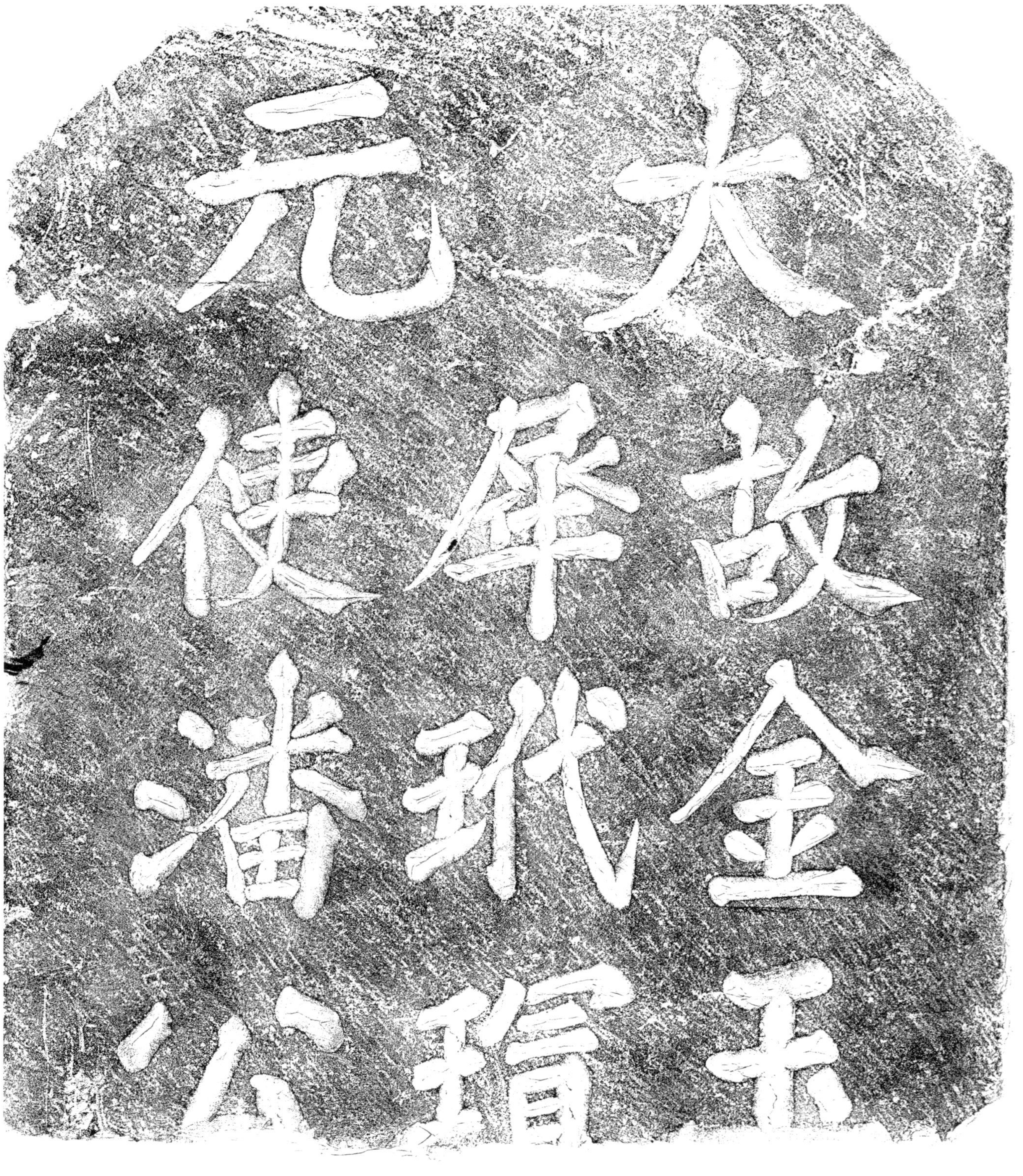

大元温犀玳瑁局大使潘公墓碑碑文拓片

録文

大元（額）⌊

故金玉▯⌊犀玳瑁▯⌊使潘公▯⌊

□▯⌊

一二九　大元忠遂國公神道之位碑

《大元忠遂國公神道之位碑》，刻立年月不詳。北京市東城區龍潭湖斡脱赤墓出土。今藏首都博物館。碑大理石質，圓首，長方形底座，碑面四周刻卷草紋。座肩覆蓮形，底爲圭足。碑面寬二四點五釐米，高五七釐米，底座長三二釐米，寬一五釐米。碑文楷書，二行，滿行五字。

《北京元代史迹圖志》（北京燕山出版社，二〇〇九年）著録。今據首都博物館藏拓片録文。

按：忠遂國公當爲斡脱赤，鐵可之父，追封代國公，謚號忠遂。見《元鐵可公墓誌銘》。

大元忠遂國公神道之位碑碑文拓片

録文

大元忠遂國」公神道之位」

一三〇　故武德將軍帶金牌淮蒙萬户千户所達魯花赤鑾子公塋碑

《故武德將軍帶金牌淮蒙萬户千户所達魯花赤鑾子公塋碑》，刻石時間不詳。碑出土於北京市密雲城西門外橋下，現存密雲區治仙塔碑林。碑青石質，上部殘缺，殘高一三二釐米，寬七〇釐米，厚一八釐米。由「淮蒙萬户千户所達魯花赤」可知，該碑爲元碑。墓碑上方有横題文字，現大部殘泐，僅於偏右處殘存楷書「大」字。其下竪題楷書，三行，滿行八字。

《北京元代史迹圖志》（北京燕山出版社，二〇〇九年）、《北京石刻藝術博物館藏石刻拓片編目提要》（學苑出版社，二〇一四年）著録。今據北京考古遺址博物館（金中都水關遺址）藏拓片録文。

碑文記元故武德將軍淮蒙萬户千户所達魯花赤鑾子之塋地。

故武德將軍帶金牌淮蒙萬户千户所達魯花赤鑾子公塋地碑照片

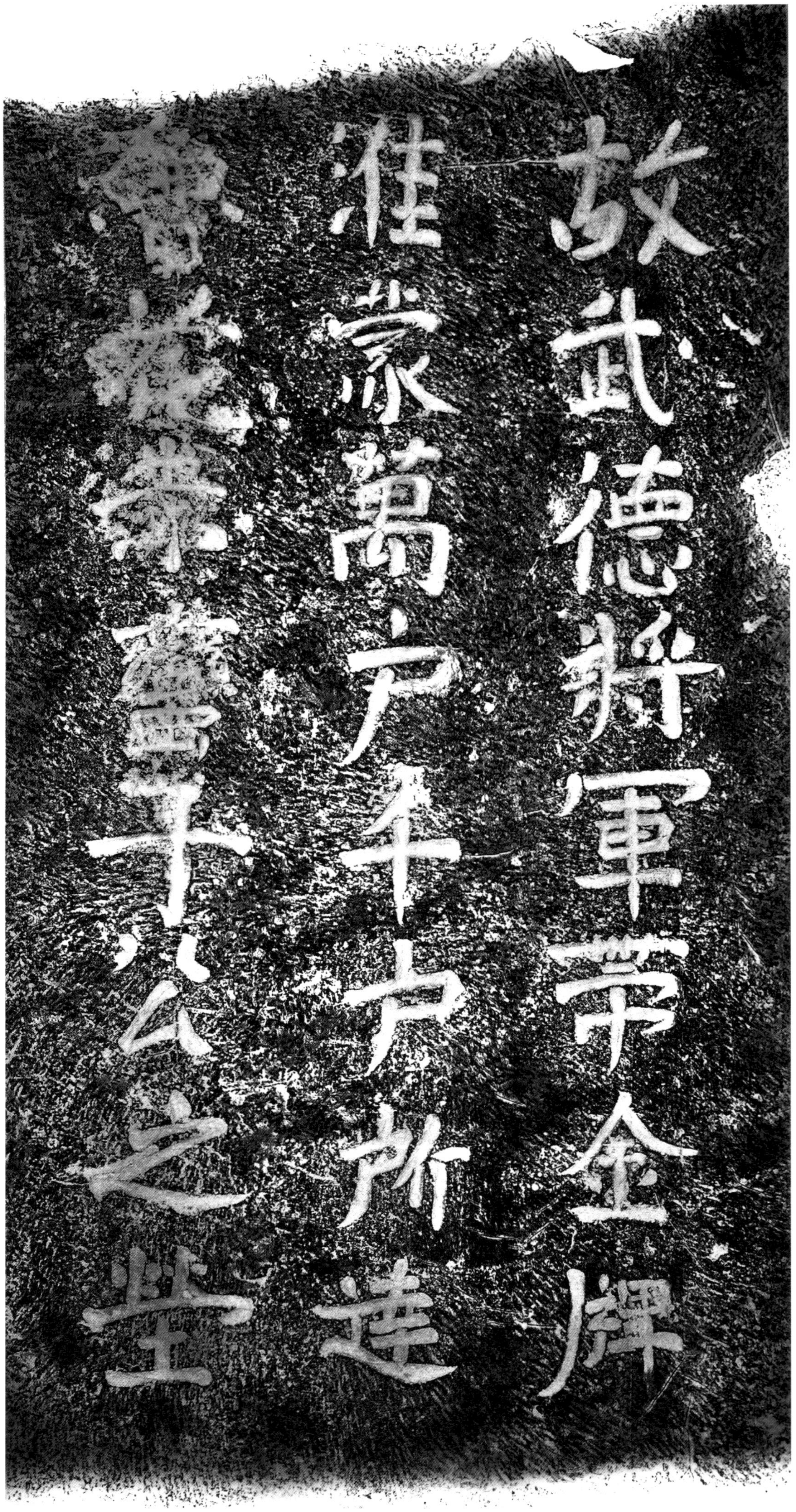
故武德將軍帶金牌
淮蒙萬户千户所達
魯花赤蠻子公之塋

故武德將軍帶金牌淮蒙萬户千户所達魯花赤蠻子公塋地碑碑文拓片

録文

故武德將軍帶金牌」淮蒙萬户千户所達」魯花赤蠻子公之塋」

一三一　故趙君及夫人石氏墓碑

《故趙君及夫人石氏墓碑》，立石年月不詳。現存北京市門頭溝區文化委員會。碑漢白玉石質。碑高六三釐米，寬四七釐米，厚一七釐米。碑文楷書，五行，滿行六字。

《北京元代史迹圖志》（北京燕山出版社，二〇〇九年）、《北京遼金元拓片集》（北京燕山出版社，二〇一二年）著録，題作「趙君墓碑」。今據北京考古遺址博物館（金中都水關遺址）藏照片、拓片録文。

碑石記墓主趙君與其妻石氏所受封贈信息。

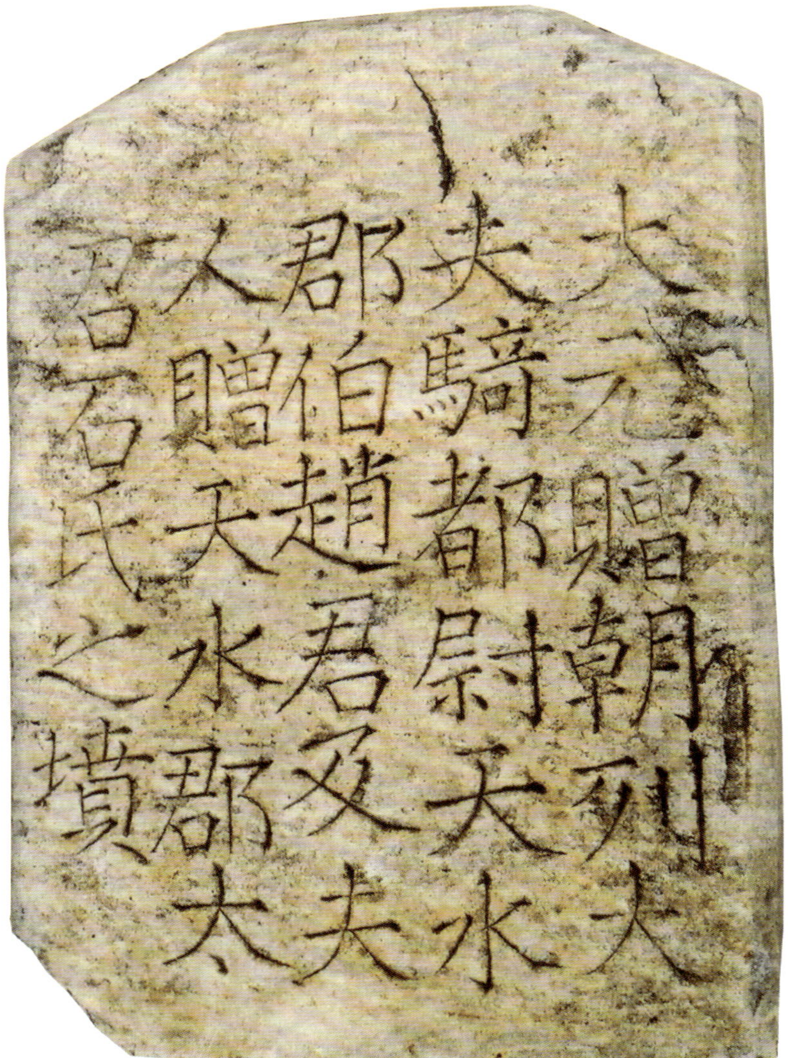

故趙君及夫人石氏墓碑碑體照片

故趙君及夫人石氏墓碑碑文拓片

録文

大元贈朝列大⌊夫、騎都尉、天水⌊郡伯趙君及夫⌊人贈天水郡太⌊君石氏之墳。⌊

一三二　海雲大宗師塔銘（一）

《海雲大宗師塔銘（一）》，刻石年月不詳。現存於北京市昌平區興壽鎮秦城村北龍泉寺。據中國國家圖書館藏拓片，銘石高二三釐米，寬三七釐米。塔銘題「佛日圓明海雲大宗師之靈塔」，楷書，四行，滿行三字。塔銘四周有花卉紋樣纏繞。

《北京圖書館藏中國歷代石刻拓本匯編》（中州古籍出版社，一九八九年）著録。今據中國國家圖書館提供拓片（墓誌三九三八）録文。

海雲大宗師塔銘（一）刻石拓片

録文

佛日圓∟明海雲∟大宗師∟之靈塔∟

一三三　海雲大宗師塔銘（二）

《海雲大宗師塔銘（二）》，刻石年月不詳。北京市西城區雙塔寺舊址出土。今藏於首都博物館。塔銘長方形，頂邊有殘損。長四五釐米，寬六一釐米，高一一點三釐米。銘文楷書，四行，滿行三字。塔銘正面四周刻纏枝花紋，石刻表面留有朱色。

《北京元代史迹圖志》（北京燕山出版社，二〇〇九年）著録。今據首都博物館藏拓片録文。

海雲圓寂後，其弟子曾分其舍利，廣爲建塔。塔銘所示即爲其中之一。

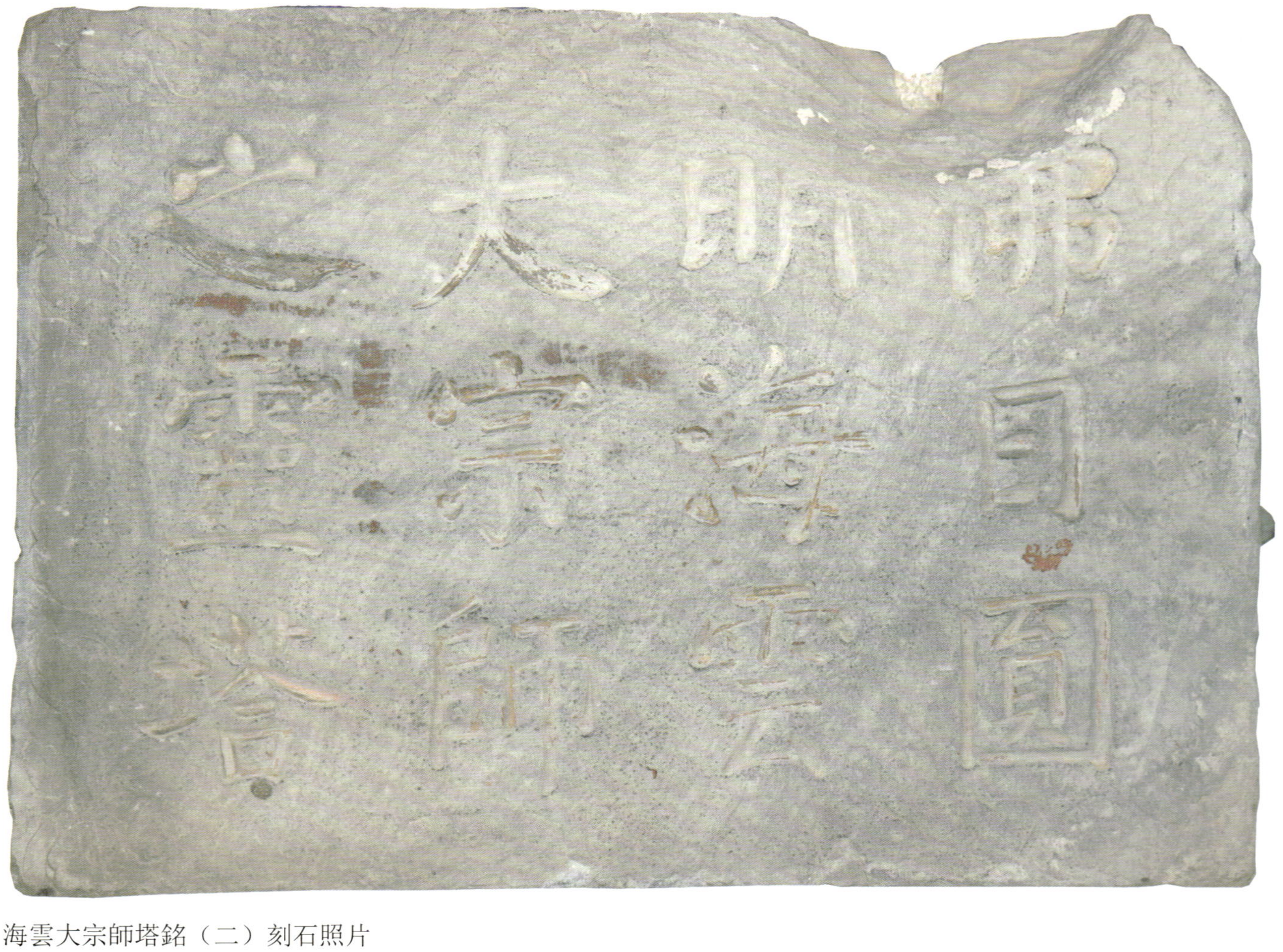

海雲大宗師塔銘（二）刻石照片

海雲大宗師塔銘（二）刻石拓片

録文

佛日圓」明海雲」大宗師」之靈塔」

一三四　加封宣聖考妣制詔

《加封宣聖考妣制詔》，立石年月不詳，刻石内容係元至順二年（一三三一）加封宣聖考妣等系列詔書，故其立石時間當在至順二年之後，國子監相同内容刻石立於至正十六年。據中國國家圖書館信息，刻石在北京市順義區西門内文廟。刻石爲六棱柱，每側面分列加封詔書一種。據中國國家圖書館藏拓片高一〇二釐米，寬一〇〇釐米。第一面上部横題篆書「制詔」二字，其下及後列詔書皆楷書。石刻下部殘闕，上部另有花卉紋飾。

今據中國國家圖書館提供拓片（北京九二四六）録文，校以元蘇天爵《國朝文類》卷十一及《（康熙）順義縣志》卷下所録詔書。

刻石内容爲至順二年加封宣聖考妣、宣聖夫人亓官氏、曾子宗聖公、孟子亞聖公、子思述聖公、顔子復聖公之制詔。

加封宣聖考妣制詔刻石拓片

第一面

制詔（額）∟

加封∟宣聖∟考妣∟

闕里□家〔一〕，系出神明之胄；尼山請禱，天啓聖人之生。▯∟大成〔二〕。原道統則堯授舜，傳之周文王；論世家則契至▯∟開必先〔三〕，克昌厥後。如太極之生天地，如鉅海之有本▯〔四〕∟於戲！君子之道，考而不繆，建而不悖，于以敦典而敍倫；▯∟德〔五〕。尚篤其慶，以相斯文。齊國公叔梁紇可加封「啓聖王」，▯〔六〕∟

第二面

封宣聖夫人亓官氏制∟

我國家惇典禮以彌文，本閨門以成教，迺睠素王之廟，▯∟文宣王妻亓官氏來嬪聖室〔七〕，垂裕世家。籩豆出房，因▯∟於遺聞〔八〕，儀範儼乎其合德，作爾褘衣之象，稱其命鼎▯∟治〔九〕，天其興《河圖》鳳鳥之祥。可特封大成至聖文宣王▯〔一〇〕∟

第三面

封曾子宗聖公制∟

朕惟孔氏之道，曾氏獨得其傳，蓋▯∟而無愧〔一一〕，授之思、孟而不湮者歟。朕仰慕休▯∟道統之傳遠矣〔一二〕。國家化民成俗之効，《大學》之書▯∟公〔一三〕。主者施行。∟

第四面

封孟子亞聖公制∟

孟子，百世之師也。方戰國之縱横，異端之充塞，不有▯∟之心〔一四〕，凜凜乎拔本塞源之論。黜霸功而行王▯∟稽聖學〔一五〕，祗服格言，乃著斯稱，以彰渥典。▯∟之治〔一六〕。英風千載，□有耿▯〔一七〕∟

第五面

封子思述聖公制∟

昔曾子得聖人之傳，而子思克承厥統，稽夫《中庸》之一書，□∟斯文爲念（一八），萬機之暇，覽觀載籍，至於致中和而天地位，萬□∟行之懿（一九），可後於褒加。於戲！有仲尼作於前，孰觀世家之盛；□∟隆丕緒（二〇）。可加封「沂國述聖公」。主者施行。∟

第六面

封顔子復聖公制∟

朕惟得□氏之門（二一），入聖人之域，顔子一人而已。觀其不□∟著爲仁之効（二二）。蓋將不日而化矣。惜乎天不假之年也。朕□∟褒加（二三）。於戲！用之則行，舍之則藏。雖潛德一時之不顯，吾□∟光（二四），丕隆文治。可加封「兖國復聖公」。主者施行。∟

校勘記

（一）闕里□家　原石「里」後殘一字，《國朝文類》及《（康熙）順義縣志》所録詔書俱作「有」。

（二）□大成　原石「大」前文字不存，《國朝文類》及《（康熙）順義縣志》所録詔書俱作「朕聿觀人文，敷求往哲，惟孔氏之有作，集羣聖之」。

（三）論世家則契至□開必先　原石「至」「開」之間文字不存，《國朝文類》及《（康熙）順義縣志》所録詔書俱作「湯，下逮正考甫。其明德也遠矣，故生知者出焉。有」。

（四）如鉅海之有本□　原石「本」後文字不存，《國朝文類》及《（康熙）順義縣志》所録詔書俱作「源，雲仍既襲於上公之封，考妣宜視夫素王之爵」。

（五）□德　原石「德」前文字不存，《國朝文類》及《（康熙）順義縣志》所録詔書俱作「宗廟之禮，愛其所親，敬其所尊，于以報功而崇」。

（六）齊國公叔梁紇可加封啓聖王□　原石「啓聖王」後文字不存，《（康熙）順義縣志》所録詔書作「魯國太夫人顔氏可加封『啓聖王夫人』。主者施行」。

（七）□文宣王妻亓官氏來嬪聖室　原石「文宣王」前文字不存，《國朝文類》及《（康熙）順義縣志》所録詔書俱作「尚虚元媲之封。有其舉之，斯爲盛矣。大成至聖」。

（八）因□於遺聞　原石「因」「於」之間文字不存，《國朝文類》及《（康熙）順義縣志》所録詔書俱作「流風於殷禮；琴瑟在御，存燕樂於魯堂。功言邈若」。

（九）稱其命鼎□治　原石「鼎」「治」之間文字不存，《國朝文類》及《（康熙）順義縣志》所録詔書俱作「之銘。噫！秩秩彝倫，吾欲廣《關雎》《鵲巢》之化；

皇皇文」。

（一〇）可特封大成至聖文宣王□　原石「文宣王」後文字不存，《（康熙）順義縣志》所録詔書作「夫人。主者施行」。

（一一）蓋□而無愧　原石「蓋」「而」之間文字不存，《（康熙）順義縣志》所録詔書作「本於誠心然也。觀其始於三省之功，卒聞一貫之妙，是以友於顏淵」。

（一二）朕仰慕休□道統之傳遠矣　原石「休」「道」之間文字不存，《（康熙）順義縣志》所録詔書作「風，景行先哲，爰因舊爵，命以新稱。於戲！聖神繼天立極以來」。

（一三）大學之書□公　原石「書」「公」之間文字不存，《（康熙）順義縣志》所録詔書作「具焉。其相予之修齊，茲式彰於褒頌，可加封郕國宗聖」。

（一四）不有□之心　原石「有」「之」之間文字不存，《（康熙）順義縣志》所録詔書作「君子，孰任斯文？七篇之書，惓惓乎致君澤民」。

（一五）黜霸功而行王□稽聖學　原石「王」「稽」之間文字不存，《（康熙）順義縣志》所録詔書作「道，距詖行而放淫辭，可謂有功聖門，追配神禹也。朕若」。

（一六）□之治　原石「之」前文字不存，《（康熙）順義縣志》所録詔書作「於戲！頌《詩》《書》而尚友，緬懷鄒魯之風；非仁義則不陳，期底唐虞」。

（一七）□有耿□　原石「有」前殘一字，「耿」後文字不存，《（康熙）順義縣志》所録詔書作「蔚有耿光，可加封『鄒國亞聖公』。主者施行」。

（一八）□斯文爲念　原石「斯」前文字不存，《（康熙）順義縣志》所録詔書作「實開聖學於千載。朕自臨御以來，每以嘉惠」。

（一九）萬□行之懿　原石「萬」「行」之間文字不存，《（康熙）順義縣志》所録詔書作「物育，雅留意焉。夫爵秩之崇，既隆於升配；景」。

（二〇）□隆丕緒　原石「隆」前文字不存，《（康熙）順義縣志》所録詔書作「得孟子振其後，益昌斯道之傳。渥命其承，茂」。

（二一）朕惟得□氏之門　原石「得」後殘一字，《（康熙）順義縣志》所録詔書作「孔」。

（二二）觀其不□著爲仁之效　原石「不」「著」之間文字不存，《（康熙）順義縣志》所録詔書作「遷怒，不貳過，以成復禮之功；無伐善，無施勞，益」。

（二三）朕□褒加　原石「朕」「褒」之間文字不存，《（康熙）順義縣志》所録詔書作「緬懷哲人，留心聖學，將大新於風教，故特侈於」。

（二四）吾□光　原石「吾」「光」之間文字不存，《（康熙）順義縣志》所録詔書作「見其進，未見其止，領聖言百世而彌彰，尚服寵」。

一三五　可庵大禪師塔銘

《可庵大禪師塔銘》，刻石年月不詳。北京市西城區雙塔寺舊址出土。今藏首都博物館。塔銘長方形，長四七釐米，寬四五釐米，厚一〇點二釐米。銘文楷書，四行，滿行三字。銘石正面四周刻纏枝紋。

今據首都博物館藏拓片録文。

可庵大禪師塔銘刻石照片

可庵大禪師塔銘刻石拓片

録文

佛日圓|照大禪|師可庵|之靈塔|

一三六　雙塔慶壽寺石額

《雙塔慶壽寺石額》，刻石年月不詳。北京市西城區雙塔寺舊址出土。今藏首都博物館。石長一三五釐米，寬二五釐米，厚一四釐米。石額橫題楷書「雙塔慶壽寺」五字。

今據首都博物館藏拓片録文。

雙塔慶壽寺石額刻石照片

雙塔慶壽寺石額刻石拓片

録文

雙塔慶壽寺（額）乚

一三七　順州官吏士庶銜名碑

《順州官吏士庶銜名碑》，立石時間不詳。現存於北京市順義博物館。碑青石質，螭首，座佚。碑通高二五〇釐米，寬九〇釐米，厚二八釐米。碑分陰陽，皆爲題名。碑陰額題楷書「順州官吏士庶銜名」，二行八字。碑文楷書，二四行。

《北京元代史迹圖志》（北京燕山出版社，二〇〇九年）著録。《新日下訪碑録·大興卷、通州卷、順義卷》（北京燕山出版社，二〇一六年）收録碑文。今據北京考古遺址博物館（金中都水關遺址）藏拓片録文。碑陽磨蝕嚴重，暫不録，可參考《新日下訪碑録》。

碑文記順州官吏、士庶職銜和姓名等。

順州官吏士庶銜名碑碑體照片

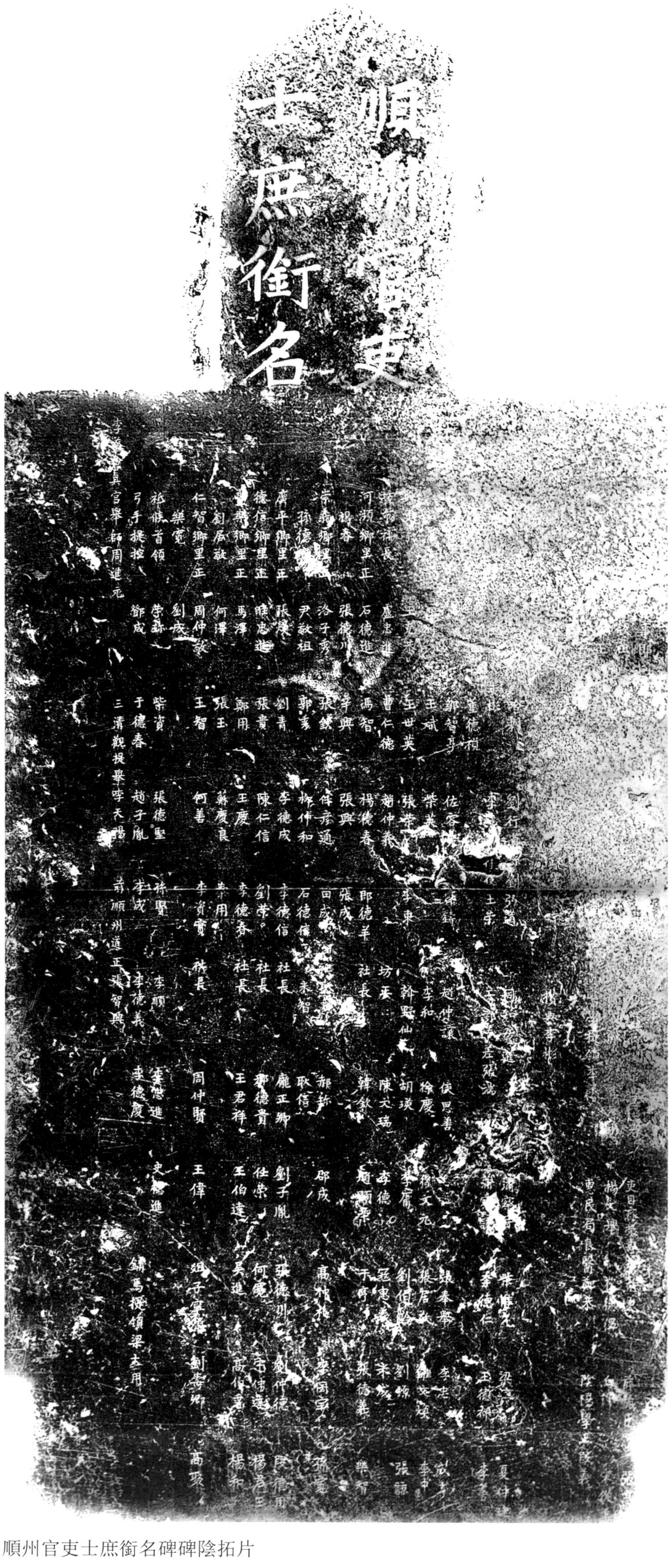

順州官吏士庶銜名碑碑陰拓片

碑陰

順州官吏∟士庶銜名（額）∟

□　□事郎　□　□　□官李□春　吏目齊榮壽□□□　薛□臣　張思成
□　□欽祖　□　□　□　李彥□　楊文舉　崔德温　丘澤　宋從□
□　□正　□　□　□學提領李讓　惠民局良醫鄭恭　陰陽學正段義
□　□　□　□政義　攢典李彬
□　□　哈剌　劉行□　劉弘道　同知房進　蒲察□　柴惟允　梁□　夏仲珪
□　□　□彬　李□　付使王榮　工部奏差張端　蒲察□　李德仁　王德祥　李善□
□　□　董德禎
□　□　鄒智亨　佐容□　齊鑄　趙仲讓　侯思善　□□　張奉舉　李忠　成亨
□　王□方　王斌　柴英　李和　徐慶　徐文元　張居敬　雒文煥　李中
典吏　王克恭　王世英　張榮　李東　斡野仙　胡瑛　李庸　劉伯齡　劉源　張諒
坊市社長　盧忠進　曹仁德　趙仲義　坊正　陳文瑞　李德　寇思義　米成
河瀨鄉里正　石德進　馮智　楊德春　郎德羊　社長　韓欽　趙顯榮　于亨　張德義　樂智
楊春　張德川　辛興　張興　張成
崇義鄉里正　洛子秀　張欽　任彥通　田成　社長　郝珍　邵成　高仲禮　李國寶　孫寬
孫德□　尹敬祖　郭秀　柳仲和　石德信　米智　耿信
廣平鄉里正　張煥　劉青　李德成　李德信　社長　龐正卿　劉子胤　張德川　劉仲德　段德用
德信鄉里正　畦忠進　張貴　陳仁信　劉榮　社長　邢德貴　任榮　何寬　宋仲達　楊君玉
豐樂鄉里正　馬澤　鄭用　王慶　李德春　社長　王君祥　王伯達　吴進　高伯□　楊和
劉居敬　何澤　張玉　蘇慶良　秦用
仁智鄉里正　周仲敬　王智　何善　李資實　社長　周仲賢　王偉　俎子寧　劉壽卿　高聚
樂寬　劉成
祗候首領　榮珍　柴資　張德堅　孫賢　李順　李忠進　史德進
弓手提控　鄧成　于德春　趙子胤　李成　李德義　李德慶　鋪馬提領梁大用
李遂會真宮舉師周進元　三清觀提舉李天陽　前順州道正張智興

一三八　通辯大師塔銘

《通辯大師塔銘》，刻石年代不詳。現存北京市昌平區秦城龍泉寺。據中國國家圖書館藏拓片，塔銘高二〇釐米，寬三五釐米。塔銘題「通辯大師靈塔」，楷書，三行，滿行二字。四周有葵花紋樣纏繞。

《北京圖書館藏中國歷代石刻拓本匯編》（中州古籍出版社，一九八九年）著録。今據中國國家圖書館提供拓片（墓誌三九三九）録文。

通辯大師塔銘刻石拓片

録文

通辯」大師」靈塔」

一三九　通玄觀住持李志真鎸造真武像題記

《通玄觀住持李志真鎸造真武像題記》，刻立年代不詳。一九九八年九月十五日，北京市西城區西直門國務院第二招待所工地出土。現藏於北京石刻藝術博物館。刻石爲石雕坐姿真武像，頭部已佚。右膝部及左膝部有明顯殘缺。周身雕飾風化較爲嚴重，手部姿勢已不可辨。真武像身着交領袍服，左足下垂，右足盤起，左手放於左膝上，右手拄劍，端坐於石臺之上。右側身下雕龜蛇纏繞之玄武神獸。題記位於石像背面腰部。據題記，真武像原有彩繪，然今色彩已剥蝕殆盡。石像殘高一七〇釐米，寬一一二釐米，厚九〇釐米。題記拓寬五八釐米，高一五釐米。題記楷書，一六行，滿行三字，第七、九行分别爲四字。

吴夢麟、劉精義《北京元明清三代崇尚真武的史迹與文物遺存》（《中國紫禁城學會論文集》第八輯下，故宫出版社，二〇一四年），《北京石刻藝術博物館藏石刻拓片編目提要》（學苑出版社，二〇一四年）著録。今據北京石刻藝術博物館藏原石、拓片録文。張雲燕初録。

題記爲大都通玄觀住持提點李志真等人鎸造真彩真武石像之題名。

通玄觀住持李志真鎸造真武像照片

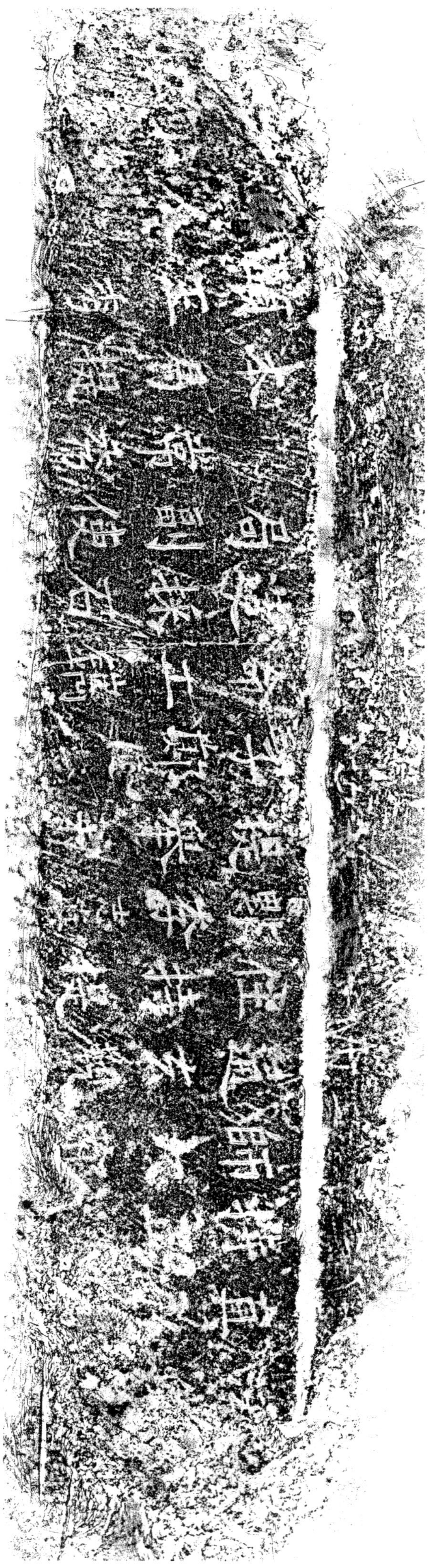

通玄觀住持李志真鐫造真武像題記刻石拓片

録文

□□□乚真彩□乚持正□乚師大都乚通玄觀乚住持提乚點李志真、乚提舉弟乚子鄭庭□乚命工鐫乚造。採石乚局副使乚□常秀，乚本局提乚

領王秀乚□人□乚後闕

一四〇　元長春真人弟子某碑

《元長春真人弟子某碑》，刻石年代不詳。北京市西城區新街口豁口外城墻下出土，碑石碎裂，大部已佚。據中國國家圖書館藏拓片，碑殘高四八釐米，寬三〇釐米。

今據中國國家圖書館提供拓片（北京九九一六）録文。

碑刻記述長春真人弟子某之事迹。

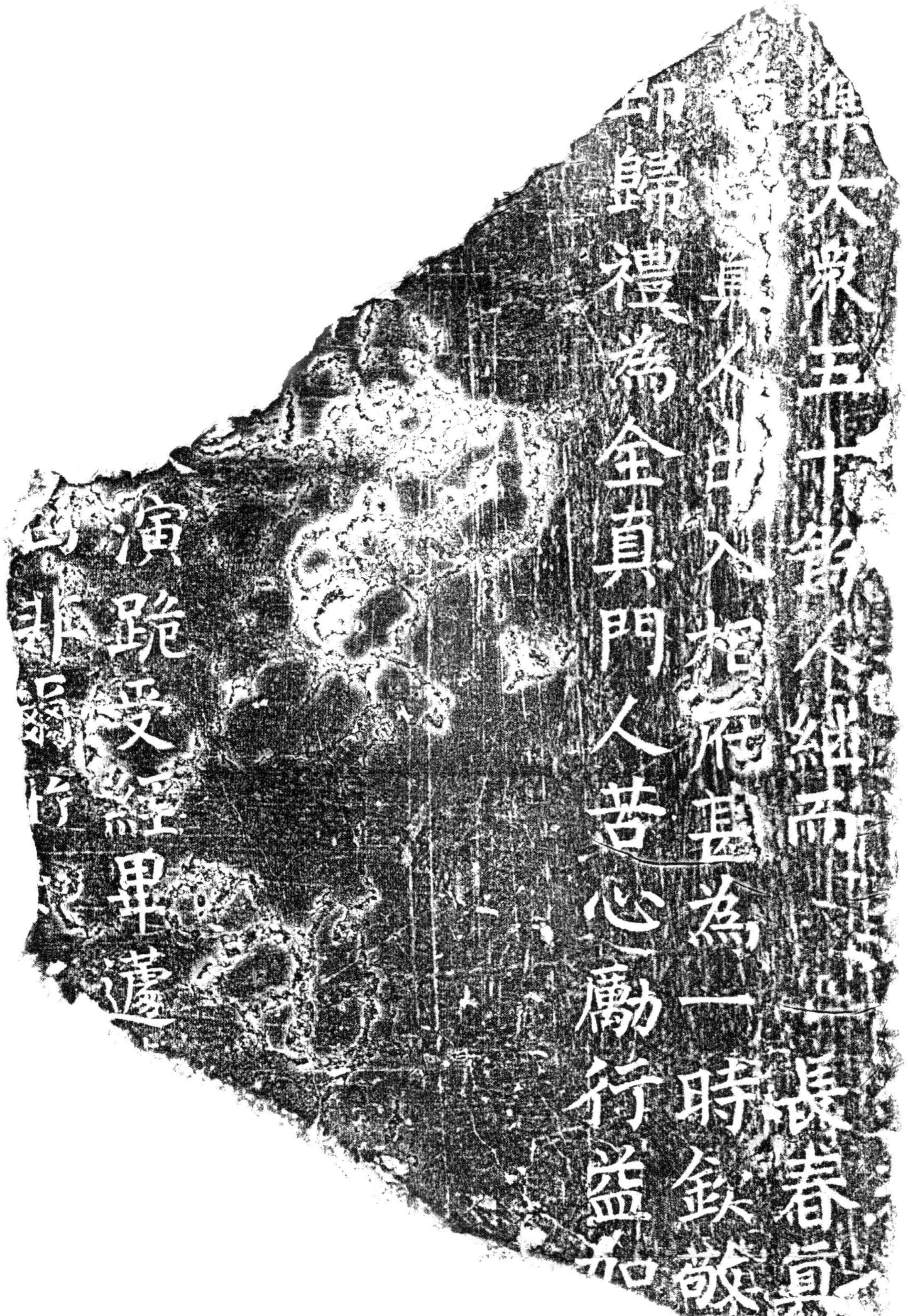

元長春真人弟子某碑碑文拓片

録文

前闕

▯集大衆五十餘人，繼而長春真人▯⌞▯真人出入相府，甚爲一時欽敬▯⌞▯即歸禮爲全真門人，苦心勵行，益加▯⌞

▯⌞▯演跪受經畢，蘧▯⌞▯非爾所▯⌞

後闕

一四一　元地界碑

《元地界碑》，立石年月不詳。現存於北京市房山區文物管理所。碑青石質，龜趺。碑通高九五釐米，寬三八釐米，厚一〇釐米。碑石漫漶嚴重，碑文楷書，一四行，滿行一六字。

《北京元代史迹圖志》（北京燕山出版社，二〇〇九年）著録。

碑記某地地土以及四至等信息。

元地界碑碑體照片

元地界碑碑文拓片

録文

▯祭主張彬□□□□□∟▯宜於本□長生□□□∟▯千九百九十□□□□∟二□之地□□，東西闊二十六步，南北□∟▯三分八毫四絲一忽。東至青龍□∟▯至玄武，内方□陳内掌□∟▯界畔道路□軍齋□阡陌□∟▯無□□□□道禁西將軍亭□∟▯今以牲牛酒飰□味香□□□信契∟▯分□工匠脩至，安居民以永保吉祥∟▯月主保人今日直符故氣□□不得∟▯此□□府□□□□其楊主人内外∟▯庶士□□如五□□□□□□□□□。∟

▯十四□□□月二十日券。∟

一四二　元故孛栾歹公墓碑

《元故孛栾歹公墓碑》，刻石時間不詳。現存於北京市密雲區冶仙塔碑林。碑青石質，上部殘。碑殘高五六釐米，寬八〇釐米，厚一八釐米。碑文楷書，大字四行，小字一行。伯顔不花等立石。

《北京元代史迹圖志》（北京燕山出版社，二〇〇九年）著録，題作「顯大夫墓碑」。今據北京考古遺址博物館（金中都水關遺址）藏照片、拓片録文。

碑石記墓主孛栾歹公職官及立石人信息。

元故孛栾歹公墓碑碑體照片

元故孛栾歹公墓碑碑文拓片

録文

□顯大夫、管領隨路」□匠打捕鷹房都總」□魯花赤係扎剌兒」□故孛栾歹公之墓」

□五日，夫人蛮赤干□、長男大舍王家、次男六舍伯顏不花置。」

一四三　元故紋錦局百人長張公墓碑

《元故紋錦局百人長張公墓碑》，立石年月不詳。現存於北京市房山區文物管理所。碑漢白玉石質。碑殘高一〇〇釐米，寬七〇釐米，厚二〇釐米。碑文楷書，二行，滿行六字。

清繆荃孫《藝風堂金石文字目》、清黄立猷《石刻名彙》、《北京圖書館藏中國歷代石刻拓本匯編》（中州古籍出版社，一九八九年）、《北京元代史迹圖志》（北京燕山出版社，二〇〇九年）、楊亦武《房山碑刻通志》卷三（學苑出版社，二〇二〇年）著録。今據中國國家圖書館提供拓片（北京四二六三）録文。

碑石記墓主職官信息。

元故紋錦局百人長張公墓碑碑文拓片

録文

元故紋錦局百」人長張公之墓」

一四四　元故武德將軍保定路治中闊里別出墓碑

《元故武德將軍保定路治中闊里別出墓碑》，刻石年代不詳。原出土地不詳，一九八七年由北京市文物研究所移交北京石刻藝術博物館。現存於北京石刻藝術博物館。碑青石質，方首抹角，無紋飾。碑高一二三釐米，寬七五釐米，厚一四釐米。碑文楷書，三行，滿行六字。

《北京元代史迹圖志》（北京燕山出版社，二〇〇九年）、《北京石刻藝術博物館藏石刻拓片編目提要》（學苑出版社，二〇一四年）著録。今據北京石刻藝術博物館藏拓片録文。史迪威初録。

碑文記墓主闊里別出職官信息。

元故武德將軍保定路治中闊里別出墓碑實景照片

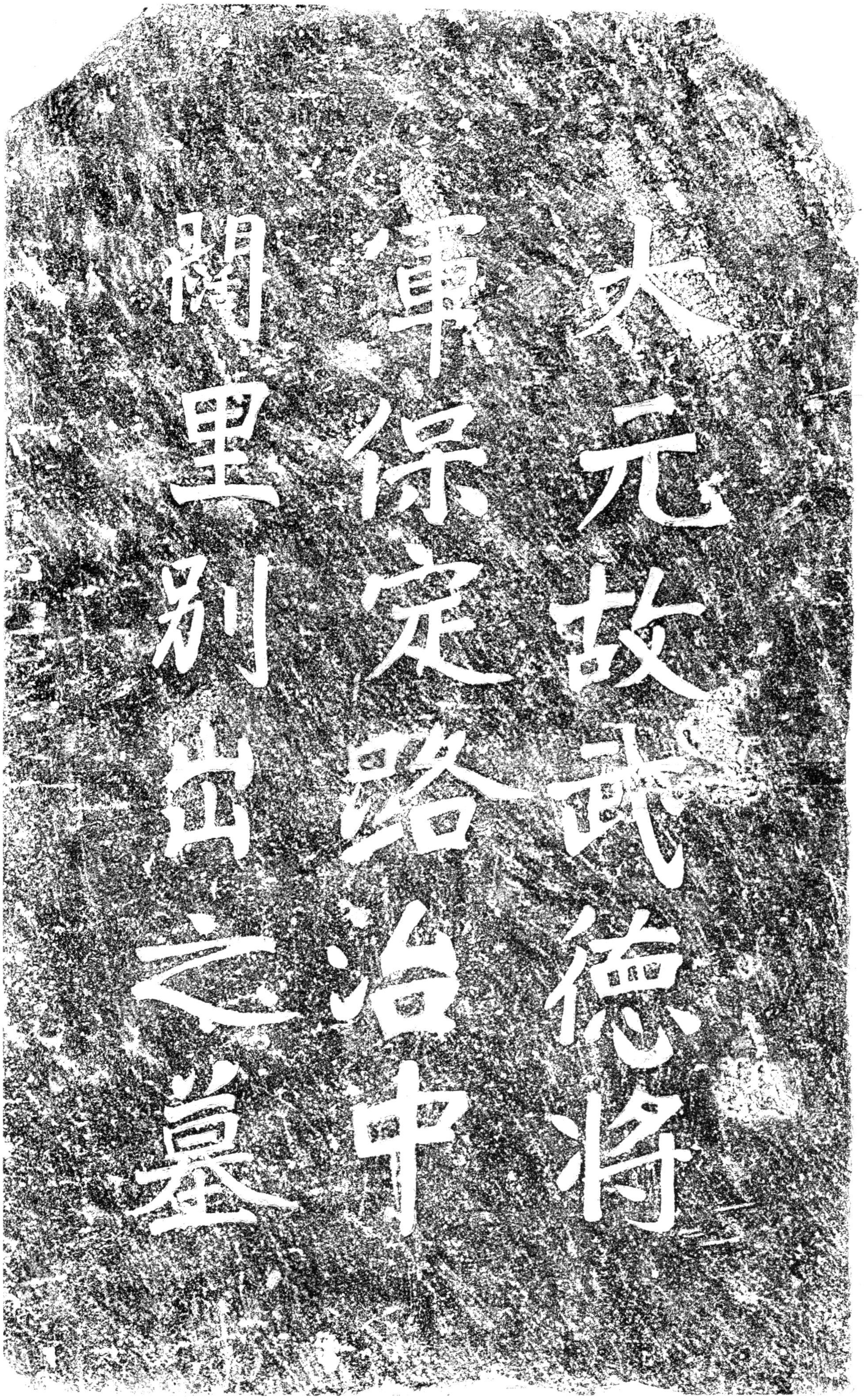

元故武德將軍保定路治中闊里別出墓碑碑文拓片

録文

大元故武德將」軍保定路治中」闊里別出之墓」

一四五　元故顯考父張公塋碑

《元故顯考父張公塋碑》，刻石年代不詳。現存北京市房山區獨樹村。據中國國家圖書館藏拓片，碑高九六釐米，寬六五釐米。碑額横題楷書「大元」二字。碑文楷書，二行，滿行四字。

《北京圖書館藏中國歷代石刻拓本匯編》（中州古籍出版社，一九八九年）、楊亦武《房山碑刻通志》卷二（學苑出版社，二〇二〇年）著録。今據中國國家圖書館提供拓片（北京四二六四）録文。

碑書某顯考張公之塋。

元故顯考父張公塋碑碑文拓片

録文

大元（額）⌊

故顯考父⌊張公之塋⌊

一四六　元寂照大師靈塔銘

《元寂照大師靈塔銘》，刻石年代不詳。現存北京市昌平區秦城龍泉寺。石刻四周有花卉紋様纏繞。中國國家圖書館藏拓片高二一釐米，寬三六釐米。塔銘題「寂照大師靈塔」，楷書，三行，滿行二字。

《北京圖書館藏中國歷代石刻拓本匯編》（中州古籍出版社，一九八九年）著録。今據中國國家圖書館提供拓片（墓誌三九四〇）録文。

元寂照大師靈塔銘刻石拓片

録文

寂照∟大師∟靈塔∟

一四七　元戒定慧匾

《元戒定慧匾》，刻石年代不詳。匾額在北京市房山區坨里鎮北車營村北穀積山般若禪寺遺址北一山洞内。匾高四九釐米，寬一二〇釐米。拓高四八釐米，寬一一七釐米。匾横題行書三字，較大。匾左側竪題行楷一二字，較小。光禄大夫、柱國、都總運閑居書。

《北京石刻藝術博物館藏石刻拓片編目提要》（學苑出版社，二〇一四年）著録。今據北京石刻藝術博物館藏拓片録文。史迪威初録。

元戒定慧匾刻石拓片

録文

戒定慧（額）」
光禄大夫、柱國、都總運閑居書。」

一四八　元進士題名碑

《元進士題名碑》，立石年代不詳。現存北京市東城區孔廟與國子監博物館。據中國國家圖書館藏拓片，碑高一七六釐米，寬八〇釐米。碑文漫漶嚴重，題名楷書，行數及滿行字數皆不詳。

今據中國國家圖書館提供拓片（北京一三四九）録文。

碑刻爲元末某年進士題名。

元進士題名碑實景照片

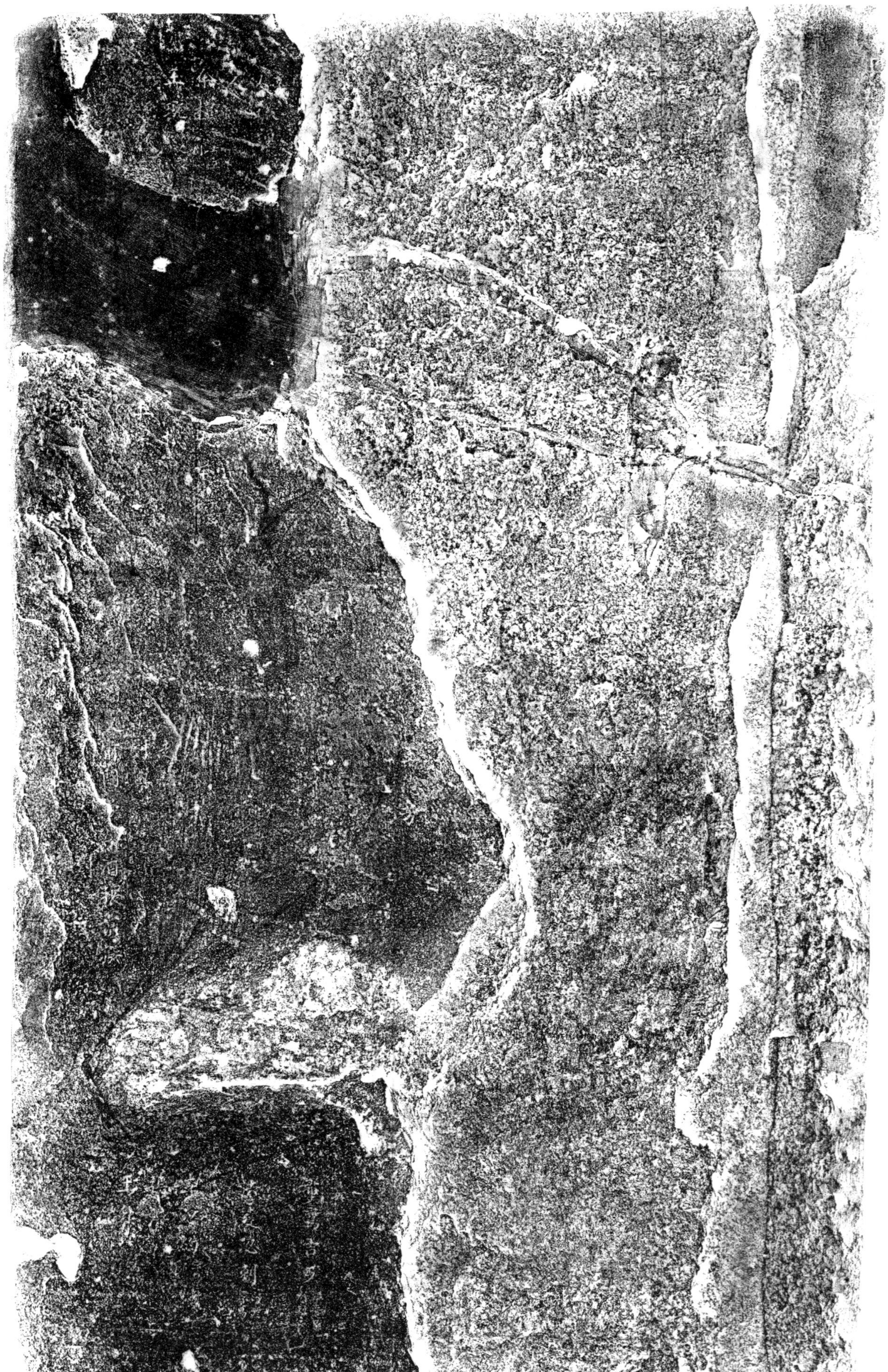

元進士題名碑碑文拓片

録文

前闕

□王德芳□⌞□布鸞吉歹（字晉）□⌞□徹理□法□忽剌（□□德賽易）⌞余檀（□□□□州）□大□□於□的（字景）□⌞王琬（□□之文）□走□張□

⌞□王□⌞

後闕

□人前國子祭酒張當撰。⌞

一四九　元進士題名碑陰

《元進士題名碑陰》，立石年月不詳。中國國家圖書館據内容斷其年代爲元代。現存北京市孔廟和國子監博物館十三經碑林，編號爲八。此碑斷爲三截，下部斧鑿痕迹較爲明顯。通高二〇六釐米，寬八三釐米，厚二三釐米，圓首。字迹漫漶嚴重。中國國家圖書館藏拓片高一三四釐米，寬六九釐米。楷書，一七行。

中國國家圖書館定名爲《題名碑陰》。邢鵬《北京國子監一方元代進士題名刻石初探》（《北京文博》二〇一〇年第一期）認爲其碑陽原刻元代進士題名，後被磨平，刻明萬曆四年國子監題名記。碑陰録元代省試、御試受卷官、彌封官、謄録官等題名，今據中國國家圖書館提供拓片（北京八三七〇）録文。碑陽明萬曆四年國子監題名内容不録。

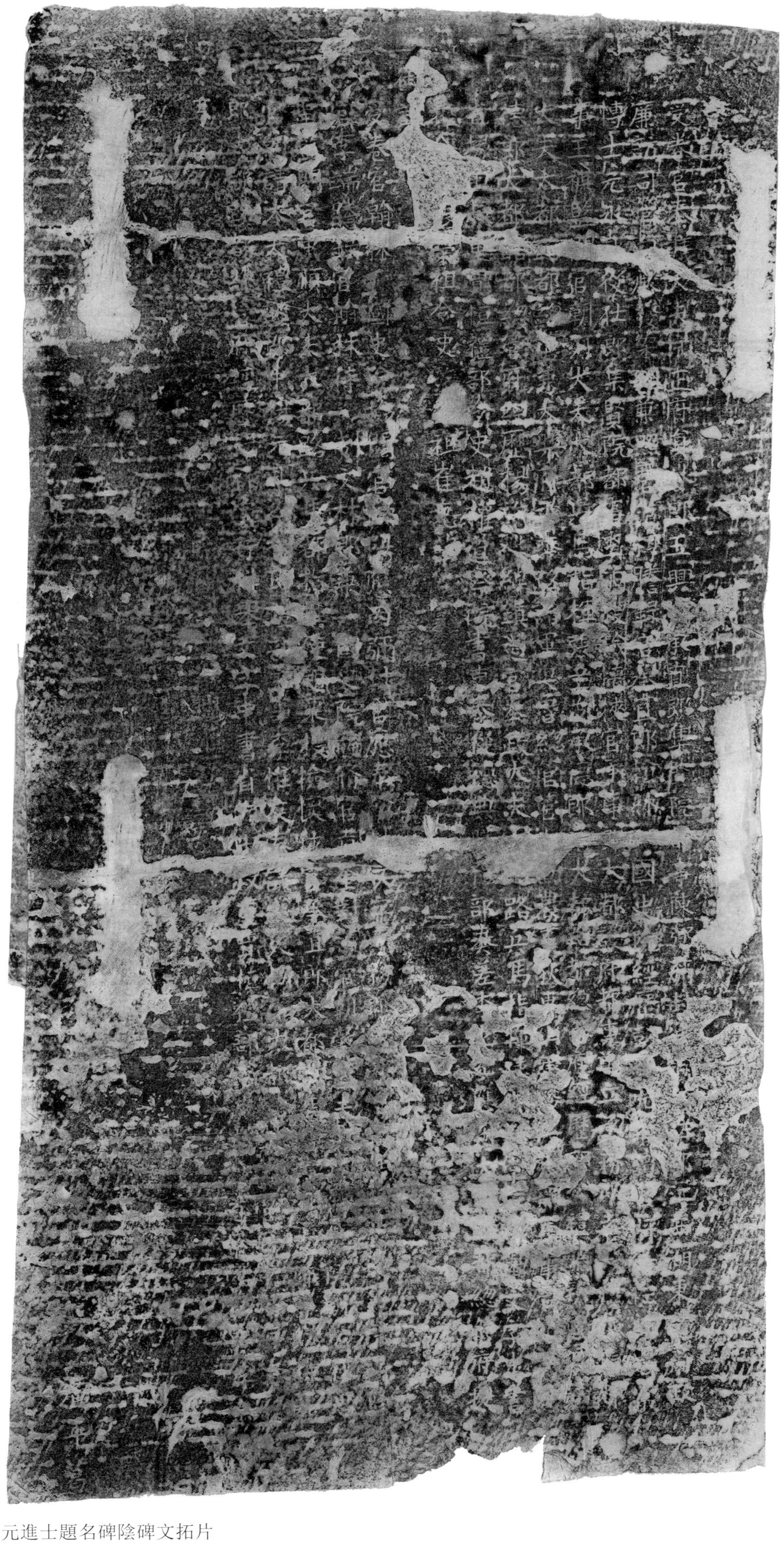

元進士題名碑陰碑文拓片

録文

□□∟

受卷官：奉議大夫宗正府員外郎王興□、承直郎集賢院都事陳弼。彌封□：□□佐郎江西胡東□、肅政∟廉訪司管勾承發架閣兼照磨□□。謄録官：承直郎翰林國史院經歷彭□□。□讀官：□□□□□∟博士元永貞、從仕郎集賢院都事李□□。檢懷挾官：承事郎大都護府都事鄭立、承務郎都□□□□□∟事王祺。監□官：朝列大夫大都兵馬指揮張□□、承德郎大都路都總管府經歷□□禮、□□□□∟大夫大都路都總管兼大興府□□路諸軍奧魯總管官□勸農事狄□□、承務□□□事□□□□∟德郎大都路都總管府經歷楊□。巡綽鎮遏官：奉政大夫□□路兵馬指揮使□□□□□文字中書∟省掾□叔重、賈恒、禮部令史趙權道、察院書史秦從德、典院禮部奏差李□□、應□大□□都總管府□∟□□□□宋祖、令史□□祖、崔□。∟

御試：∟

受卷官：翰林國史院檢閲官□陽應。内彌封官：應奉□□文字承務郎▯∟官李端。謄録官：翰林待制文林郎兼國史院編脩官黄奎。對讀官：朝散□夫▯∟□。□門官：中順大夫大都路兵馬都指揮使趙來。授檢懷挾官：承直郎大都▯∟官：朝請大夫禮部郎中楊元□、□□郎禮部□事李惟庭、奉議□夫□□大都▯∟郎大都路都總管府經歷□□□□舉文字中書省□□叔重、賈恒、禮部▯∟□∟廣平葛∟

一五〇　元景州張公墓碑

《元景州張公墓碑》，刻石年代不詳。北京市東城區建國門古觀象臺東外墻基址下出土，一九八七年由北京文物研究所移交北京石刻藝術博物館。現存於北京石刻藝術博物館。碑上下部皆殘，左側亦殘缺，右側殘存部分卷草紋飾，座佚。碑殘高五三釐米，寬七五釐米，厚七釐米。碑文楷書，四行，前三行每行殘存四字。

《北京元代史迹圖志》（北京燕山出版社，二〇〇九年）、《北京石刻藝術博物館藏石刻拓片編目提要》（學苑出版社，二〇一四年）著録。今據北京石刻藝術博物館藏拓片録文。史迪威初録。

碑刻記元景州張公墓碑立石時間等。按：景州，唐爲觀州，又改景州，宋改永靜軍，金改觀州，元因之。至元二年，復爲景州，隸河間路。

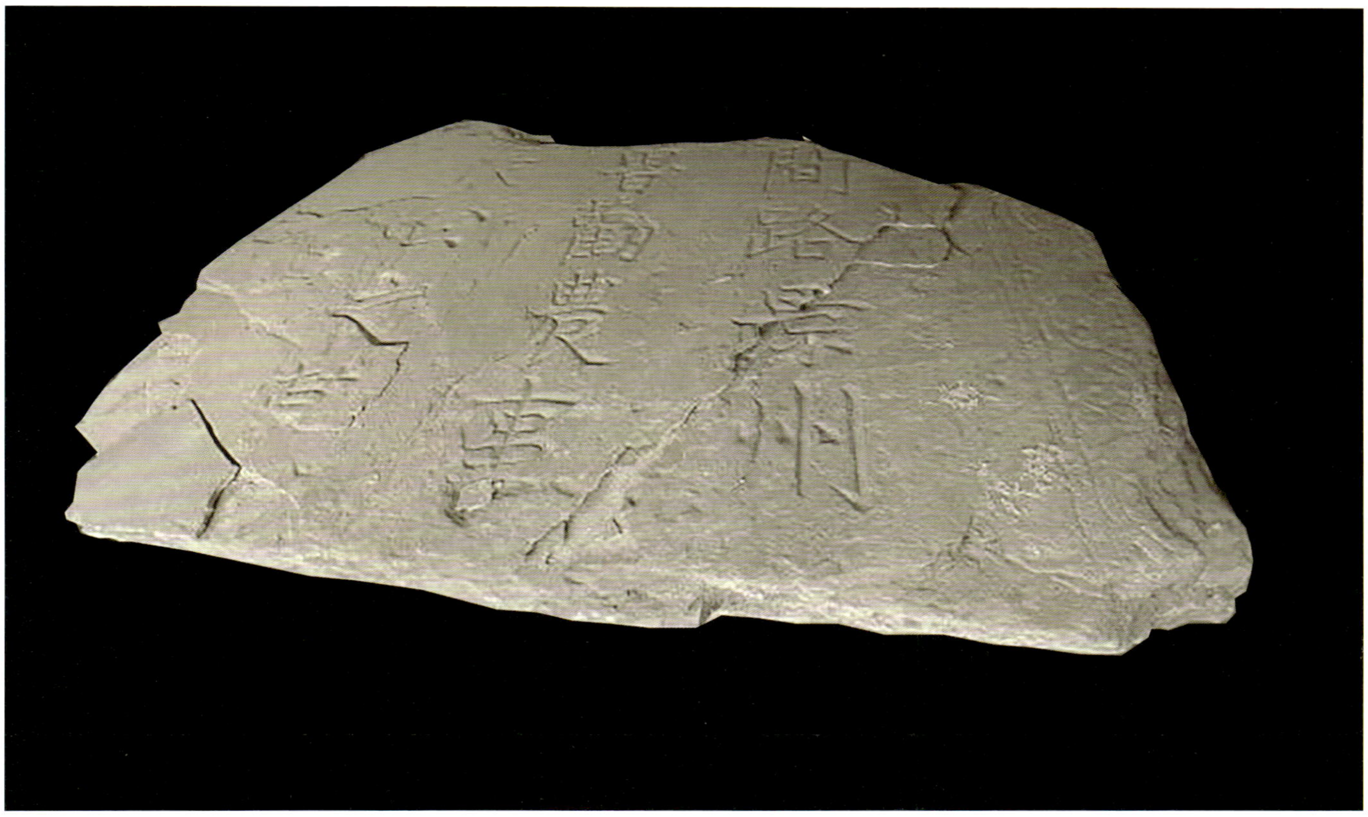

元景州張公墓碑碑體照片

元景州張公墓碑碑文拓片

録文

□間路景州∟□魯勸農事∟□張公之墓∟

□九月吉日□∟

一五一　元提舉張公墓碑

《元提舉張公墓碑》，刻石年代不詳。現存北京市房山區獨樹村。碑下部殘闕。據中國國家圖書館藏拓片，碑殘高九三釐米，寬六九釐米。碑文楷書，二行。

《北京圖書館藏中國歷代石刻拓本匯編》（中州古籍出版社，一九八九年）、楊亦武《房山碑刻通志》卷二（學苑出版社，二〇二〇年）著録。今據中國國家圖書館提供拓片（北京四二六五）録文。

元提舉張公墓碑碑文拓片

録文

大元宣□□舉張公墓□□

一五二　元祐國寺田園記碑

《元祐國寺田園記碑》，立石時間不詳。碑刻原在北京市密雲區十里堡鎮十里堡村，現存於密雲區冶仙塔碑林。碑方首抹角，碑身拓高一四五釐米，寬八一釐米。碑額横題楷書「祐國寺田園記」六字。碑文楷書，二三行，滿行三四字，漫漶較甚。

《北京石刻藝術博物館藏石刻拓片編目提要》（學苑出版社，二〇一四年）著録。今據北京石刻藝術博物館藏拓片録文。史迪威初録。

碑文記祐國寺常住田園地土及其四至。

元祐國寺田園記碑碑體照片

元祐國寺田園記碑碑文拓片

録文

祐國寺田園記（額）∟

大元國□都路檀□□南鄉□院祐國寺常住□□田園地土銘曰：∟寺西邊，南北畛白地壹段，計地壹頃柒拾畝，□至寺，南至官道，西至大道，北至頂頭地。∟寺北，東西畛白地壹段，□地叁拾畝，東至道，南至寺，西至自己，北至□家地頭。∟邊地又南北畛白地壹段，記地肆拾畝，東至郝大，南至自己，西至□祥鄉，北至古道。∟寺東邊南北畛白地壹段，計地壹頃四拾畝，東至單慶甫，南至官道，西北貳至道。∟寺東邊東西畛白地壹段，記地叁頃□拾陸畝，東至頂頭地，南至喃者喇，西至車道，∟北至東頭，壹半□□東西頭，壹半喃者喇。∟寺東約壹秦家棗園地壹□，記地柒拾伍畝，東南貳至康和□，西至自己，北至郭家。∟杏南邊壹段，記地壹頃貳拾畝，東西貳至道，南至裕成，北至單家。∟近南又壹段，東西畛地□□，記地□拾畝，東西貳至道，南至□大，北至徐明道。∟近南又壹段，東西畛白地壹段，記地□□□畝，東西貳至道，南至李二，西至姚四。∟寺東約貳里，南北□□家□□地□□□□□，東至關敬□□堎爲界，西南貳至道，∟北至喃者喇□□□□南北畛白地□□□□貳拾畝，東至頂頭地，西南貳至自己，∟北至張□祖。∟河□村地邊東西□白地壹段，□地□□□，東西貳至道，南至張敬祖，北至徐寬。∟河西村西頭東西畛白地壹段，記地□□，東至道，南至張敬祖，西至衆家地頭，北至∟張十二。道南東西畛白地壹段，記地伍拾畝，東至道，南至姚大，西至衆家地頭，北至∟張敬祖。寺前地壹段，計地貳拾貳畝，東西貳至道，南北貳至道。∟□□村南東西畛□家溝白地壹段，記地壹頃伍拾畝，東北貳至道，南至單慶甫，∟西至□河壹半張□二□寺西莊□□道南南北畛白地壹段，記地貳拾畝，東至段家，∟南至□□□，西至莫家，北至□□。寺西南有常住古墳叁拾畝，東南貳至段家，∟□頭壹□□□北北頭壹半□，西北至自己。∟□道北□□□□□東西畛白地壹段，記地伍拾畝，東北貳至朱家，西南貳至道。∟

一五三　元圓覺大師塔銘

《元圓覺大師塔銘》，刻石年月不詳。現存北京市昌平區秦城龍泉寺。據中國國家圖書館藏拓片，刻石長三五釐米，寬一八釐米。塔銘書「圓覺大師靈塔」，楷書，三行，滿行二字。四周有花紋纏繞。

今據中國國家圖書館提供拓片（墓誌三九四一）録文。

元圓覺大師塔銘刻石拓片

録　文

圓覺」大師」靈塔」

一五四　元張公先塋碑

《元張公先塋碑》，立石年月不詳。現存於北京市大興區文化委員會。碑漢白玉石質。碑高二二〇釐米，寬一一五釐米，厚一五釐米。碑額横題楷書「大元」二字。碑文楷書，五行，滿行一〇字。

《北京元代史迹圖志》（北京燕山出版社，二〇〇九年）、《北京遼金元拓片集》（北京燕山出版社，二〇一二年）著録，題作「大元張公墓碑」。今據北京考古遺址博物館（金中都水關遺址）藏照片、拓片録文。

墓主張公，即元臣張九思，歷仕元世祖、元成宗兩朝。碑石記其職官、封贈等信息。

元張公先塋碑碑體照片

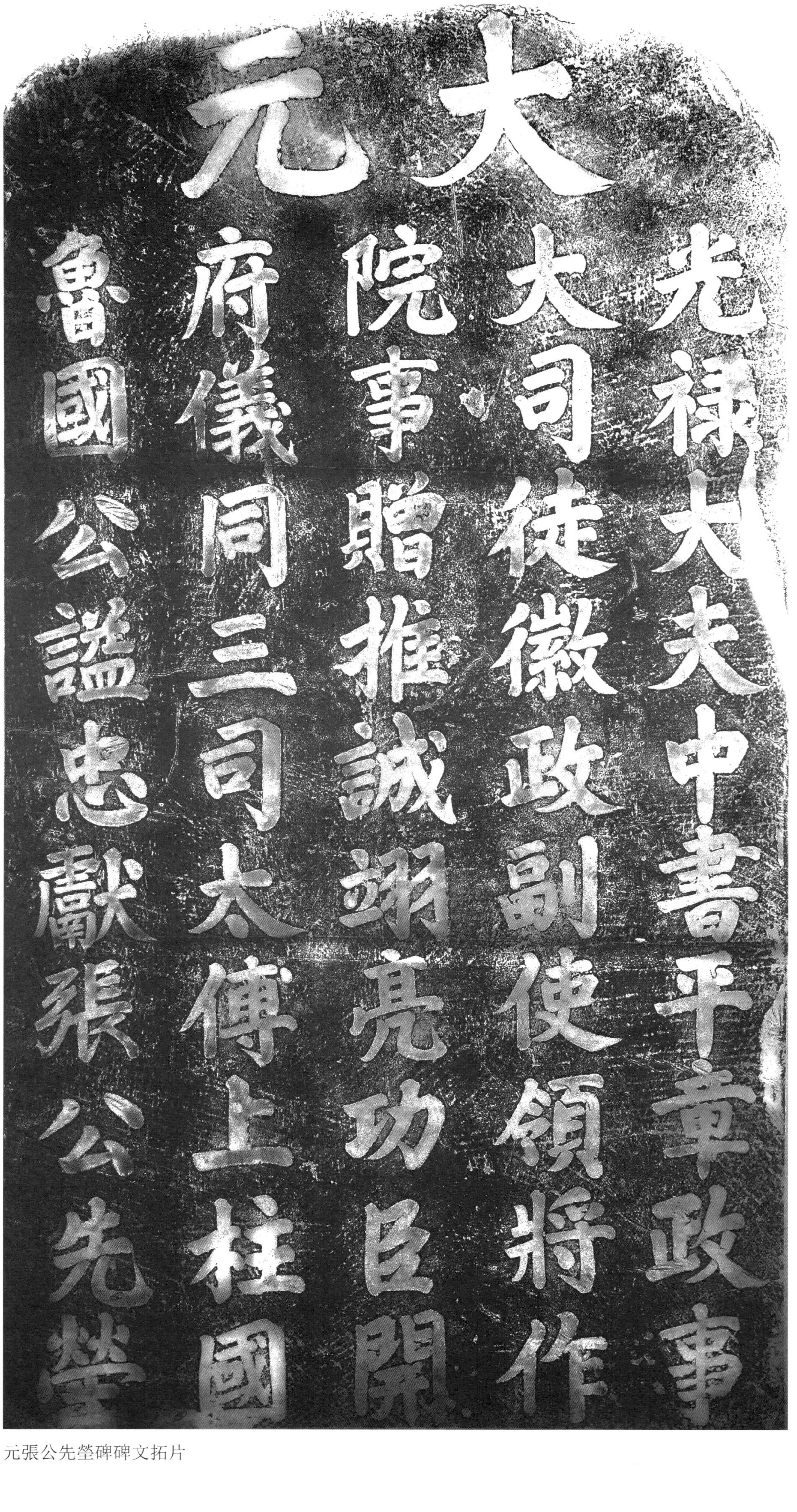
大元
光祿大夫中書平章政事
大司徒徽政副使領將作
院事贈推誠翊亮功臣開
府儀同三司太傅上柱國
魯國公謚忠獻張公先塋

元張公先塋碑碑文拓片

録文

大元（額）∟

光禄大夫、中書平章政事、∟大司徒、徽政副使、領將作∟院事，贈推誠翊亮功臣、開∟府儀同三司、太傅、上柱國、∟魯國公、謚忠

獻張公先塋∟

一五五　元中書省宣使温府君墓碑

《元中書省宣使温府君墓碑》，刻石年代不詳。北京市西城區西直門甕城城墻外皮墻基中出土，一九八七年由北京文物研究所移交北京石刻藝術博物館。現存於北京石刻藝術博物館。碑青石質，方首抹角，座佚，斷爲兩截，無紋飾。碑高一一七釐米，寬六二點五釐米，厚一一點五釐米。碑文楷書，二行，滿行六字。

張寧《記元大都出土文物》（《考古》，一九七二年第六期）、《北京元代史迹圖志》（北京燕山出版社，二〇〇九年）、《北京石刻藝術博物館藏石刻拓片編目提要》（學苑出版社，二〇一四年）著録。今據北京石刻藝術博物館藏拓片録文。史迪威初録。

碑文記墓主職官信息。

元中書省宣使温府君墓碑實景照片

元中書省宣使温府君墓碑碑文拓片

録文

有元中書省宣」使温府君之墓」

一五六　昭惠靈顯真君之位碑

《昭惠靈顯真君之位碑》，元某年六月廿四日刻。現藏首都博物館。碑漢白玉石質，螭首，龜趺，圭形額。螭首部分爲鏤雕。通高一三釐米，寬一〇點五釐米，厚二八點二釐米。碑額楷書「六月廿四」一行四字。碑文楷書，二行，滿行四字。

《北京元代史迹圖志》（北京燕山出版社，二〇〇九年）著録。今據首都博物館藏拓片録文。

昭惠靈顯真君之位碑碑體照片

録　文

六月廿四（額）⌊
昭惠靈顯⌊真君之位⌊